课 题 名 称："课堂教学现场化"模式研究
课 题 来 源：2011年度安徽省教育科学规划立项课题
主持人单位： 铜陵市新苑小学

在课堂 成就**课堂**

阮红旗◎主编

安徽师范大学出版社

责任编辑:秦宗财 陈 艳

责任校对:孙新文

装帧设计:丁奕奕

责任印制:郭行洲

图书在版编目(CIP)数据

在课堂成就课堂/ 阮红旗主编.—芜湖:安徽师范大学出版社,2013.12(2024.6重印)

ISBN 978-7-5676-0985-3

Ⅰ.①在… Ⅱ.①阮… Ⅲ.①课堂教学—教学研究 Ⅳ.①G424.21

中国版本图书馆CIP数据核字(2013)第231812号

在课堂成就课堂

阮红旗 主编

出版发行:安徽师范大学出版社

芜湖市九华南路189号安徽师范大学花津校区 邮政编码:241002

网	址:http://www.ahnupress.com/
发 行 部	0553-3883578 5910327 5910310(传真) E-mail:asdcbsfxb@126.com
经 销	全国新华书店
印 刷	阳谷毕升印务有限公司
版 次	2013年12月第1版
印 次	2024年6月第2次印刷
规 格	787×960 1/16
印 张	21.5
字 数	334千
书 号	ISBN 978-7-5676-0985-3
定 价	86.00元

《在课堂成就课堂》编委会

主　编：阮红旗

副主编：姚根深　钱　娟

编　委：江小文　闻　生　李　强　管云云　金俊美

　　　　王　辉　季玉霞　章　扬　葛夏云　施莹莹

序　一

　　教育科研是衡量一个国家教育发展水平的重要标志。重视教育科研已经成为当今世界教育改革与发展的潮流。随着教育改革的不断深入，"向教育科研要质量，靠教育科研上水平"已经成为越来越多的教育工作者的共识。

　　什么是教育科研？教育科研就是以教育现象和教育问题为对象，运用科学研究的原理和方法，探寻教育活动规律及有效教育途径和方法的一种科学实践活动。我们中小学一线教师对教育科研常抱有神秘感，觉得可望而不可即，只有专家才能做，没有意识想科研；或者整天忙于日常教学事务，被学生学业成绩发展所左右，没有时间搞科研；一些老师虽有很高的科研热情，但缺乏专业引领和指导，不知从何下手，没有能力做科研。铜陵市新苑小学"'课堂教学现场化'模式研究"成果集《在课堂成就课堂》较好地诠释了教育科研在学校内涵发展、教师专业成长、学生全面发展等方面的重要作用和意义，给一线教师如何做教育科研提供了学习和借鉴的范本。

　　教育科研需要一个学者型的校长，一个协作奋进的团队。在校长的带动下，全体教师树立"科研兴校、科研促教、科研育才"意识，才能让科研活动渗透到教育教学的每一个环节中。新苑小学阮红旗校长就是这样一位校长。她有着先进的教育思想，率先垂范，真抓实干，做好几个"到位"：一是认识到位，树立"以生命的教育，育有精神的人"的办学理念，明确"文化提升学校、队伍支撑学校、合力发展学校"的办学思路。二是领导到位，既有办学方向、宏观层面的把握，又深入课堂，做微观的现场化指导。三是组织建设到位，构建学科专业委员会、行政管理人员、教师组员三级听课管理体系，提倡多维的听课评课模式。校长、名师、中层管理部门、教师群体形成一个协作奋进的团队,探究教育科研与教育改革之路,共谋个人成长与学校发展的和谐之道。

科研课题源于教学实践,课题研究服务于师生成长。基于对传统课堂中"漠视生命存在""僵化的、单向度的机械主义"教育问题的思考,新苑小学提出"'课堂教学现场化'教学模式研究",探求如何把教与学中人的、物的、精神的诸多教学因素有机组合起来,从而把教学的重心由"事前的备课"转移到教学现场的即时运作上,强调课堂的现实生成和直接生成。透过案例剖析、课堂反思和实验所得,不难发现他们的课堂在变化。教师开始关注课堂现场的复杂性及其微妙的变化,关注学生的生命情态。根据现场的氛围与需要,即时运作与现实生成,让学生达成知识与能力的新建构。课堂焕发出生命的活力,洋溢着创新思维的激情,学生成为积极主动的探索者。同时,教师在此过程中也经历着"学习—研究—实践—反思—再实践—提高"的发展过程,多数人开始积极主动地进取,进入"生命自觉"的发展状态。教学相长,即是师生相约成长。其实,真正的课题研究本当如此。"问题即课题,教学即研究,教师即专家,结果即成果。"新苑小学的实践证明,教育科研的确是一条加强学校内涵发展、促进教师专业成长的有效途径。通过教育科研,教师提高了教育理论水平,提升了教育教学能力,这样也就直接或间接地提高了教学质量。

常规固本,科研兴校。希望新苑小学继续秉承优良传统,锐意改革进取,让课题研究成为促进学校内涵发展的正能量。最后,祝愿新苑小学师生能在"新苑"这所"学苑"、"教苑"里快乐学习,相约成长,享受教育之幸福。

汪慧珍

2013年9月

(作者系铜陵市教育局党委委员、副局长)

序　二

　　现在教育领域的很多提法让人感觉很奇怪，比如说：语文教学要有"语文味"，没有"语文味"的课不是一节好的语文课，更有甚者干脆说没有"语文味"的课就不是语文课。语文课是教学生习语学文的，哪一堂课会和语言文字脱得了干系？想没有"语文味"也难呐！语文课要上出"语文味"来，是不是一个伪命题呢？还有一种提法是：课堂教学应该"生命在场"。这就更奇怪了，难道每一节课每一个教室里都没有生命？学生都不在场又如何开展课堂教学呢？这真是令人匪夷所思！所谓存在就必有它的合理性。当我们看到语文课竟在不厌其烦地将文中之"道"从文本里生剥出来灌输给学生时，把所谓的方法与技能机械地一遍又一遍地训练时，我们就会发现语文课不美了，不可爱了，不含蓄了，不吸引人了。因为在一次次的灌输与训练中，我们把语言本身所具有的丰沛的情感、深刻的思想、蕴藉的语言和丰富多彩的生命图景赶出了课堂，语文课竟真的变了"性"，沦落成了没有"语文味"的课堂。再者，综观现今的课堂教学，又有多少是"生命"真正在场的呢？身虽在，但心不在，教育庸常式的推进，方法固化式的演绎，评价教条式的控制，使得原本鲜活而敏感的生命只能靠着冥想去获得精神的放牧、文化的渴望和个性的飞翔。更有甚者，某些教者放弃了和风细雨的力量，却以疾风骤雨代之，生命于是备受折磨和戕害。"生命"的缺席让教学不再成为生命与生命的相遇，精神与精神的对视，智慧与智慧的碰撞，课堂成了没有人性体恤和灵魂共生的荒地。生命成长本身就是"不确定"的，而我们却常常用一系列"确定"的东西去规定甚至扼杀那些"不确定"的东西。当教育只剩下可怜的知识和所谓的技能的时候，我们必须有一种生命是否"在场"的诘问，一种教育是否加剧了生命"伤害"的警觉。如此，这些看似悖论的提法就不仅合理，而且必要，甚至急迫了。生命的在场是比任何一种学科、任何一种知识、任何一种教学模式都重要得多的理性，它是一切教育的前提与源泉，是所有课堂的应有之义。这也正是我理解的"'课堂教学现场化'模式研究"的核心价值。关注"现场"就是关注"现场"的生命；研究"现场"就是研究"现场"生命的姿态和秉性；运用"现场"就是让"现场"的每一个生命享受到人文的关怀，知识的甘霖和情感态度价值观的滋养而成为一个快乐而富足的真正的生命。这是对生命最高的礼遇，教育理当如此。基于此，我便要为"'课堂教学现场化'模式研究"而鼓，而呼，为奋进在研究之途中的"教育自觉者"们而摇旗，而呐喊。

　　"'课堂教学现场化'模式研究"是在吴礼明先生指导下，我故乡的一所学校所做的研究课题。这所学校论天时比不上那些文化传承久远的百年老校，因为她建校还不到10年；论地利比不上那些耀眼的"明星"学校，因为她地处城乡结合部。但正是这样一所学校，却能平心静气地回到教育的原点，朴实地行走，在生命的田园耕耘、灌溉、守望。在阅读这本著作的过程中，我恍若看到在这个田园里活跃着一群美丽的身影，他们有的像毕生填海的精卫，有的像目光深邃的苏霍姆林斯基，有的像践行乡村教育的陶行知，他们有着几乎相同的姿态和表情，那是每个精神的圣徒，每个决绝的理想教育的追寻者所具有的姿态和表情。再细看，那走在最前面的就是我所熟识的阮红旗校长。阮校长是我非常敬重的师姐，她的勤奋在业内传为美谈，是我学习的楷模。先前，她的那份执著只在自己的教学领域，她的专业因此获得快速成长与完熟；如今，那份执著荫及一所学校，所有的老师和学生的素养因此获得快速提升与发展。"教学切片""课例剖析""课堂反思""课堂自呈""课题凝思"中，老师们没有引用多少高深理论耀武扬威，没有显出一个研究者的面孔装腔作势，一切都是源于课堂的真实言说，都是基于生命的由衷表达。更可贵的是，借助这项研究，教育者的现场洞察力、课堂实践力和教育思考力得到了普遍提升。一个微不足道的教育细节，却能发掘出引人深思的教育问题；一个看似"危险"的课堂意外，却能捕获到不为人知的教育秘妙。我真切地感受到，一个良好的教育生态在新苑小学已悄然形成。生命的在场不仅是学生生命的在场，亦是教师生命的在场，如果说没有教师生命的在场,没有教师的职业幸福和专业自觉,还说学生的生命是"在场"的,要么是虚伪的,要么是虚无的,要么是虚脱的。所幸,阮校长将"以生命的教育,育有精神的人"作为办学理念,在"师生相约成长"的足音中,"生命在场"的教育落了地,开了花,结了果。我企盼所有的校长们都能如阮校长一样,在办学的同时不忘对教育本源的叩问,向教育理想跋涉,把教育当作一种信仰,孜孜矻矻,永不止步!

阮红旗校长对校名的解读让我眼前一亮,"新苑"之"新",意在不守陈规、敢于创新;"新苑"之"苑",意在学苑、教苑、生活之苑、成长之苑、创造之苑、成功之苑、幸福之苑。常听人说,要为孩子未来的幸福奠基。但我真的想问:孩子当下的成长就不重要吗?孩子当下的幸福就可以漠视吗?当下是最真实、最现实也是最可能抵达的幸福"现场",我们理应负责,理应担当,因为这是教育的操守!

吴福雷

2013年9月5日晨

(作者系安徽省教育科学研究院小学语文教研员,安徽省小语会副理事长兼秘书长,安徽省特级教师,中学高级教师)

序　三

看到眼前这厚厚一册"'课堂现场化'模式研究"课题文集,我真是欣慰万分啊。我很有幸在这三年的时间内参与了新苑学校很多的教研活动,聆听了老师们对"课堂现场化"的看法,她们在具体课堂实践中对这个理念的理解与发挥,都让我激动和欣喜。三年的时间即将过去,而她们已经做了很多努力,其教育心灵力和行动力令人刮目相看。现在,这个课题也已结题告一段落,新苑学校美丽而智慧的校长阮红旗女士要我再说一点什么,我想我还能说点什么呢?

首先,我很感动于做教育一直不离不弃的阮校长的引领和执着。

没有她的引领和执着,我想,在一个学校要想形成教研的热烈氛围,几乎不可能。正是在她的努力下,以这个课题为中心的一个涉及全校的教研平台就此搭建而成。在这三年的时间里,它的运作十分顺畅。不知不觉,尾随美丽的钱娟老师之后,一大批优秀的年轻教师脱颖而出,并且几乎所有的老师都在这个平台获得了精神上的感染和业务上的提升。而这些,又转化为一个看得见的教育力,在新苑社区和全市产生极强的辐射力。于是,我们看到,新苑学校里的孩子和他们背后站着的家长,对我们这所美丽的学校更信赖了。现在,反而苦恼的是,新苑没有更大的空间去容纳想来此读书的孩子。

新苑学校的变化确实是喜人的。当然,我还没有忘形到将这一切都归功于这个课题。我想,新苑学校里的教育改革,是她——阮红旗校长在默默地推进,总抱有希望,总是耐心地期待,于是真的出现了三年后的变化和预想中的结果。而同时,我们都为这样的变化而努力着,可以说我们同心协力、亲手打造,我们也都是教育前进路上的见证人。

其次,我要说的是,在新苑的一场场面对面的教研交流,从无批评打板子，也无刻意回避什么问题，而是既真诚又热烈，既坦诚又理智，更多的是发现的惊喜与感动的传递。

现场化课题，萌生于十年前，其实是有感于海湾战争，于是希望课堂走出计划教育的模式，而有一个即时性的运作。特别是当时《追求"课堂教学现场化"》的发表，被视为树起课程改革的一面新旗帜。而我对此似乎也十分自信，于是渐渐地展开了课题的实验和推广。在这十年中，除了我自己一直坚持课题的研究外，课题在河南、福建等地的实践中都获得了很好的反响。甚至在课程及课堂运作模式上，《教师之友》《中国教师报》等报刊以及名师武凤霞、薛瑞萍等，都为这个理念的充实做了很多有意义的事。

在两年前，由于一次非常美好的机缘，课题有幸在新苑和老师们有了一次美妙的接触。而这一次，因为空间距离的贴近，使得我有更多的时间去新苑一线，聆听老师们的教学，并与他们切磋互动。在课堂上，在教研活动中，大家真诚地交流，积极展望，这些都极大地改变了以往教研活动刻板和僵化的局面。在课堂现场化所设定的四个大程序（走近学生、开放学生、课堂有序化、课堂师生共建）里，我们强调没有着落感的不去尝试，同时不施压、不给包袱，从最简单易行的地方开始，注重让细节说话。

我们从具体的三人互动小组开始，一步步地走近和走进学生，了解他们，关心他们，帮助他们，并有意识地将家庭和学校有机地联在一起，努力去解决好一个个课堂问题，课堂问题解决不了的，延伸到社会和家庭，尝试去做好一件件我们可以做好的事。小步走，不高举高打，不虚浮伸张，使课题活动不知不觉、扎扎实实地走进了教学之中。同时我们还强调，每个教师一定要结合自己的体会，运用自己的方式去思考，没有必要刻意仿套他人或有关实验的做法。相信自己，从"心"出发，听从良知的指引，常常是最好的办法。在具体到展示课堂时，我们还是作了细密的安排，让钱娟老师引领在前，教学较优秀的教师其次，年轻教师一个一个不落下。而经验丰富的老教师，则着重于发挥他们的经验与处理问题的示范性。没有想到，很快地，很多年轻的老师都跃跃欲试。我注意到一个细节，就是在下一节课堂上，不少年轻老师总是有意识尝试并凸显上一个教研活动所感知的一些新经验。渐渐地，有很多老师都自动地"冒"了出来，令学校的课堂焕然一新。

啊,这真是一场场令人难以忘怀的温馨场景!有不少老师甚至主动要求校长约我去听她们的课,而在每一次教研活动以及交流总结会上,她们所言颇能切中肯綮,而及达教育某一侧面及细节之精微。后来,随着课题的不断深入,新苑老师们在理解教育、理解受教育者的生命意识上,已经有了很大的变化,不少老师动情甚至是噙着泪水讲述着与班上孩子的故事,而他们对教育的无数细节,对于教育即时性发生的一切,都有了更细腻更深刻的认识。能够温享日常教育生活片段和耐心于日常生活的期待,这就是真的教育。真的教育一定是和风细雨,绝非雷鸣电闪。特别是愈至实验的后期,因为关注的深入,很多老师尽管并非班主任,但与班主任一样都保持了一颗关注学生的敏锐而温仁的心灵。

再次,我还是想重温一下现场化这个理念的一些要点。

现场化的行动要领,正如以前在学校的橱窗里所展示的那样,有一个宗旨,两个界说,一个起点和一个要求。

(1)教育宗旨。一切教育的目的,旨在培育人。呵护童真,保护天性,促进每个孩子健康幸福地成长。课堂教学现场化,就是人的在场,生命的在场。

(2)概念界说。课堂是一个开放的系统,它牵涉到人、物和精神的因素。人的因素,包括学生和教师。物的因素,包括教室内的设施、媒体、时间、空间及其环境。精神的因素,包括课堂上的人际交往、心态、情感、评价、舆论、观念等。

课堂教学现场化,就是教师在课堂上凭依自身素质,根据教学具体情境(或创设情境),把教与学中人的、物的、精神的诸多教学因素有机组合起来而生成的教学方式。它研究课堂教学多种因素及其相互关系,探求如何进行有机组合,从而把教学的重心由"事前的备课"转移到教学现场的即时运作上,强调课堂的现实生成和直接生成。

(3)师生定义。教师,是学生学习的促进者、帮助者。教师和学生共同体验、共同成长。一个教师应当具备厚实的底蕴,他的底蕴如何决定课堂现场化的程度。关注教师,关注他的知识视野的宽度、深度,关注他对教育环节处理的教育机智,更关注他在教育背景下对教育的理解。

(4)教育起点。课堂所有理解的基础,都源于我们现实的需要,因而课堂倡导由生活唤起体验、由活动推进教学。

（5）教学要求。注重备课，更注重上课。课堂现场化，紧贴学生的实际，关注学生的细节，注重每一份课堂涵养。课堂需要扎实的教学基本功，还需要教学灵活而富有弹性。传统课堂强调教师的灌输力度，现场化则注重教师的引导之功。现场化很在乎每个新问题的解决，同时依据课堂本身的推力，而不像过去靠教师所谓精心的预设、硬性的规定。

现场化一个重要的观念，即交往重于认知：以合作化解对抗，化解孤立，化解孤独。现场化就是要形成学习的共同体。课堂既注重知识长期的积累，更注重师生的情感交流、思想交流和生命的交流，期待所培育出的学生，不仅有知识、有文化、有能力，还具有良好的道德感和行动力以及富有同情心和公德心等积极人格。

重温这个行动要领，意在说明行动永远是教育里的第一要素。实施现场化，困难很多。但无论如何，认识了学生，倾注了情感，才可以真正开始谈及教育。所以，在新苑的"现场化"，就是从观察学生开始，让三名老师自愿组合，或主讲或观察，课后交流讨论，几个循环下来，这个模式效果就显现出来了。当感受到了不一样的学生后，特别是开放学生感受，到了更多活力场的课堂后，我们即强调教师对生活的理解。法国著名学者埃德加·莫兰说："必须把信息和资料放置在它们的背景中，以使它们获得意义。"走向生活，使教育更加繁复，而具有不确定性。在这方面，我大体上有这样一个感受，就是有一定生活经验的老师，理解起现场化，要好于刚参加工作的年轻老师。我提出一种看法，前面有述，就是老师要有一种温和的理想主义，要有对庸常而琐碎的生活的温情的体验与静享，当然，它还应另具一份对于生活现象的细腻而敏锐的观察力与判断力。这个过程是缓慢而奇特的，颇有一些老师已经品尝到了这发酵的生活的酒的美妙。

同时，作为一种理念，"现场化"虽然经历了从理念到操作层的转化，但仍然需要依赖于更为复杂而繁复的技术支撑。做好专业，要求越来越细密，愈做愈细，仍然是做好教育、实现愿景的基本途径。也就是说，教师要在课堂上实现其教学愿景，肯定需要动用很多很繁杂的、非常纯熟的教学手段。起先，一般人可能还不适应运用复杂技术来解决一个问题的行动习惯，而安于一招半式就希望能够解决一个问题的惯性，但渐渐地，老师们知道,在追求完美课堂的路途上,需要不断地积累技术与经验。而且,新的未来的元素需要一点点地培育,需要一点点地还原到课堂上,让孩子感到非常安全舒适的状态,这就是教师非常辛苦的地方。而这个关节点上,技术性的保证也比以往任何时候都显得重要。另外,应该还含有这样的一种诉求,一切的技术性运用,都旨在教育培育的"顺天致性"。它应当不是残暴的,它一定是人性的,人道的,非破坏性的。要这样做,这就是一个非常小心、非常耐心的慢活的过程了。我记得在新苑教研会上,剖析了一些全国知名教师的课堂,他们注定都难逃教育伦理的过滤与筛选。我仍然坚持的一个观点是,教育虽然难以彻底改变一个人性,但不能刻意地制造一个问题事件。"子不语怪力乱神",应当作为教育的一个基本信条。

复次,再回到眼前的这册凝聚集体心力和智慧的文集上。

正如我开头所说,展现在我们面前的这厚厚一册的经过精心挑选出来的集子,凝集了全校人的心力,分量是沉甸甸的。做教育切片,进行课例剖析,反思自己的课堂,以及凝思课题和心得体会,无论是听课评课上的静静的思悟,还是教研交流会上的放胆心得畅谈,以及正式登台授课所做的勇敢展示,招招式式,都力求具体而精到,新颖而别致。老师们谈看法,切实而讲成效,新颖而有独到之体会,因而毫不夸张地说,这本课题实验教研文集,无疑又可以作为一所学校或一个地区扎实有效地推进教育的成功范例。

三年风雨兼程,在克服了资金不足以及其他诸多办学困难之后,阮校长和她的班子、全校老师们,已经将学校的教育内涵唤醒。由于别具慧心的教育睿智,在教育管理上,她又大大地拓展了"现场化"的适用范围,又令我感动和感谢。而前年我所写的一则新浪微博,也似乎早早预证我的一个判断:"晚上荣幸地参加了本地一所学校的教育沙龙,校长是我很敬佩的一位有远见又有卓识的领导,很良苦地搭建了这个平台,老师们的参与度都很高,我的感受也很多。我有一个感觉,就是随着集体能量的不断酝酿和剧增,至于骤然喷发是指日可待的。"时间在前年十月某日夜。现在新苑的教育发展正有力地说明了这一点。其中原因,是因为阮校长的眼光始终是开放的。既开放,就不会孤高自视,隔绝自封。德高望重的朱永新老师说得好:"教育这个东西我们不能仅仅局限在学校里、课堂中,教育真的是非常开放的,是和人的社会生活紧密相连的事件,如果我们打开这个眼光再来看教育,我们也许真的能看到更多的生机。"

的确,这个课题之所以做得低调、扎实而深入,还与教育者的教育心是相关联的。课题初始时,我们没有如临大敌,而是带着轻松游戏的心态去尝试。我深知,尤其在小学,孩子才刚刚成长的环境里,任何的做法与尝试都要慎之又慎。而老师的心态则直接关系到在教室里的孩子的心情。孩子们的学习如果缺少了安全与保障以及兴趣和良诱,就基本与痛苦及难耐相伴随了。所有课堂的起始,都应当从刚生产出婴儿的妈妈那里去学习经验。正是带着这个最本初的想法,或者说正因为有了这样的保证,教师的爱心倾注更多了,孩子在教室里的表现就更为主动而积极了。我有幸聆听了很多节课,甚至还尝试上了一节小语课。我从来都没有想过,有一天,我可以在小学的课堂上上一节课,而且还是古文课。啊,既是幸运又是冒险,不过一切尚好。

另外,课题值得称道的地方,就是老师们都学会了沉思和反思。沉思不一定使思想深入到何处,却可以使人因为临事而沉静起来,以免于种种浮躁的蛊惑与冲动。习惯的力量,非良性环境的力量,都常常在我们的身上打下印记,而反思在过滤,会滤掉我们身上所习染的种种毒素。同时,大家对于一般流行了多少年的公开课也有了一些警惕。就是学会用教育伦理来审视自己的课堂,尽量顺乎教学的自然流程,而不作过多的课堂控制术的使用。使用课控术,肯定会制造出一些惊人的效应,这是毋庸置疑的;然而以此作为诱因并以此衡量授课的策略选择,都有可能走进"育"人的陷阱,最后可能是修辞浮夸,"吹"风炽烈,让学生步入另一种隐性的被宰制的境地。买椟而还珠,几乎常常是一种屡试不爽的"效应"。

但因为呵护,出于热爱,知道尝试与创新之可贵,很多老师都敢于暴露自身的问题。正因为如此,她们作为维护课堂生命的人,使课堂常换常新。我感到,每一次的课堂都变得生动丰富,每个老师都结合自己的特点与优势,不断地尝试着、努力着,这正说明我们没有放弃对课堂的恒久而永新的信念与追求。这一点,看看文集中老师的课堂实录以及一些精到的听课点评与心得体会,就可以知道的。而这些,包括共写教育叙事,注重实践和体验的身心成长在内,都使教育不再是其他的异于己身的存在。而每一次努力地求新求变，都是对优质资源的积极理解与吸纳，从而丰富心灵并提升了精神。

最后，我想，实验的初衷与经过，特别在一个个感人的细节与思考背后，我们对教育实验、幼儿教育，较之以前自然会有不一样的体会。

而对于均衡教育重要实验地的铜陵来说，教育要发展，绝非仅仅是削峰填谷，就其核心来说，还是讲求动态，讲求每一实体的内涵式发展，并最终达成教育齐头并进的愿景。相信新苑的成功经验，将有助于本地区的教育现代化的大愿景的实现。

当然，还有很多话想说，面对我自己纪录的几本现场随记，还有很多录音，我想，待慢慢整理，会有非常之美好可以不断呈现出来的。在这里，请容许我再一次对实验课题的阮校长和老师们表达衷心的感谢！教育是美好的，更在于在这里，我们一齐见证着教育的进步，共修着教育的福果。愿新苑的明天更加美好！

吴礼明

2013年8月16日

（作者系新课程课堂现场论首倡者，安徽省比较文学学会会员，安徽省作家协会会员）

目 录

第一篇

课题筹划 制度与模式

努力建设研究型团队,实现学校整体提升
——基于"现场化"理念的学校管理

阮红旗

一、加强管理的现场运作,提高领导团队的管理能力

学校要发展,校长的办学理念、办学决策要得以顺利贯彻落实,关键在中层干部及相关部门的理解和执行。中层干部管理水平的高低,执行力的强弱,常常影响着学校的管理和各项工作的运行状况。各部门在负责好本职工作的同时,要注重与其它部门的协作,共同推进学校的综合发展,进一步实现整体提升。因此,培养一支能自主策划、勇于实践、团结协作,富有活力的领导团队,创建一种新的学校生活形态,将有利于促进学校的内涵发展、主动发展和可持续发展。

(一)结伴学习,养成读书的习惯

读书学习是提高领导团队整体素质的重要途径。确立"学习即生活、学习即工作、学习即责任、学习即生命"的观念。除抓实常规的政治学习外,学校努力抓好教师的业务学习。为将读书学习落到实处,我们采取了一些办法:一是必读与选读相结合,旨在深化教育教学管理意识,必读就是校长选取优秀的文章和书籍团队共同研读,如《试论学校中层干部的执行力》《学校管理的儿童视角》《建设教师心目中理想的领导团队》以及"'课堂教学现场化'模式研究"课题的相关资料等;选读就是大家根据自身的工作需要自选书目进行阅读。二是分享读书的体会、交流阅读的心得,为开阔视野提高读书效率,不定期举办"读书讲坛"活动,让教师推荐自己所读好书,或谈读书的收获。

(二)亲身实践,示范引领部门工作

中层管理人员既是科研课题的组织者、引领者,又是参与者和实践者。只有不断提升中层干部主动策划能力,才能高效地开展工作。在学校总体规划的统领下,既要能独立规划本部门工作,在部门规划的落实中体现学校的共同目标与愿景,又要能将自己所属教师群体的积极性调动起来,扎扎实实投入到学校各项教育教学实践之中,做出成果,形成经验,提供范例。同时,能够在主动分析、研究、反思工作现状的基础上,策划开展后续工作,逐步推动各部门的工作由原来的“事务型”转向“研究型”,产生效益。

(三)自我更新,创造性地开展工作

加强各项工作现场运作的检核力度,不因循守旧,要与时俱进,敢于提出异议,敢于创新。各部门检查与考核的方式务求不断调整,提高效率。如业务部门由原来的查书面教案改进为查电子教案,进而又改进为现在具体工作中的日常观察与考量。领导团队在组织学科教学研讨活动时,必有事先的自悟学习,以成功地组织好每一次集体研讨;同样,开展日常研究活动,也须不断地进行自我进步式加压,从而更有力地指导他人。此外,注重阶段性的工作反思,务求主动地研究工作的状态,善于把工作中存在或发现的问题,通过新方案的设计与实施,转化成工作推进的新资源。

(四)高位督导,催生实验的高效

领导成员要严格树立科学意识,以科研促教学,实现教学可持续发展,分工负责督促和指导教研组工作,夯实教研。坚持听家常课,全面、深入、真实、及时地了解和把握实验过程中动态生成的各种信息和资源,并利用这种生成的信息和资源调整和推进教育改革与实验的进程。

开展“专题性学习”与“问题性研讨”,以系列化的专题研讨活动帮助教师逐步达成教育新观念(特别是“现场化”实验的理念)的内化和迁移,并将内化了的教育理念转化为具体而高效的教育教学力。

同时开展随机和定期相结合的教育实验工作调研,了解和把握教师教育教学工作中研究与实践的状态和进程。每学期一次,以课堂听评、学生访谈、备课检查、作业设计与批改、学生评价及小组专题研究项目为主要内容,历时一周。

(五)团结协作,树立整体工作意识

牢固树立集体意识。作为中层干部,须树立整体的意识,顾全大局,分工不分家。须明确本部门工作在学校整体发展中的位置与作用以及与本部门相关部门间的互助与协调之关系。在学校整体推进的过程中,须能倾听大家意见,敢于表达自己的思想和建议,又须在具体的教育教学团队中参与讨论,主动协作,积极贡献自己的智慧,创造性地推进学校教育教学改革的发展。

二、优化教育教学研究,促进教师团队的和谐成长

教育是以文化人、以人育人、以事成人的事业。教育管理的核心是人,教育管理者要站在生命的高度关怀教师,从生命尊严与自我实现的高度去改革管理。今天的教师师德建设,则更多地体现出"爱心为核心,专业为重点、学术为亮点"的主题,为教师成就生命价值搭台,使学校成为教师心灵向往的所在,成为其人生价值实现的场域。针对不同学科类别、不同发展水平的教师,根据他们自我发展需要,努力建立促进他们成长的新平台,并积极探索一种更为具体、综合、有效的教师培养机制。让研究成为习惯,让发展成为生命的自觉。

(一)凭借三个诱发,促进教师研究自觉化

1.真情温暖工作现场,诱发教师"感动"

基于生命在场,自然成长的前提。首先是尊重,尊重教师的人格、尊重教师的劳动、尊重教师个性和能力水平的差异,满足教师的合理要求,做他们的知心朋友。其次是信任,相信教师的能力,相信教师的工作方式方法,以激发教师工作的能动性和创造性。再次是认可,认可教师对工作

所做出的尝试和努力,哪怕是没有效果的,多赏识教师,多看他们的长处。学校的信条是,少一份压制,多一份自由;少一份担忧,多一份期待,为教师的发展创造一个宽松、温馨,又充满活力的工作空间,让他们在被肯定、被赏识的氛围中时时享受着教育工作的乐趣,不断提升职业的幸福指数。

2. 齐心描绘发展蓝图,诱发教师"心动"

在制定学校三年发展规划过程中,我们遵循"自下而上、自上而下"的原则,几经反复,从群众到领导,从个人到学校,从宏观到微观,从目标到措施,人人参与,个个建议,经过大家的充分酝酿,共同谋划,最终编织出了科学合理,符合学校实际,且可行性强的《新苑小学三年发展规划方案》。在学校规划的共同制定中,老师们不由自主、情不自禁地将自己与学校融为一体。在学校总体规划、共同愿景的统领、召唤下,鼓励每个教师设计个人发展规划,有自己的个人愿景,让发展成为教师的一种自觉。

3. 追踪服务价值实现,诱发教师"行动"

教师群体是一个集丰富知识的群体,蕴藏着无穷的智慧和力量,每个教师都是一颗金子,一块璞玉。是金子就要让他尽情地发出光芒,是璞玉就要帮他精雕细琢体现最大价值。学校信条是,知才爱才用好才。学期初通过调查问卷,教师申报自己的特长和需要,业务部门在掌握全部信息的基础上,统筹安排。根据教师特长,因才设岗,量才而用,充分体现人尽其才;根据教师的需要,创造条件,满足需要,充分体现服务到位。

在满足教师较低层次需要,实现低层次价值的同时,引导鼓励教师提升更高一级的自我需要层次,从而激发其进一步自我发展的动机并形成机制。同时,帮助教师抓住价值实现的契机,如教师参加比赛、拍录像课、上公开课等,集中集体智慧和力量给予支持,帮助其获取自我发展的成果。对自我实现取得阶段性成果的教师,提供更多的展示机会和享受相应的待遇,如橱窗、电子屏展示成果,多种场合宣讲成果。给予教师更多的深造机会,并将其与评先评优结合、绩效工资挂钩等,从而激发更多教师的自我实现的热情。

(二)实施三级听课,促进教学研究日常化

不断完善听课制度,加大日常听课的密度,努力构建三级听课管理体系,提倡教师之间互动、双向、多维的听课模式。

一级层面:组织校内外专家、名师,成立"学科专业委员会",不定期邀请来校听课,整体把脉,引领学科教改方向。

二级层面:行政管理人员(也是各学科具有话语权的骨干教师)统一分工,各管一块,协同组长推门听课,及时与执教老师交流,点出亮点,指出不足,以帮助教师改进教学。

三级层面:行政人员、组长、教师组员相互听课,要求所有课堂全方位开放,平等交流,互相切磋,同步发展。

(三)铭记三个观照,促进课堂教学优质化

1. 观照生命成长

构建有生命的课堂,树立"基于生命、顺遂生命、成就生命"的教育观和"每个学生都是独一无二的,人人都有才"的学生观。要求教师转变思想,关怀生命,以生命成长为目的,提升每一个生命的价值,赋予课堂教学以生命的意义。尊重个性,以个性评价激发学生学习动力,推进个性化学习进程。充分释放学生天性,深刻挖掘学生潜能,发挥学生的主动性,给予学生收获和快乐。

2. 观照课堂现场

提倡教师在课堂上凭依自身的素质,根据教学的具体情境(或创设情境),把"教"与"学"中人的、物的、精神的诸多教学因素有机地组合起来,能够从学科本身、学生现状和课堂真实环境等方面,以"现场化"的视觉探索课堂教学规律。依据"现场化"理念设计"教学"流程,通过师生的作用,通过大家共同的活动,在所有"现场"与"知情"的情况下,以生命在场为核心,以民主开放的姿态,催生并应对生成,平等交流,共同探讨,呵护学生求真精神,尊重个性思维,宽容差异。解决现实生成的新问题,依乎课堂本身的推力来推进课堂,以追求师生共同发展。

3. 观照学科融通

倡导全体教师串科听课,吸收其它学科教学的知识与经验,以丰富自身学科的教育体系,选择教学研究的共性点,合作学习,共同探究,以期更好地服务于学生。倡导"自组织"(非正式组织)的合作,促进同学科不同年段之间交流互动和同年段不同学科之间的交流互动。同时,催进以便捷方式进行"即时性"的交流,互相欣赏亮点,指出不足,共同探讨,改进措施,达到博采众长,优势互补,以追求同伴相约成长的教育共同发展。

(四)创设三个平台,促进教师教学风格化

1. 建立学习平台

要求教师保持一种积极的学习状态,认识到自身发展与学生成长的密切关系,借助学习不断更新教育观,更新知识结构。学校积极创造学习条件,购买了近万元教育类书籍,每年订阅20多种报纸杂志,同时鼓励教师个人订阅业务报刊。每学期要求教师阅读一本教育教学理论的书,举办一次读书讲坛活动,并邀请名家现场指导。

设计多种形式的学习,如个体自悟学习、群体合作学习、骨干辅助学习等方式,促进教师教学能力的提升和教育智慧的生成。

2. 拓宽研讨平台

(1)科研例会。科研例会是老师们"做真研究、求真学问"的一个重要教学科研平台。每学期至少开二次会议,每次例会前要求教帅做好课题研究情况的发言准备,主要是针对教师课题研究中的困惑问题,通过教师彼此间交流达到相互启发,帮助教师不断寻找课题研究的新发展点、生长点,并督促教师们每天都要带着课题研究进课堂,以有利于增强课题研究的实效性。

(2)网上沙龙。"科研沙龙"是教师之间呈现自己的思想和智慧,在宽松、愉悦的氛围中互动对话的一个平台。建立教师QQ群,大家随时推荐优秀文章,网上交流,鼓励教师开博客,加入"教育1+1"网站,登陆名师博客等,积极参与对话、发表见解。它比往常的座谈式的交流更加频繁、快捷、高效,更重要的是它拓展了教师交流的时间和空间,形成了"相互启发思考、相互滋养智慧"的互动式的学习和交流氛围。

（3）聚散教研。日常三人一组开展"教学现场化"观课研课活动,每两周大组集中活动一次,期中和期末各召开一次全校性"课堂教学现场化"阶段总结大会,大家畅所欲言,交流各自的困惑、感受和收获,研究下一步的活动内容和措施。散点式教研与聚合式教研的融合,沟通不同年段的研究,促进组与组之间对他人研究的了解,不断分享、丰富研究资源。

（4）名师引领。为促进全体教师的业务水平的共同提高,不断邀请各级名师来校做学科指导。如:全国著名特级教师贾志敏老师和我市语文专家仇云芳老师做作文教学讲学;市教育局教研室胡国杰主任做科研知识专题讲座;张睿老师做班级管理讲座;廖蓉、张骁、韩永胜老师做数学教学讲座和示范课;胡斌馆长做电子白板教学讲座;潘文军老师做体育教学和大课间活动讲座。特别是吴礼明老师长期指导"'课堂教学现场化'模式研究",以及指导文本解读、标点符号的正确运用、文言文的教学等专业基本功培训。

（5）外出深造。为了让更多的老师走出校门听课,与名师接触,了解学科改革最新信息,每年派出约二十名(占教师总数三分之二)教师外出学习,涉及语文、数学、英语、体育学科及班级和学校管理等方面。外出学习的老师严格执行新苑小学教师外出学习制度,回校后积极传达会议精神,汇报学习体会,并上一节体现活动精神的展示课,以收到"一人学习,全体受益"的最大效果。

3. 搭建展示平台

（1）点单讲学。每学期初,各教研组采用召开座谈会、发放问卷等形式,了解教师的实际需求,征集教师存在的真实问题。根据问题的难易缓急,筛选、制定校本培训的菜单。为发挥校内优秀教师的作用,鼓励骨干教师大胆选择校本培训的内容和方式,整理、总结成功的经验和有效的做法,上升层次,形成个性化的教学风格,或上示范课,或开讲座,展示风采。

（2）公开教学。为了给年轻教师一次锻炼的机会、一个展示的舞台,提升我校教师的业务水平,我校积极与市、区教研室联系,承办了市级、区级的教学研讨活动,与兄弟学校联谊送课交流;鼓励支持教师参加各种市、区级的教育教学竞赛,参与教学骨干、各类先进的选拔;帮助教师录制教学课例;每学期开展一次教学"开放日"活动。

教师是教育的第一资源,是学校的基石。我校每一位教师都是一座待开发的宝藏。在队伍建设中,从因才育人到爱才用人,我们精心设计,柔情操作,帮助教师建立职业目标,扶持教师追求职业发展,支持教师致力于学术研究,以提升教师的学养情怀,启迪教师的职业智慧,夯实底气,激扬才气,成就大气。

(五)精细管理结硕果,满怀信心展未来

我校为实现内涵发展育人,全方位进行精细化管理,近一年各项工作都有起色,列举部分成绩如下:

1. 教师在变化

教师群体中的多数人积极主动实践教育改革,努力进取,形成竞争与合作、共同发展的人际关系,开始进入"生命自觉"的发展状态。

2. 课堂在变化

教师开始关注课堂场域的复杂性及其微妙的变化,关注学生的生命情态。根据现场的氛围与需要,即时运作与现实生成,让学生达成知识与能力的新建构。课堂焕发出生命的活力,洋溢着创新思维的激情。

3. 科研意识在变化

2011年,我校申报4项课题,两项获市级立项,两项获省级立项,教师参与率100%,前所未有。

4. 取得成果在变化

近一年来,教师在国家、省、市级发表获奖文章24人次(其中《中国教师报》刊载教师"'课堂教学现场化'模式研究"教学实录和反思);15人次在全国、省、市、区级教学比赛中获奖(其中两人获得全省教学比赛一等奖)。

三、努力方向

如何进一步提炼和深化学校办学理念,如何贯穿优质教育服务的思想,坚持走内涵发展之路,凸现我校特色,形成教学改革、学校德育、学校管理等领域的品牌活动,培养出一批德艺双馨的品牌教师,形成新苑小学

的综合品牌,还需要进一步实践与研究。

四、结束语

给教师一份心情,成就一种情致;给教师一份自由,成就一种宽容。当"尊重、民主、关怀、服务、创新"成为一种管理文化时,将会激荡起教师内心的幸福感和激情,滋养其生成美好而高尚的情感,最终给他们的教育对象以更多的灿烂笑容和优质服务。

附:新苑小学办学理念

校名释义:
新苑:"新",不守陈规、敢于创新;"苑",学苑、教苑、生活之苑、成长之苑、创造之苑、成功之苑、幸福之苑。秉承传统,面向未来,以科学之精神,人文之情怀,打造幸福之苑。"新苑"谐音"心愿",倡导民主与公平,努力构造一个求真、求善、求美的新世界。在幸福之苑中,学校积极提升教师的责任意识、人文关怀,让教师自豪职业的光辉,实现人生价值的心愿;教师主动培养学生的生命意识,寓教于乐,让学生感受生命的力量,实现自我成长的心愿。

"新苑",体现在勇于创新。在于她是新的教育教学管理的探索与实验之苑。"现场化"的精髓,即现场问题处理即时性。新苑的"现场化",既是新苑教学新的生长点,又是新苑管理新的增长点。

新苑,洋溢着真诚、拼搏、执著、开拓的生命气息,孕育着积极的生命情态和开放生成的意蕴。师生教学相长,相融共生。

核心理念:
以生命的教育,育有精神的人

目标思路:
文化提升学校
队伍支撑学校
合力发展学校

11

实现路径：

●深度构建学校文化

课堂变脸——构建生命在场的课堂文化

求真育人——构建崇尚求真的师生文化

解放师生——构建开放自由的创造文化

五自并举——建构自主自强的育人文化

●全力提升三支队伍

管理队伍

教学教研队伍

辅导员队伍

●倾心营造教育合力

让家庭成为教育现场

让社区成为没有围墙的课堂

让驻区单位成为学校坚实的后方

第二篇

结题报告　实施及成效

关于构建"现场化课堂教学模式"的思考

阮红旗

　　课堂教学现场化,主要体现在"以人为本",强调课堂"问题解决的即时性"。当然,要正视问题,就得关注人的自然发展,生命的健康成长,承认个体差异、尊重个性的健康发展,重视情感的熏陶感染,尊重个体的独特体验。过去,教师一言堂,不正视真正的课堂及其问题,也就谈不上关注人、关注每一个体及其学习的情况了。因此,走进关注人、注意每一个现场问题解决的现场化的课堂教学,教师就要努力创设和谐、融洽、欢快的人际氛围,让课堂学习的过程成为学生展现个性和塑造个性的过程,并在这个过程中疏解问题、良性递增的成长。

　　当然,现场化课堂要达成"人的自然发展,生命的健康成长",还需要注意做好以下几个方面。

一、"现场化课堂"需遵循五个基本原则

　　(1)活动原则。依据教材特点或课堂生成的资源预设或即兴设计,开展有利于学生个性品质发展的学科教学实践活动。

　　(2)保护原则。学生提出的有争议的不同观点应得到保护,教师在有争议的教育情境中可以保持中立的立场,但还需要对有争议的价值点进行引导。当然,教师可以"推销自己的观点",以争取学生的认同与赞赏,特别是作为一员参与到与学生的活动中去的时候。这样做,实际上避免了教师的强势对学生造成的伤害。

　　(3)讨论原则。将有利于学生个性品质形成的争议问题或事件引入课堂讨论,对争议的事件的探究,应该严守"讨论"的准则。教师不能偷梁

换柱,或者变味地变成讲授。

(4)民主原则。师生关系直接影响着学生自由个性和健全人格的养成和发展,只有建立起民主平等的师生关系,才能让每个孩子抬起头来走路。

(5)微笑原则。微笑是文明和教养,是教育和学校,尤其是学生还很小的时候,微笑几乎就是教育的最直观的体现。把微笑带入课堂,对学生不责备、不谩骂、不侮辱,让慈祥、和蔼的笑容走入学生的心灵,使学生的身心沐浴在爱的阳光中。

二、"现场化课堂"需警惕三个误区

(1)技术化。课堂教学中的现场化理念如何体现?在这个问题上,许多老师认为现场化教学应该有某种"可操作性"。在实践过程中,老师们存在这些困惑:"教学现场化确实有利于学生生命成长,它的具体内容是什么?它应该通过什么途径,采用什么手段来实施呢?它又应该怎么检测、评估呢?"大家习惯于把所有教育都"技术化",这实际上是把教育简单化、模式化。如果现场化的教育也如此技术化,那么,在它开始的同时就已经僵化了。必须明确:虽然我们说的是"现场化"的教育教学,但这里的"教育教学"没有固定模式,更不可能千篇一律。因为这是同尊重学生精神自由和个性发展相违背的。另外,现场化课堂不能变成知识教育和人格完善的"训练场",而是知识积累、精神养成的"能量场"。

(2)盲从化。有些学科教师曲解课程标准"要珍视学生独特的感受、体验和理解"的教学理念,淡化教师的课堂干预力量,不敢或不会积极而适当地凸现自己的课堂地位,其实质是对教师自身的课堂角色认识不明。学生交流中出现认识上的偏差,教师如果一味顺从学生走,无原则地认同,不及时发挥教师的价值导向作用、对出现偏差的价值取向加以引导,将会造成学生价值观的混乱。

(3)无效化。有些文本人文内涵很丰富,课堂上不必要对文本的人文因素挖掘过深或过多。挖掘过深,与学生知识积累、生活经验、时代背景相差太远,学生会"云深不知处"。挖掘过多,浮光掠影,"乱花渐欲迷人眼"。教师的智慧应体现在"深入文本,浅出教学"。

三、"现场化课堂"应注意"四化"

(1)广化。所谓广化,即扩大、宽广。阅读文本本来就是"作者用一致之思,读者各以其情而自得"(王夫之语)。再加上现代的学生眼界开阔,对同一文本产生众多的甚至是截然不同的感悟也在情理之中。况且,同一文本,在不同的时期,其文本意义的解读也会有所不同。文本,也同样具有发展性。这里的关键是,只要学生的感悟朝着真善美的方向发展,有利于学生形成良好的品格,在大是大非上没有出现错误,就应当允许学生独特感悟的合理性存在,使教材的人文价值得到广化。

(2)同化。受传统语文教学"唯工具论"的思想的影响,语文教学往往只注重其工具性而忽视其人文性,致使语文教学中的人文精神一再失落。新课标对语文学科性质的定位,已使这种残缺的语文教学一去不复返。所以,我们在现场化教学时,应结合具体的教材及其特征,充分考虑并挖掘其人文因素,不遗弃、不脱离、不违背、不曲解文本的美学价值和人文意义。

(3)点化。点,即点拨、点击。当学生对文本价值的感悟陷入是非不清的时候,教师就应当现场加以点拨、引导,使学生"识清庐山真面目",进入人生正道,千万不能莫衷一是,更不能良莠难辨,让课堂陷入黑白颠倒的泥潭。因而当"混乱"刚一产生的时候,教师就要想办法进行引导,使之朝着有序化发展,切不可置之不理,放任自流。否则我们的课堂将会成为人文的"黑色课堂",给学生带来无法弥补的精神伤害。

(4)深化。文本的精神内涵是潜蕴在教材的语言文字当中的,需要我们教师去认真、深入地解读和挖掘,而且解之越深,把握得就会越准确、越全面、越深刻。现在普遍存在的问题是,教师对文本知识外的内涵解读极其肤浅,往往只是抓住了一些表面的意义,而对潜在的精神、价值的研读十分欠缺,这会导致课堂教学浮光掠影、打水漂漂,或者课堂到某一个关节点的时候,会莫名其妙地发生变形和扭曲。

四、"现场化课堂"建构的策略

（一）正确认识学生，是实现现场化教学的先决条件

科学正确的学生观必须是正确地看待学生，把学生当"人"看。现场化教育的核心理念，就是对学生个性品质自由发展的尊重和服务。学生是主体的人，有自己的独立人格，独立的个性，有自己独立的思想和主体意识，要尊重并相信他们。

苏联教育家阿莫纳什维利说："天才儿童爱在课上幻想，这是因为智力的激情和交往精神像点燃火箭的燃料一样激励着他的才能脱离教室现实的吸引力，投入到其他现实中去，例如音乐、诗歌、数学等。如果笼罩在教室里的智力的激情和交往的精神充满着敏感性和同情心、互相理解和互相关心，这种'燃料'的推动力将变得越来越强大。"如果很多老师都能像教育家这样看待孩子，那么每一个孩子都是天使，每一个孩子都会给人惊奇和惊喜，每一个后生都值得人去敬畏。那么，我们的教育世界观将会发展真正的质的变化了。

阿莫纳什维利的认识值得我们认真思考，我们不能对学生的幻想采取简单、粗暴的禁止、压制的办法，多一点同情心，多一点理解。美国著名心理学家罗杰斯强调要给孩子一定的心埋自由，是很有道理的。孩子们是聪明的，在自由的玩耍中，他们能够发现许许多多观察事物的新角度；孩子们是机智的，在自由的活动中，他们能够使许许多多事物巧妙地发生比附和关联；孩子们更是想象的天才，在开放自由的环境里，他们能够使许许多多的事物，自然地从现实走向未来，从未知走向已知。有人说得好，小孩在沙滩上堆沙，并不只是堆沙而已，而是一种创作，一种想象。一如牛顿在苹果树下拾苹果，并不只是拾苹果而已，还有牛顿的思维。从小孩到牛顿，他们在享受创作的喜悦，这种创作是人类所独有的。天所赋予，人特别是教师，不能随意干涉或剥夺。

（二）即时运作生成，是实现现场化教学的关键所在

善于抓住课堂中新生成的因素，现场机制应对生成是课堂教学现场化的关键。密斯·凡·德罗是20世纪最伟大的建筑师之一，在被要求用一句最简洁的话来概括他成功的原因时，他只说了五个字"魔鬼在细节"。他反复强调的是："不管你的建筑设计方案如何恢弘，如果对细节的把握不到位，就不能称之为一件好作品。"细节的准确、生动可以成就一件伟大的作品，细节的疏忽也同样会毁掉一个宏伟的规范。教育细节可以是教师的衣着打扮、一句话、一个动作，甚至一个眼神，或者是教师写的一句批语。"教育无小事，事事皆育人。"而正是这些"小事"，可能会让孩子感到莫大的失望，也可能让孩子感到无比的兴奋，因为这些"小事"在学生心里就是"大事"。

一次听一位教师教学《嫦娥奔月》。课文有一段话"嫦娥吃了仙药，突然飘飘悠悠地飞起来，她飞出了窗子，飞过了洒满银灰的田野，越飞越高。碧蓝碧蓝的夜空挂着一轮明月，嫦娥一直朝着月亮飞去。"针对这段内容，教师要求："同学们默默地读，细细地想，这时候嫦娥的心情如何？你应该如何把这种心情读出来？"学生们兴致勃勃，各抒己见。

有学生说："我觉得嫦娥这时候心里很开心。因为在这么美的夜晚，她飞上了天，离开了这充满险恶的人间……""噢，你是这么想的？"教师眼中似乎有些失望。又有学生站起来说："我们小组觉得嫦娥内心肯定很凄凉，她要一个人生活在凄清的月宫里，陪伴她的只有玉兔……"教师迫不及待地打断他："你可能没有听明白，我问的是嫦娥现在的心情怎样，在月宫里是以后的事。其他同学有不同的看法吗？"那一小组的手还举得高高的，似乎还有话说，教师却又叫了另外一组的同学。

"老师，我们认为应该读出嫦娥内心的难过，她就要离开自己的家了，离开自己的丈夫了，她对地球很依恋。"有个孩子终于这样回答了。"啊，你说得太棒了！你的想法与老师的一模一样，大家为她鼓掌！"这位教师兴奋、激动溢于言表。下面听课的老师则一片嘘声，有老师说："天啊，总算达到这名老师的目的了。"按常理，课上到这个份上，应当说是将一节好课上砸锅了，但这就是"即时运作生成"。

学生的各种想法、各种读法无不闪烁着智慧的火花,无不绽放着思维的独特与灵动,无不表达着他探索的乐趣,无不展示着小组团结合作的精神。而因为教师对目标的僵化理解,缺乏对许多生成性目标的现场把握,无形中扼杀了学生创造的天性、学习的灵气,也就慢慢扼杀了学生的悟性。

(三)营造和谐氛围,是实现现场化教学的环境基础

课堂教学是实施素质教育的主渠道。首先,我们要求在师生关系的处理上要体现人性化,要尊重学生的人格,用爱心建立和谐亲善的人际关系,重建课堂教学中新型的师生关系。尊重学生,以平等的人格与学生交流,倾听学生不同的见解,鼓励学生敢想,敢说,追求卓越,实现师生关系的和谐,积极实行启发式和讨论式教学,使课堂教学充满生命的活力。

其次,在课堂教学的组织形式上,我们提倡以活动为主。积极设计以学生为主体的教学方案,探索培养学生主动学习、合作学习、学会探究及培养研究性学力的教学方法、手段和策略,打破"以教材为中心",以灌、仿、记为特征的陈旧的课堂教学模式,致力于形成有利于创造能力培养的教学方法、教学策略体系,把讨论权、发言权、动手权交还学生,把发展的主动权交还学生,只有这样,才能造活课堂,才可以说学生课堂的主体性有了实质性的内容。

从生命的高度看,教师是一个生命,学生也是一个生命。生命与生命的关系是平等的,师生之间是平等的生命与生命的沟通与交流。也只有如此理解,方能营造出和谐愉快的课堂氛围。而也只有在这样的课堂上,教师才能以思想点燃思想,以自由呼唤自由,以平等造就平等,以宽容培养宽容。

(四)提升教师素养,是实现现场化教学的根本保障

实施素质教育最关键的是教师,你要想把阳光送给别人,自己心里首先要有阳光。教师具备的底蕴决定课堂现场化的程度。教师除需要具备一般人的基本的精神外,他的人性关怀还必须与教育这项崇高事业紧密融合。因为教育的人文精神决定并体现了教育的基本价值属性,它以人

性发展的可能性为起点,以关怀人的全面和谐发展为核心和最高目标,让人成为一个健康、丰富而精神饱满的人。而"为学生的生命奠基",它确实生动而深刻地揭示了人文性的素质教育思想的精髓。因此,在新课程背景下当代教师至少应具备:丰富的人文科学知识;全面正确的教育价值观、知识价值观、学生观和教学观;高尚的人格和健康的心理素质等素养。

而具备如此教育素养的教师,现场化课堂,在他或她的眼里,就应当是一首精美的小诗、一幅灵动的画卷、一段优雅的旋律,更是一方正能量场。现场化的课堂应是营养丰富的池塘,以供自在如游鱼般的学生健康成长,各取所需。

《课堂教学现场化教学模式的研究与实践》
总结报告

钱　娟　阮红旗　吴礼明

　　长期以来,我国的教学理论一直把教学过程当作一种认识过程,但并没有对教学活动获得一个透彻的认识。如对"学生因素"就缺乏深入分析,在教学过程中,学生被认为是在教师的领导下去获取知识的教学对象,而知识又"仅限于间接经验或书本知识"。这一认识过程虽然可以帮助学生接受、发现既有的知识,却不能培养学生的创新能力。现在,这种"唯知识价值论"的教科书的知识逻辑体系、教师的灌输式、学生的唯书唯上的机械的"现代主义"或"现代性"课堂教学,正日益受到批评。

　　当前很多课堂还只是传统意义上的课堂,面对新课程,我们要走的路还很漫长。在传统课堂下,是教师为贯彻和落实教育目的(一定时期国家和社会对学校培养人才规格的总要求)、完成具体的课堂任务而所预设的一些具体的教学要求。它强调大纲和教材的规定性以及教学效果评价的直接性。而传统课堂问题的严重表征是,漠视生命存在的僵化的、单向度的机械主义。教育最大的问题是忽视对孩子自主选择能力的培养,他们缺乏主动发展的意识,不能为未来而设计自己今天的行为。在传统课堂上,教师权力滥用的现象非常严重,而学生因为无权而被迫面对教师一言堂的窘迫状况时有发生。基于在人格事实上的不平等,学生不敢自由地表述,作为教学主体的人不能双向交流与对话。

　　鉴于此,我们希望通过具体的课题实验来促使传统意义上的课堂,转变到新课程所要求和达成的新课堂上。

一、研究主题

华东师大教育家叶澜老师认为,素质教育依旧要重视和追求基础学科的教育质量,如果不对占教学总时数比例最多的必修课的课堂进行改革,那么教学不会有本质意义上的进展,也不可能产生真正的效应。"在此背景下,集中探讨课堂教学改革问题,就具有推进、深化学校内部教育改革的全局性意义。"(叶澜《让课堂焕发生命活力》)依照我们的兴趣和准备,本课题关于新课程的教育转变,集中锁定"课堂"。

但传统教育仍然具有"超常的稳定",除了它要以教师为中心,从教师的教出发,易被教师接受外,还因为它视知识的传授和技能训练为主要任务,并提供了较为明确的可操作程序。叶澜老师说,"教师只要有教材和教学参考书,就能进入规范,依样操作,理论也因而得以广泛传播,逐渐转化成实践形式,扎根与千百万教师的日常教学观念和行为之中。"所以教育改革的艰难是不言而喻的,这几乎等于要改变教师的习惯了的生活方式,因而它是一场"攻坚战"。

基于以上现状,我们正式启动课题"'课堂教学现场化'教学模式"的研究与实践。

二、研究步骤

我们认为,课堂是一个开放的系统,它牵涉到人的因素,包括学生和教师;也牵涉到物的因素,包括教室内的设施、媒体、时间、空间以及一定的自然环境;还牵涉到精神因素,包括课堂上的人际交往、心态、情感、评价、舆论、观念等。"课堂教学现场化",就是教师在课堂上凭依自身的素质,根据教学的具体情境(或创设情境),把"教"与"学"中人的、物的、精神的诸多教学因素有机地组合起来而生成的一种教学方式。

"课堂教学现场化"理论以人际沟通为主,以崇尚多元性和差异性的后现代主义作为立论的基础,研究课堂教学的多种因素及其相互关系,探求如何有机组合这些因素,从而把教学的重心由"事前的备课"转移到对

23

教学现场的即时运作,强调课堂的现实生成和直接生成。

根据"课堂教学现场化"的含义和具体内涵的界定,本课题的研究内容分为以下四个部分与步骤:

第一步,走进学生,了解学生,积极寻找课堂教学师生的契合点。教师从能够改变自身的地方渐近地达成教学观念上的转变。

第二步,开放学生,积极开展"放权活动",即将本属于学生的权利交还给学生。以活动为依托,积极培育学生的各种兴趣和爱好、尊严和诚信、责任和信念。

第三步,有序化课堂,这一阶段的主题是课堂教学中实现师生积极、有效和高质量的双向互动,把课堂还给学生,让课堂充满生命的气息和活力。

第四步,积极营造一个师生都感觉非常舒适的课堂公共话语空间,这更符合事物运动和发展规律的"意义建构"与"发现之旅"的教学流程的动态性生成,并初步进行课堂多重资源的开发和利用。

三、研究过程

为凸显学校注重教育和教育新风气的培养,也欲借此机会整合教育力量,搭建新的更加开放和有活力的教育平台,学校成立"'课堂教学现场化'教学模式"课题实验组。

课题组由校长室带领进行课题研究管理工作。要求以"'课堂教学现场化'模式研究"课题为主线,鼓励教师参与教育科研,结合课堂教学改革,深入课题研究。在整个实验研究过程中,我们注重过程管理,课题研究人员每学期都要制定研究计划,经常分析、研究测试对象,重视阶段性情况分析和阶段性工作小结。

(一)第一阶段

课题实验我们强调要循序渐进,逐步展开。先在最具实力的语文组开展了"课堂教学现场化"三人行,形成了"同伴互助式"教研。三个老师自由结成合作小组,每两周内,每人上一节课、听两节课,每听完一节课三人及时交流。两位听课老师有分工,一位观察记录学生课堂学习状态,一位观察记录执教老师教学行为和教学流程,然后在课后碰头交流。

同时,课题实验我们强调互助、合作。我们强调教师在自我反思的同时,开放自己,在"我中有你、你中有我"中,加强教师之间以及在课程实施等教学活动上的专业切磋、协调和合作,分享经验,互相学习,彼此支持。如此,既提高了教师立足自身主动学习的意识和能力,又起到了以强带弱、以点带面、教育资源扩大利用、教师专业素质整体提高的作用。

实践中,教师们进一步增强了"以学生为本"的意识,更加关注学生的学习,关注他们学习时的情绪、积极性和表现力,并能抓住生成的教学契机,及时改变教学计划及节奏,真正做到关注微观,并充分地给予学生自主学习的空间,从而促进学生的发展和成长。与此同时,教师也能通过经验分享、合作学习和共同提高,使其不仅能在专业讨论中提出自己的教学观点,发现别人的"闪光点",还能在深度会谈中找出阻碍教研进步的消极因素,并依靠大家智慧来加以解决。

此项活动开展虽然只有两个月,教师们普遍感到收获很大,议课的状态大有改观,大家一改过去的"紧张不发言"为"兴奋抢发言",良好的教研氛围初步形成。2011年1月4日我们召开了阶段性总结汇报会,有12位老师发言,座谈会不知不觉开了3个多小时。每位老师都充满激情地讲述了自己参与研究的感悟、感受和收获。内容十分精彩,近半数的发言稿就是一篇篇漂亮的论文,或教育叙事、或故事、或随想。课题顾问吴礼明老师很感动,进行了逐个点评和全面总结,并指明了下一阶段研究的方向。每一位老师基本上进入了研究状态,他们在原有的基础上都进步了、成长了。

2011年上半年,我们将"课堂教学现场化"从语文组的试点和研究,扩大和推广至全校各学科。各学科教师都积极参与,基本达成了课题组所提出的"一个准备,三个及时":认真准备,人人上好研究公开课;及时反思,每月撰写一篇研究反思;及时交流,课后开展交流与学习;及时整理,不断积累与推广。到了学期末,每人都结合自己"现场化"教学实践及思考,写出了一篇篇高质量的专题总结,课题组又用心组织全校教师集中时间交流,反响很大。

(二)第二阶段

2011年下半年,按照本课题的实施计划,应进入第二步骤,"开放学生,积极开展放权活动,用活动、生活塑造学生的性格与品质"。但是由于对"课堂教学现场化"理念理解的误差,很多老师仍停留在"走进学生,了解学生"阶段,还处于摸索状态。在这关键时候,课题组开展了"导师、教师、学生互动对话"活动,鼓励老师们将自己的迷惑、思考说出来,共同沟通交流解惑,于是思想不断地碰撞,灵感也不断地闪现,对于"课堂教学现场化"理念的理解感悟也越来越深入,思路也越来越明朗。在接下来的实施过程中,大家感到更有目标、更有方法。

再经过多方努力后,课题已顺利进入第二阶段——开放课堂。各班将课堂现场化延伸到课外,将课本知识与生活紧密联系起来,不仅拓展了学习渠道,打开生活的窗户,还增强了学生的实践能力、动手能力,通过社会实践活动给学生带来快乐,并使其快速成长。

第二阶段,我们主要从以下三个方面开展系列活动,创立"二自一体"式:

1. 学生自治,创建"一班一品"机制

每个班根据班级学生的特点,确定班级的品牌,制定班级的计划。活动开展得有生气,有特点,充分尊重了个体,学校涌现了许多如"向日葵""小蜜蜂""小太阳""大拇指"等有特色的班级名,出现了许多如讲故事活动、摄影展活动、绘画活动、小制作比赛等有班级特色的活动,涌现了许多如"小当家""小班干""向日葵监督员"等优秀小干部。孩子们乐在其中,老师在一个个鲜活的现场中对学生进行综合素质的培养。

2. 学生自主,打造"四节"特色活动

立足学生发展,学校开展了许多精彩的活动,如:体现"手脑双挥,知行合一"教育理念的四大节——艺术节、游戏节、巧手节和读书节。为了进一步尊重学生个体,学校在民主竞选的条件下选出大队委员,在班级的自我推荐、大家推荐的基础上开展的校园"十佳文明小天使""孝娃孝姐""四好少年""艺术之星"的评比……通过一个个如此具体的活动,放权学生,现场教育,让学生真正感受到了自己就是学校的主人,其能动性、主创性和求知欲等,也获得了极大的提高。

3. 三位一体,开辟学生成长舞台

同时,我们还将教育的视角延伸到校外,积极搭建学校、家庭和社区三位一体的教育平台。我们让具体的班级和老师,带领学生在更广阔的天空开展丰富多彩的社会实践活动,走进军营,感受军队的美丽;走进消防队,了解了许多消防的知识和技能;走进铜雕园,感受铜文化的神奇和悠久的历史;走进江南文化园,感受江南的风俗人情;走向田间地头,成为插秧农民种地一员,感受劳动的艰辛;走进非物质文化遗产园,感受中国传统文化的博大精深……孩子们作为一个个活生生的"人",自由翱翔在一个个"课堂",一个个鲜活的教育"现场",汲取了无数课堂以外的知识和精神营养。

(三)第三阶段

"课堂教学现场化"是融学习、科研、讨论、实践、交流于一体的活动,凸现的是一种以校为本、体现特色的研修功能。它更加强调"学"字当头,"研"字为主,课堂为根,增效为旨,最终达到发展为本的目标。

在进行第二阶段"放权"的同时,课堂也在发生变化。将原先三人一组改为按学科分大组,校务成员也分入几个组内进行研究,平稳进入第三阶段"有序化课堂"。我们努力地构建起一个个以"课堂教学现场化"为教学模式的智慧课堂。在这样的课堂里,师生营造和谐平等的氛围,教师真诚地帮助、协助学生进行学习,为学生学习、体验和获得快乐提供尽可能多的优质环境。同时,我们让学生成为积极主动的探索者,并以自己的头脑思考问题,努力提高教学"动态性生成"的实现几率,从而有效地培养学生的创造性思维和创新精神。在此过程中,教师也随着学生的成长而不断地成长。教师在教研过程中真正经历"学习—研究—实践—反思—再实践—提高"这样一个发展过程。

(四)第四阶段

随着实验的逐步推进,在"现场化"的课堂中,"合作"的观念事实上对教师中心主义产生了强烈的冲击,给课堂带来了新的生命,尤其是学生的精神自由有了更大的空间。"课堂充满生命的活力、充满人文的关怀、充满情感的体验、充满更多的未知",课堂组织已极大地改变了传统课堂上漠视生命存在的僵化的、单向度的机械主义,积极地营造课堂的公共话语空间。以"问题专题性"活动为行为特征的课堂方式可给课堂主体提供更大的资源和动力,课堂便由教材的封闭性走向了面向生活和社会的开放性。

在这一阶段,我们注重的是教育意义的"建构"与"发现"。既让教师更自觉地、有意识地认识到课题与课堂何以如此、且当如何,又让老师们知道,关注具体学生,关注具体问题,关注一个个教学之微观与一个个被日常所忽视之细节,教育的意义就隐藏在这一个个教育的"具体"之中,"现场"之中,教育"现象"之中。因此,每一个细微的收获都值得大书特书的,每一个所谓微不足道的小事都是伟大丰硕的。由此继进,让老师们意识到,"风起于青苹之末",由小而大,由微知巨,"合抱之木,生于毫末;九层之台,起于累土"(老子《道德经》),由一个个具体的现场的亲历与观察,而产生出教育的真知真识及其教育的经验性、理论性的总结,由此,渐渐地,让广大教师亲手获得所谓的教育智慧。由此,课题、课堂及一切教育教学行为,才由自在而转化为自为,由此才有可能,渐渐地及达教育的自由之境。

四、研究措施

教师的理念需要不断更新,这种需要不仅来自于同伴的合作,更来自于专家学者的点拨和指导,使我们的思想始终高屋建瓴,与时俱进。

(1)请进来导。邀请省内外的教育专家、特级教师来校作学术报告、专题讲座、观摩课堂。如上海特级教师贾志敏老师来校指导作文教学,市教研室主任胡国杰到校进行课题的专题讲座,铜陵市实验小学教导处陈宗久主任分别做使用电子白板专题讲座,铜陵市小语专家仇云芳老师作小学作文教学的报告等。而吴礼明老师则自始至终全程指导"'课堂教学现场化'模式研究"课题的研究。

(2)走出去学。为了让更多的老师走出校门听课,与名师接触,感受大师风采,寻找成长的灵感,我们有计划地安排教师外出学习。对于一些优秀青年教师学校每学期多次送出去学习,让他们接受高层次、全方位的系统培训,促使他们尽快成长。外出学习的教师回来后,必做讲座或上汇报课,真正做到"一人培训,全校受益",从而达到以点带面、学习资源共享的效果。

(3)拜师学艺。我校邀请了区教研室的教研员、交流名师及本校的骨干教师作为青年教师的师傅,在教育教学、班级管理及其师德修养等方面进行引领与点拨。

(4)且行且思。每学期举办一次课题研究阶段性总结汇报会,邀请专家开展"现场对话"沙龙活动,交流、讨论老师们行与思的内容。除了与吴礼明老师面对面交谈在具体教研中的困惑,还通过自学"课改理论""专家观点"等方式,以实现与理论、专家的"对话",实现隐性的专业引领。

丰富多彩的"专业引领",是教师由教书匠向专业发展的必由之路,不仅帮助教师解决了先进的教学理念与落后的教学模式之间的矛盾,还帮助教师解决了心中的困惑和疑难,使教师能够快速专业成长。

(5)读书养心。积极开展教师读书活动,我们邀请了铜陵日报的资深记者许克锡先生为我们作了《带着问题出发成为教育专家》的讲座。教师个人每学期阅读一本教育教学理论的书籍,如《孩子为何失败》《走近陶行知》《走向田野的教育》《散文阅读新路径》等,并撰写一篇读书心得。期末的时候,我们还邀请所有教师在一起共谈读书感想。我校举办了多次"行走在幸福的书香之路"专题读书交流会,每次效果都很显著。

为了增强读书效果,注重读书与教学实际的结合,每个教研组成员每学期要求写一篇高质量的现场化总结或教学小论文,在各教研组交流讨论。这些都切实地起到了提挈与引领的作用。

五、实验效果

经过不断的学习实践,全体教师的理论水平有了明显提高,教学能力也有了长足进步,而学生则更是受益匪浅,学生从真正意义上走出"要我学"的困境,自觉养成"我要学"的习惯,这正是我们的愿望,事实上我们的实验也正向着这样的效果发展着。

（1）课堂焕发着生命的活力。学生参与教学过程的积极性和主动性都得到了很大提高，学生的个性也有了广阔发展的空间。课堂上，学生在民主、平等、和谐的课堂氛围中，"亲其师，信其道，乐其学"，敢说、敢想、敢做，情绪高涨，思维活跃，极大地激发了同学间相互的好奇心与求知欲，培养了良好的思维品质。

从教师对典型学生的跟踪观察来看，学生对所学科目更加喜爱，学习的积极性、主动性明显增强，对合作交流的学习方式乐于接受，能与学习伙伴认真合作、互相启发，优化了学习效果；从教师推出的各级各类公开课、研究课来看，听课教师对学生在学习过程中表现出来的选择性、独立性，展示出来的群体意识、交往意识尤为欣赏，认为我们发展学生思维能力的研究已经取得了阶段性成果。

（2）教师观念更新，科研水平提高。在课堂教学上，教师不仅注重"教"，更加注重"导"。千方百计让学生学会自学，学会提出问题，在"无疑—有疑—无疑"的循环往复中学习，让学生自学、自思、自练。我们通过对"现场化教学"策略的探索，改变了相当一部分教师只重知识传授的现状（我们在布置作业方面也一改过去只做书面作业的习惯，尽量使作业形式多样化、生活化），做到了在把握知识目标的同时，关注学生思维能力、情感态度等多方面的发展，达成了力求创造充满活力的课堂教学的意愿。

现在，我们学校有多名教师应邀到北京、上海、山东、河南、福建等省市，以及省内的舒城、绩溪、黄山等地举办教育讲座，或执教研究课，均获得业内的高度评价。课题实验一路走来，公开课、听课、评课、反思、心得……点点滴滴，都化为我们课题组老师成长的见证。

（3）积极"放权"，塑造健康人格。在开放学生、大胆"放权"过程中，积极挖掘学生潜力，激活学习状态，以"活动"和"生活"（课外实践），培育学生的各种兴趣和爱好、尊严和诚信、责任和信念等良好的品格。

（4）教师专业成长显著。近三年来，我校总数33名教师中，在国家、省、市、区级发表获奖文章48人次，25人次在全国、省、市级教学比赛中获奖，省、市级立项课题5项（奖项附后）。

六、研究突破

相对于传统的课堂教学而言,我们的课题"'课堂教学现场化'模式研究"有三点突破。

(一)加深了对现代教学中师生关系的全面理解

就师生关系来说,过去我们课堂教学中只考虑师生授受关系。事实上,师与生只是两极,在两极之间还存在着丰富的可能性。在"课堂教学现场化"思考中,还应当考虑几十个学生之间的关系、教师与这几十个学生之间的关系。另外,传统的课堂只以"讲解"为主,不顾及其他。而课堂教学现场化则意味将课堂的一切因素纳入视野,教师要做很多的事情,比如缓解课堂紧张的气氛,拉近师生间距离,融洽师生关系,等等。在课堂上,一个智慧的教师总是注意跟随课堂的具体情势作出相应的变动。他让学生提出问题,又让学生来帮助解决问题,让学生之间的交流与合作得到充分的体现;他总是想方设法激活学生,挖掘学生发展的无限可能性。

有人说,随着口传心授"农耕时代"的教育淡出视野,新课程的春风吹到身上,我们猛然发现,课堂不再属于教师独霸的天下,它是师生共同成长的土壤,是师生焕发生命活力的田园。课堂教学的非预设性和不确定性日益鲜明。许多教师对此都深有体会,精心设计的教案往往难以实施,常常不得不根据课堂情境临时改变教学设计。

(二)做到合目的性与合规律性教学的统一

有人读《红楼梦》会流泪,几百年前的《红楼梦》和现在的读者有什么关系呢? 这是因为读者从中读出了某些和自己感情相通的东西,所以要流泪。这叫"读出了自己"。"读出自己",就呈现出"合目的性"的"主体价值需要"。"合目的性"里有教师的主观意图,但更多的是主体价值的需要,在"教师中心主义"那里,"合目的性"以其直接性、主宰性的面目出现,有人形象地喻之为"学生心灵的屠宰者"。"合规律性"就是要充分考虑实现教学的途径与方法。课堂教学现场化,就是避免"主宰屠杀"式地"合目的性",而是把教师的"目的性"体现在教学过程之中,以隐性方式显示它对客体的调动与整合,为满足学生"主体价值需要"而"推波助澜"。这就势必要求合理地有机组合各种教育因素,"合规律性"地实施教学。

作为教师,他的角色只是这个课堂的管理者与调节者,课堂真正成了一个学习与交流的场所——学生自主地建构知识与养成品行——而不是一个会场、听堂、闹市或单口相声场。在这里,教师有随机而动的敏感,有深入开掘的企图与预想,但并不替代学生之间的思想与交锋;教师的功能由过去的主宰型(包办)转向导师型,引导着学生去思考,只是在到了一个关节点,学生的思想障碍过不去的时候,才予以轻轻点化,起到"逢山开道"、"遇水搭桥"的作用。

(三)重视教学过程中偶然性因素的作用

传统理论认为,必然性决定事物发展的前途和方向,在事物发展过程中居于主导地位,这就必然导致我们在理论研究和现实生活中只重视必然性,而忽视偶然性,只习惯于在自认为已确定的必然性中妄下结论,却不知道如何去面对偶然性、如何去把握机遇。其实,必然性和偶然性是一个变量,随着人类对客观世界的认识的不断拓展,把握在人类手中的必然性或相对的必然性会不断增加,即过去认为属于偶然性的因素会逐渐转化为必然性。

很久以来,对课堂上诸如"教室里飞进了麻雀、女生的笔盒里被放进了虫子"之类变教学事故为教学故事的技巧,一直被人们称之为"教学艺术",这是变此"偶然"为彼"必然"的精彩例子。时常,在课堂上学生迸发出来的火花,并非教师在课前所能预料到的。如果教师及时抓住并调整原来的课堂设计,倒能成为课堂的亮点所在。而这,正是"课堂教学现场化"题中应有之意。

七、问题与思考

(1)"课堂教学现场化"不等于放任自流。"课堂教学现场化"抛弃了传统上课的"背课"式教学和教学过程中完全忽视教师和学生的个体价值的做法,希望把握人与物质及精神的相互关系,透过对这些形形色色的因素和关系的把握,进而从宏观上把握课堂。提出"课堂教学现场化",其目的就是要让教师把更多的精力投入到研究课堂规律上。但如何精确地控制教学目标和进度,尚需进一步认真思索与探索。

(2)"课堂教学现场化"不否认教师的主导性。如果没有过硬的知识、学问以及相应的现代教育观念,就不能应对"课堂教学现场化"的挑战。

(3)"课堂教学现场化"并非不要备课。传统课堂教学多年来一直走着固定的模式:教师课前背课,上课则完全成了一种课前备课的重复。这种以知识性为主的备课,备多少,讲多少,并且太注重于教学的知识性目标,教师上课成为苏霍姆林斯基所说的"紧张地回想事先准备的讲解过程",忽视了课堂教学的随机性和多样性,从而使课堂单调乏味,不能体现出生命和灵魂的碰撞与升腾。课堂教学现场化当然需要备课,但与传统的目的性单一的备课方式相比,更强调教师平时的积累、课堂上根据现场的真实情景作出灵活的应对与调整。

(4)"课堂教学现场化"还需技术支撑。"现场化"教学观具有学科普适性,这一点毋庸置疑。作为一种理念,"现场化"虽然经历了从理念到操作层的转化,但仍然需要依赖于更为复杂而繁复的技术支撑。教师要在课堂上实现其教学愿景,肯定需要动用很多很繁杂的、非常纯熟的教学手段。一般人可能还不适应运用复杂技术来解决一个问题的行动习惯,而希望一招半式就能够解决一个问题,这样,在追求完美课堂的路途上,就有可能望而退却。而在这个关节点上,技术性的保证也比以往任何时候都显得重要。

一切的技术性运用,都旨在教育培育"顺天致性"。它一定是人性的,人道的,非破坏性的。要这样做,就需要一个非常小心、非常耐心的慢活的过程了。

附:课题研究行程中师生获奖统计

铜陵市新苑小学创办于2005年8月,现有14个教学班,在籍学生670余人,在职教师33人。学校以"课堂兴校""人才强校"为指导思想,坚持

"知行合一,手脑双挥"的办学理念,以生命的关怀,培养具有科学精神、未来眼光和世界胸怀的学生;努力建设一支"品高、业精、务实、求新"的教师队伍;以课题为依托,大胆改革,着力打造师生心中的"幸福课堂"。

学校于2010年10月,举全校之力开展"'课堂教学现场化'模式研究"实验,特聘请"现场化理论"创始人——吴礼明先生全程指导,历经三年,取得了丰硕的成果。该课题研究推动了学校的发展,全面提高了教育教学质量,在课堂生成的即时运作、课堂规律的认识和探究方面取得了突破,教师专业化发展产生质的飞跃。教学行为变了,不被教案束缚,只为生命在场,教师开始关注课堂场域的复杂性及其微妙的变化,关注学生的学习状态、情感状态、生命状态。根据现场的氛围与需要,即时运作与现实生成,让学生达成知识与能力的新建构,情感与生命的自然生长。师生关系民主和谐,学生活跃了,敢讲、能讲、会讲的人越来越多,课堂焕发出生命的活力,洋溢着创新思维的激情。

《语文建设》《中国教师报》《语言文字报》和铜陵电视台等媒体多次报道实验情况。教师48篇课题论文分别在《小学教学》《数学学习与研究》《小学语文教学》《小学语文教师》《基础教育研究》《小学教学研究》《福建论坛》等期刊发表或评选获奖。多名教师受邀在十四省市语文研讨观摩会上上示范课,在中国教师教育视频网举办的上海培训会上做讲座,以及到河南省、北京市、山东省等教学研讨会上上示范课。25人次获各级各类教学比赛等级奖。

2010年~2013年新苑小学教师教育教学获奖情况一览表

序号	姓名	教育教学成果	获奖或发表年份
1	汪名娟	铜官山区辅导员论文评选三等奖	2010年
		铜陵市小学信息技术优质课三等奖	2012年
		铜官山区信息技术基本功大赛二等奖	
2	吴五七	《让数学在生活中开花》发表于《数学学习与研究》	2010年

续表：

序号	姓名	教育教学成果	获奖或发表年份
3	王辉	铜陵市小学英语教学比赛第一名	2010年
		安徽省第五届小学英语教学比赛一等奖	
		全国英语教学比赛课例三等奖	
		《激发学习兴趣，创新词汇教学》获全国英语论文评比二等奖	2011年
		《Seasons and Weather》获全国中小学新媒体新技术教学应用研讨会教学案例三等奖	
		铜官山区首届义务教育学校教学资源应用新星评选活动获一等奖	2012年
		安徽铜陵市"喜迎党的十八大，做人民满意教师"演讲比赛三等奖	
		铜官山区小学英语教学比赛一等奖	
4	张巧莉	铜官山区体育教师基本功大赛获一等奖	2011年
		安徽省中小学体育教师基本功比赛二等奖	
		《提高途中跑的兴趣》教学案例获安徽省一等奖	2012年
5	鲁继红	《文章如何结尾才精彩》获安徽省论文评比三等奖	2010年
6	何燕	安徽省多媒体教育软件（课例整合）一等奖	2011年
7	闻生	《新课改实施中小学课堂教学评价的探索》获安徽省论文评比三等奖	2010年
		铜官山区辅导员论文评比一等奖	
		铜陵市"学陶师陶"论文比赛二等奖	2011年
		《雪地里的小画家》课例获第四届全国新新媒体技术应用比赛二等奖	2012年
		《让作业多一点"阳光"》获安徽省课题年会论文交流二等奖	
		《大力开展社会实践活动，促进学生道德发展》发表于《铜官山区教育》	
		铜官山区小学语文教学大奖赛一等奖	2013年
8	吴燕青	《如何促进数学课堂教学中的动态生成》发表于《铜陵教育》	2010年
		《浅谈新课程理念下的数学课堂教学》获铜官山区论文评比二等奖	2011年
		《等量代换》教学实录及反思发表于《中国教师报》	
		《小学生命科学探究式教学思考》获中国教育学会科学教育分会论文二等奖	
		《搭配中的学问》获铜陵市小学电教优质课一等奖	
		铜官山区"铜官杯"小学数学比赛一等奖	
		《不让合作学习成为开式之举》发表于《铜陵日报》	
		《让学生成为展翅翱翔的雄鹰》获安徽省小学数学教育教学论文评比一等奖	2013年

续表：

序号	姓名	教育教学成果	获奖或发表年份
9	胡琴	铜陵市小学语文论文比赛一等奖	2011年
		铜陵市"学陶师陶"论文比赛二等奖	
		《班级自治管理之我见》发表于《铜官山区教育》	2012年
10	章峰	《两只鸟蛋》课例获第三届全国中小学新媒体新技术教学应用比赛二等奖	2011年
		安徽省小学语文论文比赛三等奖	
		《常"回家"看看——家访活动有感》发表于《铜官山区教育》	2012年
11	管云云	铜官山区小学语文教学比赛二等奖	2011年
		《电子白板真好》发表于《铜官山区教育》	
		《四个太阳》获安徽省六项电教学术作品评选小学组教学设计方案类三等奖	2012年
		铜官山区首届义务教育学校教学资源应用新星评选一等奖	
		《小灰兔和小白兔》获第九届中国中小学校园影视奖评选比赛文艺类优秀节目	2012年
		《我国的国宝》教学案例获全国中小学新媒体新技术比赛一等奖	2013年
12	张书萍	《运用交互式电子白板的点滴感受》发表于《铜官山区教育》	2011年
		《找规律》获安徽省六项学术作品评选小学组教学设计方案类二等奖	2012年
		第四届全国电子白板教学大奖赛二等奖	
		《小蝌蚪找妈妈》获第九届中国中小学校园影视奖评选文艺类优秀节目	2012年
		安徽省首届电子白板教学评比三等奖	2013年
		铜官山区小学数学教学大奖赛二等奖	
13	李惠敏	铜官山区音乐学科教学大奖赛三等奖	2012年
14	苏莉	铜官山区小学语文与信息技术整合比赛二等奖	2012年
15	李强	《初探体验性拓展游戏在小学体育课堂教学中的运用》获安徽省课题年会论文交流三等奖	2012年
16	施莹莹	《作业评讲中的问题与解决》发表于《铜都晨刊》	2013年

续表：

序号	姓名	教育教学成果	获奖或发表年份
17	阮红旗	《营造浓厚的教研文化氛围,促进学习型教研组建设》获安徽省课题年会论文交流评比一等奖	2010年
		《关于文化型教研组建设的实践与思考》获铜陵市论文评比一等奖	
		《积累——作文教学之管见》获安徽省论文评比一等奖	2011年
		《以行知思想为支撑,引领校本教研走向深处》获铜陵市"学陶师陶"论文比赛一等奖	
		编写五年级下册《暑假作业》	2012年
		《实施课堂人性化教学的策略》获安徽省论文评比一等奖	
		《老舍〈林海〉艺术美欣赏》发表于《小学教学研究》	2013年
		《例谈散文教学的文本细读和朗读感悟》发表于《铜陵教育》	
18	钱娟	《李时珍夜宿古寺》教学设计发表于《小学教学》	2010年
		《天鹅的故事》课例获安徽省多媒体软件二等奖	
		《浅析个性化阅读与文本价值取向的关系》获安徽省论文评比一等奖	
		《实践行知教育理论,构建生本教育课堂》获铜陵市"学陶师陶"论文一等奖	2011年
		《生命有多美,现场化课堂就有多美》发表于《福建论坛》	
		《简约"味"更浓》发表于《基础教育研究》	
		《天鹅的故事》第二课时教学案例发表于《小学语文教学》	
		《开展有效教研活动,助推教师专业成长》发表于《铜陵教育》	
		《缔造阳光心态,享受教育人生》发表于《铜官山区教育》	
		编写安徽省《小学生新编同步作业》五年级(上)语文	
		《天鹅的故事》课例于2011年8月由安徽省教材委员会审定发行	
		《只在诗文中,情深知何处》发表于《小学教学研究》	2012年
		论文《当价值取向偏离时》发表于《小学教学设计》	
		《风娃娃》教学设计获安徽省六项作品评比二等奖	
		编写五年级下册《暑假作业》	
		《北大荒的秋天》课例获全国电子白板教学大奖赛二等奖	
		《关注教学细节,优化语文课堂》获华东六省一市论文比赛二等奖	
		《让"阳光作业"洒满阳光》发表于《安徽教育科研》	
		安徽省中小学"德育精品课例"一等奖	2013年
		安徽省首届电子白板教学评比一等奖	

2011年~2012年新苑小学学生获奖情况一览表

序号	学生姓名	比赛类型及获奖等级	辅导教师	获奖年份
1	陈 力	区摄影比赛二等奖	汪名娟	2011年
2	兰 星	市青少年儿童书画作品一等奖	陈爱武	2011年
3	周欣然	区摄影比赛一等奖	张巧莉	2011年
4	李 玥	区摄影比赛一等奖	王 辉	2011年
5	丁贝儿	市青少年儿童书画作品二等奖		2011年
6	章 敏	市青少年儿童书画作品二等奖	方 芳	2011年
7	常 婕	市青少年儿童书画作品二等奖	鲁继红	2011年
8	丁贝儿	《不能忘记的历史》发于《铜陵晨刊》		2012年
9	杨士晨	铜陵市"光辉六十年"讲故事比赛三等奖	程 君	2011年
10	汪 钰	区摄影比赛二等奖		2011年
11	丁冰雪	全国青少年爱国主义教育活动征文三等奖	胡 琴	2011年
12	高雅竞	市青少年儿童书画作品二等奖		2011年
13	丁 虹	市青少年儿童书画大赛二等奖		2012年
14	杨 敏	市"第20个全国土地日"演讲三等奖	章 峰	2011年
15	丁贝儿	市青少年儿童书画作品一等奖		2011年
16	高健颖	市青少年儿童书画大赛一等奖		2012年
17	方传钰	市爱国主义教育活动征文一等奖	何 燕	2011年
18	邹玙璠	"党是阳光我是苗"书画大赛省二等奖		2011年
19	方传钰	作文发表于《铜都晨刊》		2011年
20	邹玙璠	市青少年儿童书画大赛一等奖		2011年
21	邹玙璠	市青少年儿童书画作品三等奖		2012年
22	刘昊	省知识竞赛二等奖		2012年
23	吴小茜	市青少年儿童书画大赛二等奖	季玉霞	2012年
24	张予珂	市小学象棋比赛个人第六名	江小文	2012年
25	谢 宇	区第二届小学生田径运动会跳远第一名	刘 霞	2012年
26	曾宇、张晶	市红领巾阳光体育健身大会毽球第二名		2012年
27	陈文杰	区"童眼看民生"征文一等奖	钱 娟	2011年
28	陈文豪	世界华人作文大赛二等奖		2011年
29	俞 璐	省第三届"书香伴我 快乐成长"青少年暑		2012年
30	陈欣楠	期阅读活动分获二等奖		2012年
31	周欣然	优秀作文发表于《铜都晨刊》		2012年
32	武嘉懿	优秀作文发表于《铜都晨刊》		2012年
33	汪 成	优秀作文发表于《铜都晨刊》		2012年
34	陈欣楠	优秀作文发表于《铜都晨刊》		2012年
35	陈文杰	优秀作文发表于《铜都晨刊》		2012年
36	陈文豪	优秀作文发表于《铜都晨刊》		2012年

2010年~2013年新苑小学集体获奖情况一览表

序号	比赛类型及获奖等级	指导教师	获奖年份
1	区"童心如歌"歌咏比赛三等奖	陈烁	2010年
2	区首届中华经典诵读展演三等奖	闻生、何燕	2010年
3	五四红旗团支部		2011年
4	"红领巾与文明同行"区教育局十大亮点工作提名奖		2011年
5	铜官山区"平安单位"		2011年
6	区教育局"精细管理办校 内涵发展育人"优秀单位		2011年
7	区教育局"精细管理办校 内涵发展育人"推进校本教研先进集体		2011年
	区教育局"精细管理办校内涵发展育人"推进教师专业成长先进集体		2011年
8	"阳光教育"杯建党九十周年教职工红歌赛优秀组织奖		2011年
9	区"小学生中华传统文化经典诵读"比赛三等奖	李惠敏 胡琴	2011年
10	区"廉洁进校园"主题中队会二等奖	王辉	2011年
11	区"文明出发 健康成长"班队会二等奖	方芳	2011年
12	市官塘社区2011年度综治维稳工作考核优秀单位		2012年
13	区教育局2011年度少先大队工作考核"优秀红旗大队"		2012年
14	区教体局庆"三八"文体活动球类沙龙比赛第三名		2012年
15	第十七届全市青少年爱国主义读书教育活动先进集体奖		2012年
16	2011年度学校幼儿园安全目标考核优秀单位		2012年
17	铜陵市青年文明号标兵		2012年
18	市"阳光体育,快乐运动"红领巾体育健身大会团体风尚奖		2012年
19	区第二届小学生田径运动会优秀组织奖		2012年
20	市小学象棋比赛男子团体第三名	江小文	2012年
21	铜陵市信息学奥赛优秀奖	汪名娟	2012年
22	区六一展演《我爱你,中国》三等奖		2012年
23	第二届"皖新传媒杯"铜官山区小学生中华经典诵读展演二等奖	李惠敏	2013年.
24	官塘社区2011年度综治维稳工作考核优秀单位		2013年
25	区教育局2012年度学校幼儿园目标管理综合考核进步奖		2013年
26	区第二届教职工软式排球比赛体育道德风尚奖		2013年

第三篇

教学切片　观课有感(上)

《矛与盾的集合》教学片断及评析

葛夏云

在生动有趣的《听听,秋的声音》课堂上,我认识了温柔、智慧的章峰老师。《矛与盾的集合》又让我认识了他大气又细腻的一面。这节课让我印象深刻的有以下几点。

一、抓住字形特点,巧妙识字

【教学片断】

上课伊始,章老师就出示了矛和盾的图片,分别让学生上讲台指认矛和盾,然后从图片出发,根据矛和盾的形状特点来识记这两个生字。

师:你能看图记住"矛"这个字吗?

生:"矛"这个字和给予的"予"很像,多一撇。

师:对,这一撇就像矛上漂亮的流苏,你们看像吗?

生:像。

师:你们能用这种方法记忆"盾"字吗?

生:第一笔撇第二笔撇连在一起就像大大的盾牌。人藏在盾牌后面,时刻用眼睛盯着敌人。

师:说得形象生动,掌声送给他。

【教学评析】

这样的识字教学方法有助于学生的思维训练。瞧,课堂里学生在老师的引导下能自主地运用形象、趣味的方法去识记生字,且课堂气氛轻松活跃。反观自己平时在课堂上对识字的教学大多只是浮光掠影,形式单一,呆滞、缺乏生命力。总觉得识字教学是一大难题,却不知道问题的症结所在,突破点在哪儿。而章老师做到了以学生为本,教给学生学习方法,真正做到"授人以鱼不如授人以渔"。

二、师生现场互动,读出情趣

朗读的目的是为了培养语感,体会情感,积累语言。为了达到这一目标,章老师多次运用"表演体验""角色体验"等多种策略以读代讲,以读促思,以读悟情。如:为了引导学生体验发明家和朋友之间比赛的精彩与激烈,章老师和学生之间展开了一次"比赛"。让我们一起来看教学实录。

【教学片断】

师:现在章老师就想来做做发明家,你们就是我的对手。我准备好自己的盾了,你们的矛在哪里?你们的矛好像雨点般向我刺来,准备开始。

(生:动作演示)

师:我用盾左抵,右挡。我再左抵,再右挡。你们的进攻还是很激烈呀!我不断地左抵,右挡……不行不行,我投降了!我实在是难以招架。

师:我想跟你们换一换,你们来当发明家,我是你们的对手。我的矛如雨点般向你们刺来,上,下,左,右。上上上,下下下,左左,右右。上,下,左上,左下,左,右,右上,右下……什么感觉?

生:很快。

生:难以招架。

生·很累。

师:让我们一起来读读这段话,读好比赛的紧张、激烈、惊心动魄,好吗?(生多种形式地读,读得有滋有味)

【教学评析】

章老师和学生模拟了发明家和朋友之间的这场比赛,学生身临其境,深刻地理解"左抵右挡""难以招架""如雨点般"等词,更深刻地体会了当时这场比赛的激烈、惊心动魄。学生有了这一情感体验,就不知不觉地把自己当成了课文中的人物去思考了,朗读的目标也就达成了。

章老师的教学让我明白了语文老师要用敏锐的眼光去发掘文本,时刻关注学生,真正做到课堂是现场,是一次与文本、与学生对话、交流的过程,而不是一场独角戏。

《我是什么》教学片断及评析

管云云

【教学片断】

师:可爱的小水珠们,你们会变成什么啊?

生:水蒸气、云、雪、雹子、雨。

(师随机播放课件,出示水蒸气、云、雪、雹子、雨等)

师:你们可真淘气,一会变这个,一会变那个。那你们到底是怎样变的呢? 让我们一起到文中找答案吧!

(又如在教学"云"时)

师:"云姑娘最爱打扮了,有时,她穿(白衣服),有时穿(黑衣服),有时穿(红衣服)。"

【教学评析】

章文胜老师是我校唯一的一位男语文教师,听完他的课,你会觉得他是一位非常细心,而且用心的老师。在课上章老师通过童趣的语言,让学生感受到了云的变化多端。这样的语言,激发了学生的兴趣,使学生主动、积极去阅读课文,去发现水的"变化"过程。整节课学生的参与度很高。章老师还巧妙地运用课件,突出重点。学习第一自然段,首先抓住中心句"我会变"引导学生看课件"云"在不同时间的变化,"白衣服"是在早上和中午的时候,"黑衣服"是在下雨前和晚上,"红袍"是出现朝霞和晚霞时的景象。这样,学生能形象直观地明白云的变化过程,也认识了"白云"、"乌云"和"霞"。此时,教师引导学生读、想、说,给学生营造发挥自主性、能动性的环境,进行了从语言到思维到图像再到语言的创造性思维训练,使他们真正成为学习的主人。

《秋天的雨》教学片断及评析

管云云

【教学片断】

师:同学们,上节课我们一起结交了一些生字朋友,你们还认识它们吗? 谁愿意带着大家来和它们打声招呼啊?

(生1大声读白板上出示的读轻声的六个词语,其他同学跟读)

师:你的声音真洪亮,不仅字音读准确了,还读出了感情,真棒!(总结轻声的读法)让我们一起带着感情来读读这几组词!(生齐读)

师:现在这些生字宝宝钻进句子里面,你们还认识他们吗?谁愿意来试一试?(生2、生3、生4分别读句子)

师(指第三句质疑):有没有什么问题?

生4:他把"你看,它把黄色给了银杏树,黄黄的叶子像一把把小扇子,扇哪扇哪,扇走了夏天的炎热。"里的"扇哪扇哪"的"扇",读成了第四声,应该读第一声。

师:你听得真仔细! 把掌声送给他!(生鼓掌)

师:我们知道扇是个多音字,那我们该怎样去辨别这两个读音呢? 谁来说说?

生:当在"扇子"里读第四声,当它表示动作的时候读第一声,如"扇扇子"。

师:你观察得真仔细,而且很善于总结,真厉害! 同学们听明白了吗? 那就让我们一起来读读这一句话!(生齐读)

师:同学们不仅词语读得好,还把长句子也能读得这么流利,相信在接下来学习课文时将会有更精彩的表现!

【教学评析】

程老师在整个教学过程中始终把学生放在第一位,非常有耐心地帮助学生纠正字音上和读法上的错误。对于三年级的学生来说,读书时难免会出现错误,而程老师一再鼓励学生,增强了孩子的自信心,让学生勇于去尝试。长此以往,相信每个学生在课堂上都敢于展示自己,不再害怕读错或是回答错了,课堂气氛就不像过去那么的死气沉沉,"现场化"教学的"民主、和谐"的课堂氛围将逐步形成。

《1000以内数的认识》教学片断及评析

金俊美

【教学片断】

师(出示一袋100根的棉签):这袋棉签有100根,推想一下1000根是多少? 这样的一袋要拿几袋呢? 为什么10袋棉签就是1000根呢?

(出示10袋棉签,学生一起数100,200……1000)

师:这本笔记本有200页,请你用手比画1000页大概有多厚?

(生用手比画1000页的厚度)

师:你比画的是几本笔记本的厚度?

生:5本。

师(拿出5本叠在一起的笔记本):你比画的对吗?

师(指着笔记本、棉签、小棒):同样是1000,为什么感觉上有的多,有的少呢?

生:材料不同。

师:对! 如果1000根头发,我们可以把它……

生(笑):拿在手里。(帅做拿在手里的样子)

师:如果1000辆汽车呢? 我们也把它(师做拿在手里的样子)……

生(笑):不能拿在手里。

师:如果1000辆汽车开来,我们整个校园也停不下。

【教学评析】

数的认识由100以内扩展到1000以内,数目增大了,内涵更丰富了,抽象程度也更高了。教师利用比画1000页笔记本的厚度和推想1000根棉签的多少等现实素材,创设一系列培养学生数感的活动,让学生在具体情境中感知1000的多少。通过头发和汽车的有趣比较,让学生初步感受到由于物体体积不同,它们所占空间也就不同了。数感的培养在学生的现场亲身体验中由具象到抽象有序地进行着。

《平行四边形和梯形》教学片断及评析

徐　军

【教学片断】

师:同学们,每个图形都有自己的特点,请你仔细观察一下,这几个图形之间又有什么联系呢?

生:长方形、正方形和平行四边形都是两组对边分别平行。

(教师演示:一个平行四边形框,手拿它的两个对角拉动它,边拉边问这是什么图形。继续拉到四个角变为直角的位置问学生:现在是什么形状? 有学生回答:长方形。有学生回答:平行四边形。)

师:有的同学说是长方形,有的同学说是平行四边形,那我们一起来看,平行四边形两组对边分别平行,现在这个图形的两组对边分别平行吗?

生:平行。

师:它符合了平行四边形的特点,它就是平行四边形,只不过它比刚才的平行四边形特殊了一点,你知道它特殊在哪儿吗?

生:特殊在它的角都是直角。

师:我们给这种特殊的平行四边形又起了一个名字叫长方形。现在你们知道长方形和平行四边形的关系了吗?

生:长方形是特殊的平行四边形。

【教学评析】

在课堂上,先是师生共同进行现场探索活动,利用学生原有的认知结构和生活实践,循序渐进,层层推进。直观的演示过程中,学生已参与到其中,并观察、猜想,最后得出结论,很轻松地理解了图形之间的联系,同时,学生的数学认知能力及数学思维能力都得到有效的提升。教、学显得轻松愉快,且课堂有生机,值得借鉴!

精彩在追问中
——《数学广角》教学片断赏析

江小文

【教学片断】

师(白板出示):用数字卡片1、2、3能摆出几个不同的两位数? 同学们拿出卡片动手摆吧,摆一个,就在本子上记一个。

(学生兴趣盎然地摆了起来,教师巡视)

师:一共摆出几个两位数? 你们报,我来写。

生1:我摆出4个:13、21、12、23。

师:有不同的摆法吗?

生2:我也摆出4个:31、13、32、23。

师:有谁摆的不一样呀?

生3:我摆出6个:12、21、13、31、23、32。

师:好的,你真肯动脑筋,摆出了6个,能把你是怎样想的告诉大家吗?

生3:我是用交换位置的方法来摆的。

师:真不错! 掌声送给她!(掌声)

师:还有没有新的摆法啦?

生4:我也摆出6个:12、13、21、23、31、32。

师:啊呀,你也摆出了6个,真了不起! 说说你的想法好吗?

生4:我是先把1固定在十位不动,个位上可以摆2和3,就摆出了12和13;再把2固定在十位,个位上可以摆1和3,就摆出了21和23;最后把3固定在十位,个位上可以摆1和2,就摆出了31和32。

师(向他竖起了大拇指):说得这么有条理,你真了不起!

(师引导学生比较分析四位学生具有代表性的不同摆法,得出一般方法)

师:有顺序地思考问题,可以不遗漏,也不会重复。

(师板书:有顺序——不遗漏、不重复)

……

【教学评析】

金老师根据低年级学生的年龄特征,通过动手摆一摆、动脑想一想、动口说一说等一系列活动,较好地完成了这个环节的教学。在教学中,金老师关注了不同层次的学生,紧紧抓住学生的回答,不断追问,恰当地运用丰富又亲切的评价语言,很好地激励了学生的学习热情,并让他们充分地展示自己,从而有效地训练了学生的逻辑思维能力和语言表达能力,及时地把课堂生成的内容现场转化成有效的教学资源,精彩纷呈,达到了理想的教学效果。

《长征》教学片断及评析

鲁继红

【教学片断一】

(师出示首联,生齐读首联,请生说说首联的诗意)

师:红军经历了哪些山,哪些水?在文中圈出。

生:五岭、乌蒙山、岷山,金沙江、大渡河。

师:红军经历了万水千山,为什么只写这几座山、这几条河?

(师出示文中资料袋的内容,请生读)

【随评】

(1)学生个读时,有的学生开口哑读,有的学生已举手候读。学生的倾听力不够。

(2)学生不由自主地齐读了,有人迫不及待地举手了。

(3)师板书时,第四组有男生窃窃私语。

【教学片断二】

(师出示颔联诗句,呈现五岭的图片,请生说说自己的感受)

生1:山高得连鸟儿也飞不过去。

生2:山势连绵不绝。

师:"逶迤"是什么意思?

(师解说五岭的概况,并请生齐读颔联。师出示乌蒙山的图片,让生观察并说说。请生个读,齐读,演读。)

【随评】

(1)第四组末有两男生不能集中注意力跟随老师的上课节奏。

(2)第一组末两男生表情漠然。

(3)老师让末座的同学个读,关注到了学困生。

师:红军在远征过程中,还会出现哪些困难?(师帮助生理解后再让

生读)

师:这些困难在红军眼里就像什么?(师再让生读该联)

【随评】

多数同学能随着课堂的节拍,完成学习任务,第四组有若干男生左顾右盼,边听边玩,师没有关注到。

【教学片断三】

(师出示颈联:金沙水拍云崖暖　大渡桥横铁索寒)

师:这里是写水,也写出了诗人此时独特的心理感受。找出句子中的一对反义词。

生:暖、寒。

(师指名学生读这一句,请其他同学思考:为什么说"暖"又说"寒"?师出示红军强渡大渡河泸定桥的文字资料,生齐读。师再播放强渡大渡河的战斗电影片段。师再请生读诗句。)

师:看完本片,你的心情是怎样的?

生1:惊心动魄。

生2:我的心情很激动,一直无法平静下来。

(师请两位同学对比读"暖"和"寒"两句。生齐读这两句)

【教学评析】

第一,教师对全体学生关注度不够,对游离学习活动之外的学生应及时引导。第二,学生能用搜集到的课外资料补充说明金沙暖和铁索寒,搜集信息和应用信息的意识和能力强。第三,现场放电影,深深地吸引了学生,感染着学生,特别是放到激烈的战斗场面时,绝大多数学生的神情严肃又紧张,随之还不自觉地发出阵阵唏嘘声,惊讶声。情感激发手段妙,但还应该趁势引导学生带着这份感受和情怀诵读诗歌。

《一去二三里》教学片断及评析

苏 莉

【教学片断】

师:你们都读得很好,老师要奖励大家,带你们去一个美丽小山村看看,好吗?

生:好!

师:咱们出发吧!(白板出示课文插图)瞧,从画面中,你看到了什么景物呢? 谁能来说一说?

生:我看见了一座一座的山。

生:我看见了好几座房屋,屋顶上有烟囱,还冒着炊烟呢。

生:我看见了亭子。走路的人要是累了,可以在里面休息。

生:我还看见了有很多漂亮的花。

……

师:是啊! 诗人来到这里,也感受到小山村的美,于是写下了这首诗。(教师范读古诗)谁来评一评,老师读得怎么样?

生:我觉得老师读得很流利,很有感情!

师:谢谢你的夸奖,你们知道老师为什么能读得有感情吗? 因为老师把自己当成了诗人,想象自己也来到了这个小山村里,把自己看到的、感受到的都读出来了。你们也想像老师这样读出自己的感受吗?

生:想!(生自由读,个读,分组读,齐读)

师:老师发现了,同学们读得很流利。但是同学们要注意,读古诗,必须注意把握好停顿,把握好诗的节奏,读出诗的韵味很重要。哪位同学试着说说看,这首古诗的朗读节奏应该怎样划分呢?

(生自由默读,揣摩节奏。请生上台试划。)

师:嗯,真不错,那么我们就一起看看他们划的对不对呢?

(白板:亭台/六七/座,八九/十枝/花。生根据节奏,齐读诗文。)

师:嗯! 真不错,我们跟着节奏读过以后,你发现跟之前读的有什么不一样吗?

生:我觉得自己也像小诗人一样了。

师:有了节奏,我们读起诗来就更有韵味了。

【教学评析】

教师在古诗教学中,先是引导学生感受画面的美,再深入古诗。教会学生把握读诗的节奏,读出韵味。教学中坚持以读为本,让学生真正成为课堂上的"读者",本课通过自由读、分组读、指名读等多种形式的朗读,引导学生图文对照,感悟诗歌的内容和表达的情感,在读中感悟、体会古诗的读法,激发学生对祖国语言文字的热爱之情。在整体感知课文的教学中,让学生用自己喜欢的方式朗读诗文,激发了学生的朗读兴趣,也使之感受到学习的快乐。

用孩子的方式来思考

——《雪地里的小画家》教学片断及评析

钱　娟

【教学片断】

（"青蛙为什么没参加？他在洞里睡着啦。"在学习诗歌最后两句话时，教师将文中的问题"青蛙为什么没参加？"抛给学生。学生的回答五花八门。）

生1：它在洞里睡着了。

生2：它太懒了，不想起床。

生3：它是个笨蛋，没人和它玩。

生4：它故意躲起来了。

生5：它在冬眠。

师：你们说得太好了，你们的知识面真广，都懂得冬眠了。

（接下来的课堂流程就是介绍什么是冬眠，自然界有哪些动物冬眠。）

【教学评析】

这是一个小小的教学片段，看到学生的回答，你不得不佩服学生的想象力实在是太丰富了，这就是成人与孩子的区别。

分析这五个问题，生1与生5的回答应该是正确的，文中将它拟人化了，说在睡觉，其实就是冬眠。但其他三个学生的发言看着都觉得可笑，与文本想表达的主旨完全是背离的。但我们仔细想想，他们的这些理解是不是也有自己的思考角度呢？比如第二个学生，也许他就是个小懒虫，妈妈早上要喊他好几遍，大概太阳真要晒屁股了，他才起床。再看看第三个孩子的话，也许他真的把这只青蛙当作自己身边的小伙伴。也许现实生活就是这样的，学习差的孩子就是没人愿意和他玩呢？这么一解说，看来孩子的语言看似胡说，但都是从各自角度去体会，也不无道理。此时就需要发挥教师的引导作用,摆正学生正确的价值取向。可是闻老师轻描淡写地一过,只肯定了冬眠的孩子,其他的与课文无关的一概不问。真遗憾,这么精彩的一个人文教育点没能好好抓住。教师要善于发现课堂上学生发言的不足,给予正确引导。

在本节课中,闻老师还有很多值得我学习的地方。比如闻老师很注重一年级学生学习习惯的培养,举手、读书、站立、端坐等姿势很关注,时不时就提醒,并以表现好的学生为榜样,及时纠正不良的习惯。特别欣赏的是闻老师在课堂上时刻关注后进生的学习,比如有个小男孩总是不听课,爱做小动作。整堂课上,闻老师给了他三次回答问题的机会,一次让他认读字词,一次让他上台粘贴脚印,一次让他读课文。他的这些回答问题的机会,并不是这个孩子举手争取到的,而是闻老师发现他做小动作或是钻到桌子底下玩耍时,特地用回答的方式来提醒他上课要听课。其实这个孩子并不笨,只是学习习惯极差,幼儿园老师未能及时给予纠正,家长也未能高度重视,所以这个孩子在课堂表现的是我行我素,没有课堂意识。这是一年级上学期,是训练、培养孩子各种习惯的最佳时期,闻老师能根据学生的心理及学习特点给予他"特别照顾"。我还看到闻老师每次走过他身边时,总是对他耳语几句。下课后,带着好奇与疑问,我找来这个孩子,一问,得知闻老师在他耳边夸他:"你今天的表现真棒,老师为你骄傲!""老师喜欢你!"哦,怪不得,每次耳语过后,都发现这个孩子都特有精神,原来闻老师有"秘密武器"啊!

《掌声》教学片断及评析

钱 娟

【教学片断】

（第二、三自然段的教学片段）

师：自由读第二小节，找出英子不愿意上台的原因。

（生自读，思考）

生1：英子犹豫了一会儿，慢吞吞地站了起来，眼圈红红的。

师：找得非常准确。还有吗？

生2：一天，老师让同学们轮流上讲台讲故事。轮到英子的时候，全班四十多双眼睛一起投向了那个角落，英子立即把头低了下去……

（学生还在继续读课文，教师打断了发言。）

师：坐下去。就是这样的一句。

（于是就出示其中的一段话：轮到英子的时候，全班四十多双眼睛一起投向了那个角落，英子立即把头低了下去。）

师：还有谁愿意交流？

生3：就在英子刚刚站定的那一刻，教室里骤然响起了掌声，那掌声热烈而持久。

师：她找的这句话正确吗？

生（齐说）：不正确。

师：虽然他找错了段落中的语句，但是说明他在思考。

生4：在全班同学的注意（视）下，她终于一摇一晃（这个词没读好）地走上了讲台。

师：虽然读错了一两个词，但是声音响亮，句子找得准确。你能再为大家读一遍吗？（生4再读一遍，读得很流利）

【教学评析】

这个教学片段的执教者是我校程君老师。从师生的几次对话中,我们能感受到程老师很善于调动学生学习的积极性。说错了,读错了,都没关系,说明你在思考,再给一次机会一定会说或读得更好。相信作为学生,听到老师的这番评价一定能消除怕回答问题出差错的担忧,一定会表现得一次比一次努力。

在此环节中,也不乏有被教师忽略的地方。比如生2在回答不愿意上台的原因时,由于没能理解问题的意思,便将无关的语言也顺带回答了。其实这种现象在我们的课堂里经常发生,有的学生是回答不完整,有的学生是回答不够精练,能说很多无关的话,有的学生还会答非所问。碰到这种情况时,教师不要着急,可以等他把话说完。如果课堂时间不允许,即使打断了回答,也必须把问题再次重复一遍,提示他在刚刚回答的语句中,哪句话更能回答问题,这也是教会学生找关键词句作简明扼要回答的方法。如果像程老师这样直接打断,便出示正确答案,学生即使坐下去也是一头雾水,不知自己错在哪。我们不仅要让他"知其然",更要让他"知其所以然"。

课堂应是学生成长的地方
——《普罗米修斯》教学片断及评析

阮红旗

【教学片断】

师:如果此时,其他的天神去劝他承认错误,普罗米修斯会坚定地回答——

生(齐读):为人类造福,有什么错? 我可以忍受各种痛苦,但决不会承认错误,更不会归还火种!

师:是啊,我们看到的是受尽磨难的普罗米修斯啊! 这是一个怎样的英雄啊?

生:勇敢。

(师不满意,不做表态,请另一位学生)

生:固执。

师(急于寻找其他学生生回答):不够准确,还有谁说?

生:坚定。

师(微笑点头):很好。(请下一位)

生:正义。

(师欣喜,立即板书:坚定　正义)

【教学评析】

此问题的设计,目的是通过生生之间的交流,进一步走近普罗米修斯,提升对普罗米修斯这位英雄高尚行为的认识,以及从普罗米修斯的身上汲取"造福人类,甘愿受罚"的大爱精神。一生回答"固执",说明他要么"固执"一词没掌握,用词不当;要么对普罗米修斯普英雄形象的认识不正确或不到位。此处,教师急于从学生口中得到要板书的词语,以完成教学程序为目的,不能自觉地关注学生的学情,未能及时应对课堂现场生成的问题,作现场指导,更不见落实"以生为本"的新课改理念。

生活即教育
——《自己去吧》教学片断及评析

季玉霞

【教学片断】

(学生大声地自由读文,师指名生读课文)

师:知道课文中的谁和谁都学会了什么吗?

生(齐声):小鸭学会了游泳,小鹰学会了飞翔。

师:我们先来看看小鸭是怎么学会游泳的吧。(出示小鸭图)

师(导读):一天……

师:请读读这一自然段,再找一找,小鸭又说了些什么话呢?

生(纷纷举手):妈妈,您带我去游泳好吗?

师:鸭妈妈又是怎么回答它的? 想一想鸭妈妈说的话,是什么意思? 请你们当小鸭,老师当鸭妈妈,我们来读一读,好吗?(师生合作读)

师:大家想一想,鸭妈妈为什么让小鸭自己去游泳呢?

生:鸭妈妈让小鸭自己去游,是想让小鸭勇敢,自己的事情自己做。

师:如果鸭妈妈说:"孩子,你自己不能去,让妈妈带你游吧!"而且妈妈以后总是这样,结果会怎样?

生:会依赖妈妈。

生:会胆小的。

……

师:对! 自己能学会的事,就不要依赖爸爸妈妈了。小鸭在妈妈的鼓励下学会了游泳。

【随评】

(1)课文朗读还不够充分,可以引导学生采取多种方式去读。

(2)此处的问题或对话的出现显得有些突兀。可否这样:你有过这样的经历吗？比如你学骑车、学画画、学扫地等。自己是怎么学的，你的爸爸或妈妈又是怎么做的呢？先说说自己的印象或体会，再想一想，鸭妈妈为什么让小鸭自己去游泳？我想对于低学段的学生来说，更需要先反观或唤醒已习得的经验，再进行阅读的多重对话。

（3）课进行到这儿很顺畅，但总觉得少了点什么。我想缺少的应该是学生真实的体验或思考，这里需要老师精心设计问题、耐心引导理解，以便学生能在文本和生活之间自由穿梭。

师:小鸭自己学会了游泳，小鹰自己学会了飞翔，我们也该自己写一写这个"己"字，自己写一写好吗？写之前，我们先来说说怎么才能写好它呀？写前老师教你一个儿歌，帮助你不写错:己字弯腰不出头。（学生书写生字,教师指导）哪一笔最难写，老师帮帮你。

生:竖弯钩老写不好。

生:老师,我也是。

……

师:那老师来教教你，这个竖弯钩很像妈妈坐的沙发，弯弯的。这一笔写长一点就好看了。再跟随红模字写一个。还用老师在田字格中给你再写一个吗？

生:不用了。

【随评】

为什么拒绝老师？这正是本课的一个现场机遇，让学习与生活对接。老师应及时给予表扬鼓励，这样其他的孩子也会信心百倍地去书写。一个教学目标也就达成了。

【教学评析】

（1）作为一个年轻的教师，她的教态和语言亲切自然，有亲和力。

（2）低年级的课堂更需要感性认识，她的师生互动虽能让学生的情感体验能够随文进行，但仍有不够之嫌。

（3）书写环节对坐姿、握笔仍需强调，纠正，不能忽略。

（4）还可以指名学生上黑板去书写，不要怕出"问题"。这对于学生来说是相互对照自我纠错的情境现场。

润物细无声
——《听听秋的声音》习作指导片断及评析

胡　琴

【教学片断】

(一番精彩习作指导教学之后)

师(充满着期许的目光):同学们,你们谁愿意将自己写好的习作拿上讲台给大家展示一下呢?

(生纷纷举手,意欲展示。其中一位小男孩害羞地站了起来,且弓着背低着头,显然是缺乏自信。细心的章老师注意到了,连忙来到他的身边,一看便明白了,习作卷面不整洁,擦痕明显,想展示自己的习作风采,又不好意思,担心同学们笑话自己。)

师(亲切地摸着他的头,微笑着):瞧,这位同学多了不起,看,这么多思考的痕迹。

(生勇敢地站上讲台,展示了自己的美文)

【教学评析】

对于刚步入三年级的孩子来说,习作还是一件较有难度的事情。对此,章老师很巧妙地设计了由模仿学习到独立完成的教学流程,极大限度地关注了学生的学情,尊重孩子的身心发展规律。尤其是章老师请同学们勇敢地站起来将自己的作品展示给大家看时,简单的一两句话,不仅鼓励了这个男孩,而且还保护了这个孩子的自尊心。这个男孩子顿时信心大增,勇敢地展示了自己的美文。章老师的课堂现场教学机智真是太高明了,如此的润物无声。眼前这暖人心的一幕,不正好是我校推行的"'课堂教学现场化'模式研究"的真实写照吗?

蹲下身来，收获更多

——《美丽的小兴安岭》教学片断及评析

胡 琴

【教学片断】

师(播放美丽的小兴安岭精美图片)：同学们，让我们一同走进美丽的小兴安岭，去领略那里的美好风光。

(师生共同兴致勃勃地欣赏图片，不时发出赞叹声)

师：这么美的地方，我们看看作者的笔下是怎么描绘的，好吗？来让我们带着赞美的感情来读一读课文，好好地展示一下自己的朗读水平。

(同学们很兴奋地端起课本，大声朗读起来)

生：老师，黑熊为什么舔脚掌？

(刚结束美文朗诵，一个个孩子突然高高举起小手发问)

师(故意面露难色)：你的问题问得很好，说明你是一个爱动脑筋的好孩子。在这里，老师要跟你说声抱歉(师微微探下身子)，对于你提出的问题，老师也不太清楚，也不能不负责任地随意答复你，我们要尊重科学。(师稍加停顿，转而微笑起来)但老师把问题解决了，我通过查资料找到了答案，你们可要向我学习哟！

【教学评析】

看到如此精彩的授课片段，我不得不被陈老师的教学魅力所吸引。现代心理学研究表明，青少年的自尊心极具强烈性，而且是敏感的、脆弱的。这就要求老师在与学生的交往中，注意尊重、爱护和培养学生要求上进的自尊心，要用平等、友爱营造平等互助的伙伴关系。一个学生不能自我肯定，就会感到自卑，失去上进心。因此在师生交往中，我们要蹲下来，与学生平等交流，培养学生的自信心，缩短师生间的距离感。教学中，要本着以学生为主体、教师为主导的原则，精心备课，从学生的角度预设教学环节,尽可能地因学生的学而能动地组织更新。遇到困难一起解决。让孩子们在学习中没有心理压力,自觉主动地求知。陈烁老师在教学《美丽的小兴安岭》时,授课伊始就抓住了三年级学生的兴趣点,制作了许多精美的课件,教学中一出示,就极大地吸引了孩子们的眼球,大家特别兴奋,一下子激发了孩子们的兴趣,随后老师的入课就显得格外地轻松自如。

教学中突遇学生发问,陈老师能够主动承认自己也不了解"黑熊为什么舔脚掌"这一问题,放下了自己高高在上的师道尊严,蹲下身来,与孩子平等交流。让孩子明白了老师也不是全能的,一下子和老师亲近了许多。聪明的陈老师转而又告诉同学们,"但老师通过查资料,找到了答案。你们可要向我学习哟!"如此润物细无声地教育了孩子,而同学们不住地点头示意也足以表达内心的诚服。

在这里,我想说的是:老师们,让我们蹲下身来,与孩子们并肩学习,相信我们会有更多的收获!

让每个孩子都能享受到师爱的雨露
——《卡罗纳》教学片断及评析

胡 琴

【教学片断】

师(动情地说):同学们,卡罗纳失去了母亲。我们都为他感到难过、伤心。人们常说母爱是无私的、伟大的。谁能说说我们的妈妈是怎样爱我们的?

(教师的设计,巧妙地将课内知识迁移到课外生活中,期许孩子个性化的发言。生纷纷举手发言,一吐妈妈对自己的关爱。几十双高高举起的小手中,有一双手引起了苏老师的注意,他叫周耀进,是班上的一名后进生,还是个弱智的孩子。)

师(亲切地说):周耀进,你真勇敢! 来,请你说一说。

生(受宠若惊、支支吾吾):我妈妈每天给我,给我做……做饭。

(哗哗哗……老师带头鼓掌,教室一下子里掌声四起)

【教学评析】

教师对学生的关爱是高尚的职业道德的体现。热爱学生,喜欢学生,以慈祥的态度、和蔼的语言对待他们,使他们与自己越来越贴近。没有对学生的爱,即使教学也没有激情。没有课堂上师生间心的相通、情的交融,也就不可能产生教学所需的智慧和吸引学生的技巧。只爱一部分学生,意味着对另一部分学生冷漠,那是偏爱,偏爱是一种非理智的情感。陶行知特别反对"纯以面貌美丑为取舍"的选拔法,他做到了如谚语所说的那样:"漂亮的孩子人人都喜欢,只有爱难看的孩子才是真正的爱。"由此我想到,教师对学生的爱应是一种理智的、诚实的、公正的、稳定的师爱,爱所有的孩子,关注每一位学生。一位弱智生,一般在公开课的情况下,执教老师都会将这样的学生置之不理或无视存在,担心影响课堂教学的进程,或者担心出现教学意外,难以收场。然而,苏老师并没有这样做,而是把展示的机会给了周耀进,用慈爱的眼神鼓舞着他,周耀进嘴边终于也哆嗦着蹦出了正确答案,"哗"全班响起了雷鸣般的掌声,孩子太高兴了,他成功了！苏老师就这样,用自己的爱,不歧视、不遗弃任何一个后进生 。让每一个孩子沐浴师爱的雨露,健康成长。因此,师爱是高尚的情感和科学的严格要求相结合的产物。任何教育行为的成功都源于教师对学生真正的爱,才能激活学生学习的欲望,师生之间才能迸发出心灵的火花。

《圆的周长》教学片断及评析

张书萍

【教学片断】

(测量圆周长的方法)

师:我们知道了什么是圆的周长,那么怎样测量圆的周长呢?

(学生自由地说)

生1:绕线法

生2:滚动法

(同桌合作测量,记录结果,师巡视指导;学生汇报结果)

师:在刚才的测量过程中,你又有哪些收获?

【教学评析】

通过学生的动手操作,在活动中获取知识。既培养了学生的动手能力,同时又培养学生的合作意识、与他人交往的能力。"你又有哪些收获"的问题既体现了教师尊重学生个体的习得,又自然地引出测量圆的周长的方法,一举两得。

《分数的初步认识》教学片断及评析

张书萍

【教学片断】

师：小精灵邀请我们玩折纸游戏。请拿起桌上的正方形纸，现在我们把它平均分成四份。怎么折呢？快动手试试吧！

（学生自由折，教师巡视。学生汇报、展示折法）

师：现在请同学们拿起彩笔，想涂几份就涂几份。想想你涂色的部分能用哪个分数表示？

生：我涂了一份，用1/4表示。

师：有没有和这位同学不同的？

生：我和同桌合作每人涂了一份，共涂了两份，用2/4表示。不过，我们还有个发现，就是我俩涂的正好是这个正方形的一半，一半用1/2表示，所以我猜2/4=1/2.

师：真该为你们的发现鼓掌。你们有一双善于观察的眼睛，让我们又有了新的收获。

【教学评析】

学生第一次接触分数，理解分数的意义有一定的困难。而加强直观教学可以更好地帮助学生掌握、理解概念。教师通过引导学生动手操作实践，让学生加深对分数概念含义的理解。我们看到，教师给了学生活动的空间和时间，也给了学生思考的自由。比如折纸，老师通过让学生动手折一折、涂一涂，想一想涂色部分可以用哪个分数来表示。在这一过程中，学生发现了2/4=1/2。教师及时评价鼓励，给了学生莫大的自信！

《认识人民币》教学片断及评析

张书萍

【教学片断】

师:同学们,上节课老师布置了一项调查作业,生活中有哪些地方要用到钱?谁来汇报调查结果?

生1:去超市买东西要用到钱。

生2:乘车需要钱。

生3:上兴趣班要用钱。

……

师:是的,生活中有很多地方都要用到钱,你们知道我们国家的钱叫什么吗?

生(齐):人民币。

师:对,叫人民币。这节课我们就来认识人民币。

(板书课题:认识人民币)

【教学评析】

导入部分是让学生联系生活实际列举自己使用人民币的例子,关注和利用学生已有的知识储备,激发学习兴趣,同时让学生感知人民币的商品功能和在社会生活中的重要作用。充分体现了新教材特点和课程标准的新理念,渗透了以人为本的教学理念,学有用的数学,数学教学生活化。

《一去二三里》教学实录及评析

吴礼明　代利珍　季玉霞　黄德梅　阮红旗

【教学实录】

师:小朋友,汉语拼音我们已经学完了,从今天开始我们就要学习汉字了,开心吗? 这节课我们就一起学习一首古诗《一去二三里》,齐读课题。

生(齐):一去二三里。

师:上课前我们先来做个游戏好不好? 老师知道我们班的小朋友最能干了,先让我来考考你们。我们先来个数数比赛吧! 你们看,这是在数学上用的数字(出示数字),大家认识吗?

生:认识。

师:那么在语文上又是怎么写的呢? 下面老师请10位同学上台来和大家一起玩找朋友的游戏。

师:小朋友们真会找朋友! 老师把你们找的朋友出示在黑板上,快看,你能借助汉语拼音读好他们吗?(师出示带拼音的生字)

(生自由读;生开火车读)

师:这列火车开得又快又好! 给他们鼓鼓掌。

师:老师要给你们加大难度了,去掉拼音还会读吗?(师出示去掉拼音的生字)

(生同桌互读;小老师带读)

师:请钱锦康当小老师带读。

师:这位钱老师读得怎样?

生:好。

师:我们班的小朋友果真厉害! 这么快就和这些生字宝宝交上了朋友。下面老师要给你们再加大难度了,老师相信你们肯定有这样的本领,让我们一起来给生字找找朋友。

生：一本书。

师：你真聪明！第一个举手发言。

生：一件衣服。

生：一支铅笔。

生：一朵花。

师：大家都很喜欢"一"，你们可以给其他生字也找找朋友啊！

生：两只小白兔。

生：两条鱼。

生：两颗炸弹。

生：五把枪。

生：四只老虎。

生：两只小白兔，我家养了两只可爱的小白兔。

师：你真厉害！会说一句完整的话，我们给她鼓鼓掌！

生（鼓掌）：你最棒！

……

师：刚才小朋友们表现真出色，个个本领大，老师忍不住要夸夸你们，奖励你们玩一个游戏"摘南瓜"。

师：小朋友们真了不得！在短短的时间里就学会了这么多的生字，老师知道你们也学累了，放松一下，听听音乐，欣赏一幅美图！

师：你在图中看到什么美丽的景色？谁想说一说？

生：我看到两个小朋友去上山砍柴。

生：我看到了两个小朋友绕过大山去外婆家玩。

……

师：你们觉得这景色怎么样？

生：漂亮。

生：美妙。

师：这个词说得真好！给她鼓鼓掌。

生鼓掌。

师：你们知道吗？古代有位诗人，他把刚才我们学的十个数字写在了一首诗里，想知道他是怎么写的吗？快读一读诗吧！借助拼音自由读，读准字音,读通诗句,有不认识的字或读不准的字和同桌交流一下。

(生自由读诗)

师:老师来检查一下小朋友们的自读情况,谁愿意读给大家听?

(指名读)

师:想听听老师是怎么读的吗? 听一听老师在读每句诗的时候,在什么地方停顿的时间比较长。

(师范读,学生听)

师:想不想和老师一样读古诗?

生:想。

师:请小朋友们和老师一起读一读古诗。

(师生共读)

师:这首古诗美吗? 你喜欢吗?

生:美,喜欢。

师:让我们带着喜欢的心情再来读一读古诗吧! 老师建议你们边读边想象诗中的美景,老师相信你们这一遍能读得更好。

(生齐读)

师:小朋友们这一遍又进步了,你在读这首诗的时候,觉得这个山村美吗?

生:美。

师:是呀,这个山村的确很美。村里住着几户人家,山里有几座亭台,树上和路边盛开着各种美丽的鲜花。这首诗把这些美丽的景色都写了出来。而且在诗中的20个字里面,有10个都是数字,真是有趣极了! 你们喜不喜欢这首诗啊?

生:喜欢。

师:谁已经会背诵了? 让我们一起把古诗背诵一遍好吗?

(生齐背古诗)

师:你们真厉害! 这么短的时间就会背诵了,赶快夸夸自己吧!

生(齐):我最棒!

师:刚才我们认识汉字,下面我们就开始写汉字了,写汉字之前我们来认识一下田字格。

师(出示田字格):你发现了什么?

生:我发现田字格像一个"田"字。

师:你有一双善于发现的眼睛!

(电子白板出示儿歌:田字格,四方方,写好汉字它来帮。左上格、左下格,右上格、右下格。横中线、竖中线,各个方位记心间。生学习儿歌,认识田字格。)

师:田字格能帮我们写好汉字,下面我们来认识一种笔画"一"。

(师一边板书,一边讲解:顿一顿,横过去,再顿一顿,回一回,要稍稍往上斜。)

师:你们观察一下"一"这个字在田字格的什么位置?

生:横中线上并且左右两边差不多。

师:你的眼力真好!

师:下面就和老师一起来写这个字。

(师范写,生观察;生描红、临写)

师:今天我们第一次学写汉字,你们开心吗?

生:开心。

师:那以后我们就认真学写汉字吧!下课!

【教学评析】

吴礼明:

小学课堂让我感受很深,很感动,孩子的鼓掌、相互敲励感染了我。孩子天真活泼,能充分释放天性,展示了很多细节,课堂很民主轻松,孩子们能充分地投入课堂。葛老师第一次上课比较从容大方,我认为孩子越小越难调动,能调动孩子充分参与课堂还是很不容易的。葛老师比较重视细节,比如说孩子说"美妙"、"漂亮"这些词语的时候,她能抓住这些修饰性的语言加以点拨,能关注课堂,关注孩子。课堂上充满了孩子的天真和童趣,这也是课堂中的亮点。从这些也可以看出孩子平时都关注哪些事物,比如说五把枪、四只老虎、两只小白兔、两条鱼、两颗炸弹。同时课堂有问题又很正常,这节课的容量较大,刚开始孩子的兴趣点较高,但我们要考虑到孩子的兴趣点持续的时间有多长,中间应有间歇,一定要强调课堂节奏,这样有利于下一个环节的展开,可以将课堂分为几个小片段,每个小片段中间有个小小的间歇,让孩子把心静下来，而不是让孩子一直紧张地学习，一年级孩子的注意力集中的时间很短，一旦超过了这个时间，孩子的学习效率就会下降。最后还没有处理好的环节就是写字的环节，时间太仓促，到这个环节已经下课了，不一定要追求完美，可以留到下一节课，教师可以有效地总结。

代利珍:

葛老师给我的印象是比较亲切，教态比较从容。这堂课的总体流程还是很不错的，葛老师对孩子的关注比较全面，比如说让小老师带读，她会说请"何老师"、"钱老师"等，真正是在关注学生，拉近了老师与学生的距离。课堂中读的方式特别多，比如说小老师带读、开火车读等。另外葛老师对田字格教得比较全面，用儿歌的方式帮助孩子记忆，这种方式是很好的。有一个学生他很聪明，发现了田字格就是一个"田"字，这时候老师应该说"你真是一个善于发现的孩子"，老师的课堂评价语言应该更加有针对性。因为孩子的课堂语言来自生活，但是每个孩子的语言又有自己的个性，教师应该更加有针对性地去评价。聪明的孩子会将课堂中学到的知识与生活建立联系，比如说我问我的学生:"你的生活中有欢歌笑语吗?"学生说:"那次我去天井湖玩，那里留下了我的欢歌笑语。"这样其他的学生也会跟着模仿。另外，我注意到有两个孩子都是用自己的想象力在解读画面，比如说有个孩子说"我觉得他要去砍柴"，我觉得课堂就要有不同的声音，这样的课堂才会有活力。还有一点很好，葛老师很会注重小朋友的质疑，比如说有的孩子说"好"，有的孩子说"不好"，课堂中重视培养孩子的质疑是很难得的。

季玉霞:

课堂很轻松，流程比较流畅。从课堂现场化来说，课堂上葛老师偏向女生比较多，小学阶段女生占优势，我希望把更多的机会给男生。还有个问题要与大家商量一下，"你们也学累了，老师奖励给你们一个摘南瓜的游戏。"说到"累"这个字，我想说课堂中不应该有这样的负面暗示，学习应该是一件快乐的事，不应该是一件累的事。

黄德梅:

课堂中我关注到葛老师说了一个词语"瑕疵"，"瑕疵"是一个书面语，对一年级的学生来说难理解，教师的课堂语言应该更贴切学生。另外学生在看过图画说话以后,教师可以将整首诗出示到白板上。

阮红旗:

刚才大家已经说了很多优点了,我来补充两点:一是孩子与老师之间很密切的关系,老师表扬学生,摸摸学生的头,这都是教师对学生一种爱的表现。二是葛老师有两次能让孩子自主去学习,虽然只是一年级,第一次出示带有拼音的汉字,让学生自己自由地先拼一拼、学一学,自己去尝试,自主学习;第二次是去掉拼音以后让学生再去认认,也是一个自主学习的过程。这对培养学生自主的学习习惯很有帮助。这两处很宝贵。还有一些地方要探讨一下,第一导入目的性不强,台上站着10位同学,手里拿着阿拉伯数字1、2、3、4、5、6、7、8、9、10,和下面的同学玩找朋友的游戏,这个环节应该放在第二课时来巩固识字。教师要把握学情,因材施教。第二,用"二"来说词造句,怎样将"二"转换成"两",需要引导。第三,听音乐欣赏美图,这时候教师交代的任务不够明确,可以交代一个任务:在美妙的音乐声中,注意观察图上有哪些美景。给孩子一个目标,眼中有物,有准备方能顺利表达。课堂上要做到每一步目标明确。第四,教师要指导学生正确读课题:第一课《一去二三里》。第五,拼音正音是重点也是难点,抓住重点字音正音,不断地巩固汉语拼音。第六,观察田字格,教师在教田字格的位置,多数孩子分不清左右,教师应该扎扎实实地利用白板教。最后在书写"一"的时候,"一"在横中线上,还应强调左右两边要均衡,左边要微微翘起,起笔停顿,运笔匀力,收笔回峰,扎扎实实地指导学生把汉字写正确,写美观,并养成良好的书写习惯。

第四篇

教学切片　观课有感(下)

听吴正宪老师数学课有感

胡　琴

近日,我有幸聆听了北京市特级教师吴正宪老师的一节数学课。作为小学语文教师的我,这是第一次听到吴正宪老师上课,听后感触很深。在我的印象中,数学课似乎都是枯燥的理论加数字教学,较生硬。但听了吴老师的这节课,让我对数学课的教学有了更新的认识。让我感受到数学课堂的魅力,数学课堂的思想,数学课堂的文化氛围。课上得很有感染力、很精彩,让我真正感受到了,一个老师全身心融入学生的感人场面。新课标要求培养学生的实践能力和创新精神,把学习的主动权交给学生,鼓励每个学生积极参与教学活动,让学生亲自实践,大胆探索。吴老师的课堂非常注重活动,让学生在动手实践、自主探索与合作交流等形式的活动里学习新知、巩固新知,给学生提供了从事数学活动和交流的机会,满足了学生不同的学习需求和发展。这和我们推行的"课堂教学现场化"理念不谋而合,是一堂精彩的"现场化教学"示范课。

第一,吴老师上课给我最大的印象是她有很强的感染力。整堂课下来,学生也是个个快乐开心极了。在愉快中学到了知识。记得吴老师在上课开始时,为了拉近同学生的距离,还特意问了同学们一个问题:同学们,你们是喜欢玩还是喜欢上课?吴老师本想同学们会回答"喜欢玩",可以在玩中开始新课,可大部分同学回答"不喜欢玩"。引起了全礼堂的一片轰动。可见我们老师在平时向同学们灌输的是什么思想,在老师的心中"爱学习"才是好学生。殊不知,爱玩才是孩子的天性。我们老师既要孩子学好,当然也得让孩子玩好,注意学生的年龄特征和认知规律,才能真正搞好教学。

第二,吴老师的个人魅力深深地折服了我。她让我明白了一个好的数学教师,不能只局限于数学专业知识,教师的人文素养、人格魅力,都会潜移默化地影响着学生,而这些当然来自吴老师多年的教学经验和深厚的文化功底,是在长期的实践中积累形成的。正因如此,她在现场化教学中才能如此自如。她随着课堂的变化作出相应的变化,想方设法地去激活学生,让学生提出问题,又让学生解决问题,让学生之间的交流和合作得到充分的体现,挖掘出学生发展空间的无限可能性。整个课堂都能清晰地看到孩子在思考、在质疑、在解答。而老师则非常巧妙地在引导,丝毫没有剥夺孩子的主体地位。同时,她的评价语非常全面、多样,过渡语也很自然流畅。看似随意,实则用心。

第三,在教学过程中,吴老师非常了解儿童的心理特点,关注学生的各个方面。在她的课上有疑问,有赞许,有笑声。全体学生自始至终参与了学习的全过程,通过交流、发现、辨析、整合,终于获得了共识。值得一提的是,在讨论和交流的过程中,学生学会了倾听、接纳与评析,这对完善学生的人格,意义是深远的。

第四,在教学过程中,吴老师尊重每一个学生,她从不轻易否定学生的选择和判断,也从不强迫学生去认同。如:学生出现多种计算方法,她不急于下结论。她以热情的鼓励、殷切的期待、巧妙的疏导与孩子们思维共振,情感共鸣。她用那真诚的爱心感染了孩子们,贴近了孩子们的心。她以自己独特的教学艺术,把学生推到自主学习的舞台上,使他们真正成为学习的小主人。

短短的一节课虽然结束了,可是吴老师留给学生的不仅仅是这节课学习的内容,她教会了同学们用数学的眼光去研究我们的生活,用数学的思想和方法去解决我们生活中的问题。当然,留给了我们老师的是深深的思索……

《狼牙山五壮士》观课感

胡　琴

《狼牙山五壮士》是情感型课文。教此类课文,既忌在故事情节上打转,空泛地进行思想教育,情感熏陶;又忌脱离课文情感线,搞分割式的"语言训练",肢解课文。闻老师执教的《狼牙山五壮士》的教学是成功的,她落实了新课程改革的理念,全面提高学生的语文素养,积极倡导自主、合作、探究的学习方式,并且力求做到语文的工具性与人文性的渗透、结合,务实的教学中达到共振的效果。具体表现如下:

(1)朴素务实、设计巧妙。闻老师不一味地追求形式的完美,教风朴实,不追求轰动的剧场效应,实实在在上课。上课伊始就进行常规的字词检查,复习巩固。尽管已是五年级的学生,字词的训练还是不可缺少的。在同学们认识理解学词之后,逐步提升:"看到这些词语你们想到什么?""英雄!""那么生活中又积累了哪些有关英雄形象的词语?"学生纷纷举手,犹如春笋褪衣,一层一层,水到渠成,没有矫揉造作之势,朴实中却暗含着教师的巧妙用意。

(2)读占鳌头,自主课堂。一堂好的语文课堂是少不了琅琅的读书声的。语文新课标注重了读中理解、读中体会、读中感悟,让学生充分地读。在读中整体感知,在读中有所感悟,在读中培养语感,在读中受到情感的熏陶。这一点,闻老师注意到了,教学中她设计初读课文、细读课文、品读课文,并且教学对象的关注面比较广,注意到了不同层次的学生,请了多名学生读课文。学生是学习的主人,教师是学习活动的组织者和引导者。语文教学应注重培养学生自主学习的意识和习惯,为学生创设良好的自主学习情景,尊重学生的个体差异,鼓励学生选择适合自己的学习方式,引导学生在实践中学会学习。闻老师在这方面教学设计中也处理得很好。例如:在学习"顶峰歼敌"这部分时,让学生自由读课文,找出最让自己感动的语句去品读、体味。让学生有感情朗读,引导学生抓住关键词语感悟英雄形象,如"狠狠地打、大吼一声"等。并让学生情到深处,站起来做动作,边读边演,英雄的形象就更加牢固地扎根在孩子们的心中了。整段的教学设计教师没有做任何繁琐的分析,这种开放灵活的形式给了学生更多自主学习空间,让课堂充满生动和乐趣。

(3)情境营造,激发兴趣。语文教学中的情境营造不仅在于提供刺激物,增强气氛,还在于语文学习需要熏陶感染。这一节课的设计就体现了信息技术全程营造情景的特色。闻老师在教学中出示了日本人侵略中国人的悲惨图片,把学生带进硝烟弥漫的战场上,诱发学生追踪故事情节,调动学习兴趣,并在鼓点似的打字声中出现一个个血泪字迹。孩子们震撼了,幼小的心灵再一次被触动,对敌人的憎恨,对英雄的敬佩,顷刻间升华到了极点,闻老师顺势让孩子们再读英雄形象的语句,这一次的朗读,相信孩子们真正地读到了心里。

(4)工具人文,有效结合。教学结束之际,闻老师让孩子们自身想一想对五位战士说些什么?这一拓展,让孩子们满腔的激情得以延续,并有效地训练了孩子们的口语表达能力,真正地做到了语文课堂一贯倡导的工具性与人文性相结合。

针对闻老师的教学,我还提几点教学建议:

(1)读得多但不透。教学中,闻老师注意到了多读文本,尤其是重点语句,采用了指名读、集体读、表演读、自由读等多种方法,也期望达到预期的效果,但似乎还浮在表面,没有达到品读、悟读的层面,朗读方法的指导不够。当然即使我去做,也未必能做到这一点,这也是我们语文教学中存在的共性,是我们共同面对的难题。说出来都容易,也能感受到这点不足,如何正确解决这个问题,有待于我们进一步在理论中研究,实践中摸索。

(2)教师的评价过于单一。对于学生的回答,如何巧妙、不露痕迹地评价,又能让孩子们心领神会,这太难。如:闻老师教学一开始对于几位学生的分段朗读之后直接提出了下一个问题,而对刚读完的学生没有及时的评价,就让其坐下,似乎让满心期望老师表扬的幼小心灵有了一丝丝遗憾,一点点失落。无形中有挫伤学生积极性的迹象。

(3)可加大课件的辅助力度。闻老师也精心设计了课件,努力创设与课文一致的情感氛围,让学生入境动情,提高语言的训练质量,也达到了一定的共鸣。如果以原有的画面,再配上煽情的音乐、老师富有磁性的语言,营造相匹配的课堂气氛,相信比用迅速打字的形式应该更动情。

《识字七》观课感

管云云

今天,听了闻生老师上的《识字七》一课。课堂中,闻老师以人为本,以读为主,灵活的识字方法给我留下了深刻印象。下面我就谈谈自己听完这节课后的感受。

(1)以读为主,在读中学生字。课标指出:语文是一门实践性很强的课程,应着重培养学生的实践能力。闻老师在教学中注意让学生参与阅读实践,又很好地发挥学生的自主学习能力,从而调动学生学习的积极性、主动性。闻老师引导学生在读中学生字,在教学生字时,闻老师能够很好地遵循低年级学生学习生字的规律,先让学生读文在语境中识字,再带拼音读,去拼音读,让孩子交流识字方法,把学习的主动权交给学生,孩子们兴趣很高。整堂课书声琅琅,情意浓浓。闻老师在指导朗读时采用了多种形式的读,如个别读、师范读、男女生比赛读、齐读等各种形式,读得有层次,读得有韵味!

(2)创设教学情境、体现童趣。语文学习不只是简单的知识传递,而是学生主动建构知识的过程,闻老师想方设法创设丰富多彩的教学情境,唤醒学生的识字经验,比如:读了"雄鹰翱翔在蓝天",你的脑子里呈现出了怎样的画面?让学生体味翱翔的自由自在,在想象中体会童乐、童趣。同时,让学生做飞行状。让学生自主在文中找动词"嬉戏",并让学生结合自己的生活实际对"嬉戏"进行造句,课堂上迸发朵朵思维火花,从中可以看出闻老师是充满智慧的。通过创设情境让学生在美的感染下,唤起学习的欲望,这正符合了低年级学生的认知规律,寻找到了儿童思维的最近发展区,激发学生情感。

(3)老师的评价丰富多彩,多以鼓励、激发为主。教师是学生的学习伙伴,是学习活动的引导者、组织者。教师的"导",主要体现在激发兴趣,使学生爱学,使学生在探究中互动地学,并根据学情,加以引导、点拨。在《识字七》的教学中闻老师充分尊重学生,用充分赏识、激励的话语,激发学生学习兴趣,点燃学生的智慧火花,让学生享受到学习乐趣,获得成功喜悦。如:"你真会读,读不懂又主动问,老师没有教,你已经会读,真棒!""读得真不错!""你的朗读仿佛让我看到了雄鹰展翅翱翔的样子,真厉害!"等等。用一句句发自内心的话语赞美学生,表扬学生,像春雨一般滋润学生的心田,激发了学生学习的热情,孩子们也在老师鼓励的话语中越读越好。

整堂课的闪光点有很多处,值得我学习的地方还有很多,但我觉得在生字教学环节中,为了让孩子更好地记住生字,避免回生现象,应将生字放到一些陌生的语言环境中,将生字词进行整编成句巩固复习,这样能够促进学生更好地记住这些生字。

享受月光，享受课堂
——《月光启蒙》观课感

章　峰

　　《月光启蒙》是内蕴丰富的散文，作者是著名的诗人孙友田。作者回忆了自己童年时，在夏夜月光的伴随下，母亲唱民歌童谣和讲神话故事的情景，表达了作者对母亲启蒙教育的感激、怀念之情。孙友田感谢"月光启蒙"，我也同样感谢我校的钱娟老师为我们奉献了一节精彩的《月光启蒙》示范课，感觉受益匪浅。下面我就钱老师这一课谈谈自己的收获。

　　（1）平等"对话"。语文课堂教学是一个师生平等对话的过程。在这个过程中，师生彼此分享对文章的理解，探讨重点、解决难点。作为教师，比孩子早一步解读教材，在整个"对话"过程中钱老师更是当好了"引路人"的角色。也就是说教师对"对话"在备课中是早预设的。对于预设，老师能从学生角度出发，设想了许多情境，但课堂又是一个动态生成的过程，在课堂上，如果总是"情不自禁"地陷入自己的预设，这就不再是真正的"对话"了。

　　（2）合理"评价"。在课堂上适时的评价是推动教学、促进学习的一种有效的办法。钱老师在评价上做得就极为巧妙，有时一个手势、一个微笑、适时的示范都是评价，往往"无声胜有声"。学生从评价中获取收益，得到提升。在本课的教学中，对朗读的评价是重点，怎么样才能让孩子从评价中理解课文应该怎么读好，读出味道。如：对歌谣的朗读，第一次钱老师是让孩子在理解第四节的基础上读得柔美、深情。第二次则是让孩子在理解歌谣的基础上读出文字的意韵。不仅如此，钱老师还引领学生唱起了歌谣，极大地激发了学生的学习热情，为学生有效地领悟歌谣的内涵及母亲的聪慧奠定了坚实基础。

　　此外，老师的扎实功底也给我留下了深刻的印象。整堂课，钱老师轻柔委婉、深情优美的语言把大家带入了一个温馨的情境。钱老师极其善于在课堂上捕捉细节,捕捉学生回答中的亮点,引领学生读文悟情。我想,这是与老师灵敏的双耳、睿智的大脑、厚实的语言功底分不开的。正是这些才使得钱老师能及时捕捉、迅速甄别学生的发言,再清晰流畅丰盈地讲解,从而解除童稚之惑,引领孩子和文本顺利地对话。

总之,钱老师的课上得棒,孩子们的表现也突出,在课堂上我分明能感觉到他们的投入,看到了他们默契的交流,聆听学生那精彩的发言、朗读,教师那充满激情的导入、旁白。孙友田的文章《月光启蒙》让我享受了月光的美、妈妈的爱;钱娟老师构建的"现场化课堂"让我与孩子们一起享受着学习的快乐和幸福。

仿写《听听,秋的声音》观课感

章 扬

这学期,我校组织老师进行了作文教学现场化研讨。期间,我有幸聆听了章峰老师的一节作文仿写课,可谓是受益匪浅。章峰老师的这节课通过文字、图片和音乐,将学生和听课老师带入了诗歌的境界。在感受诗歌魅力的同时,也接受了一次心灵的洗礼。通过这节课的教学,老师将学生带入了诗歌的殿堂,在孩子们幼小的心灵中播下了诗的种子,这是本节课最让人感动的地方。

在课的导入环节,章老师通过让孩子们猜声音这样一个小游戏,很快就把学生带入了课堂。游戏只是激趣,而要真正进入诗歌中,还需要文字的引领。所以,接下来的环节,真是教者智慧的体现。章老师以身试读,再配以动听的音乐、优美的图画,通过视、听感官的调动,很快就将听者领入诗歌的殿堂。更妙的是,教师并没有就此打住,范读完后,紧接着让学生根据音乐自己诵读,以读激趣,为接下来的仿写打下基础。至此,仿写前的准备是充分了。但这还不够,对于这节课的重点,我认为不是写,而是写前的指导。接下来,章老师出示了诗歌的一、二两节,指导学生寻找这两节诗的共同点。学生在自主探寻中,既了解了诗歌的写作特点,又明白了诗歌仿写如何下手。这一环节中,老师充分发挥学生的自主性,将课堂还给学生,在充分的听说基础上,调动孩子写的兴趣。紧接着,老师又出示诗歌的第五节,让学生以一、二两节诗的格式改写第五节诗,教学环节由说进入到写。但是,这样的仿写只局限在课本,学生的思维并没有打开。所以,接下来的教学中,教师又引入了看与想,通过优美图片的欣赏,走进大自然,聆听自然的心声,以美激情,引发孩子对自然的热爱,启发孩子内心美好的情感。

在想象之门被打开的时候,"说"必然是水到渠成,可"说"不是目无章法地说,而是要契合先前的写作指导。仿写的环节就由课本引申到课外,由课堂引申到自然,学生的思维也被真正的打开。大量拟声词的提供,也让学生有话可说。即使如此,这毕竟是三年级孩子第一次进行诗歌创作,虽然有例可循,但修改是必要的。这一环节,教师一反常态,将批改教给学生,通过学生的互助学习,让他们共同进步。最后,教师通过"秋的声音无处不在"进入仿写的尾声。第四节诗的仿写,教师安排小组共同完成,孩子在学习知识的同时,情感也得到提升。作品展示环节,更是对学生进行了很好的德育教育,教师让小组内四位同学依次朗读自己写的作品,四位同学的作品合在一起就是一首完整的诗。完成语文教学的同时,也对学生进行了品德教育。

章老师的这节课通过听、说、读、写的训练和现场化的指导,将课堂教学深入到孩子的内心。在传授语文知识的同时,关注了孩子的道德教育。对我们听课老师来说,既享受了一次视听盛宴,又接受了一次情感的熏陶。

《老人与海鸥》观课感

钱 娟

今天下午,听了我组闻生老师的"课堂教学现场化"的研讨课。听后,感到很高兴,闻老师的教学行为有了很大的转变。课堂上,闻老师更加自信了,更加关注学生了,与孩子互相交流的时间更多了,学生的参与面更广了。这一切的进步,来源于老师对文本深层的理解。

《老人与海鸥》这篇课文分为两部分,闻老师带领孩子们去感受"老人对海鸥的爱"。本课按"思、谈、悟、读"流程进行,给予学生自主思考的时间,也就是给予学生自主学习、自主发展、自主提高的机会,这方面闻老师给我们做了一个很好的榜样。

闻老师在课堂的前半部学习中,放得很开,可到后半节课,由于时间问题或其他什么原因,有点着急了,赶紧像收网一样把学生统统给收回到自己的怀里,始终自己不停地讲解,没能按教学预设进行课堂组织。我想,课堂上为什么会发生这种境况,主要是与教师平时的课堂教学习惯有关。习惯是很顽固的,要不断地叮嘱自己,要改掉牵引的习惯。教师在课堂上要真止地蹲下身子,做孩子的倾听者、指导者、点拨者,教师是一盏指明灯,指引着他们走进文本,领悟内涵,千万不要跟孩子一起"和稀泥"。

刚刚胡老师也提到补充材料,我也想谈谈自己的看法。我觉得这段材料在课文的教学中不可缺少,特别是对三次"褪色"有了进一步的了解,为了就是想让孩子们更好地了解老人的节俭、朴素。这是作者以第三者的身份看吴庆恒老人,连用了三次褪色,也是给看者的一个强烈的印象,如:我们平时说这个人真漂亮,眼睛真亮啊!这就说明这是最直观强烈的感觉。这也是写作上强调作用。特别是闻老师用三个"舍不得"的语言铺垫,既是情感的营造,也是理解面的递增。

在"喂海鸥"这段的教学中,对于"有声有色""此起彼伏"这些意境的理解,建议教师是否可以用读去理解,可以感情读、做手势打节奏读、配乐读等形式去感受海鸥边被喂边起飞的画面,这不正是作者眼中的"有声有色的乐谱"吗？给这样的画面"起名字"时,应让学生享有充分的想象空间,学生只要把自己的理解感悟浓缩成一个词语,只要符合主题就行,不必要非说"人和动物的协奏曲",因为这项练习是对文本的理解、凝结、升华。

由于课堂时间的有限,所以要合理安排。在"唤海鸥"这一部分,只要抓住"抑扬顿挫"这个词,让学生去读,带着平时父母喊自己时亲切的语调,去唤一唤海鸥的名字,在一次次的呼唤中,感受到亲人般的亲昵,还有那份互相理解的情与爱。相信学生肯定会觉得非常有意思,大家都会抢着去表现,也会将课堂教学推向另一个高潮。

"谈海鸥"时,让学生抓住重点词句来感受老人对海鸥的爱,这种学习环节安排地恰到好处。但是却没能谈到点上,此时的教师不能过急,直接过渡到下一环节,只要稍作引导学生抓住"小模样、喷喷",就会精彩纷呈。

在课文学习结束后,建议将刚刚学生谈论的对海鸥的爱的句子放在一起打在大屏幕上,一是对情感的总结,聚拢在一起;二是让孩子们把这份情永远记在心里。

每一个教学环节都可以说非常精彩,但要让每一部分在四十分钟的课堂里光彩四射,这又是不实际的。所以教师要懂得取舍,取关键之处,舍次要之点,将重点再进一步充实丰满,那课堂也会更令学生流连忘返。

《最后一头战象》观课感

钱 娟

今天上午,听了我校闻生老师所上的一堂研讨课《最后一头战象》。

刚开始听着闻老师的选题,我感叹她的大胆,一则因为这篇课文很长,如此大的分量如何浓缩在四十分钟学透;二是因为这是一篇震撼人心、触动心灵的课文,想要上好它,除了文本解读要透、教学设计要实以外,也确实是考验教师的语文素养和语言功力。

她告诉我上这一课时,我就建议她听听北京张龙老师在本次全国大赛中的音频,看看他是如何处理教材,如何调动学生激情,如何驾驭课堂的。闻老师的这篇设计借鉴了不少张老师的精华部分,整体设计应该没什么多大问题,但上的时候,却让我意想不到,课堂沉闷极了,教师语言平淡没有激情(这不是她的一贯风格),学生也不在状态,安静极了。回答问题的孩子太个别化了,感觉这个课堂只存在着一个老师,几个孩子,只是偶尔齐读的时候,感觉还有一些孩子的存在,他们的角色似乎是配唱演员。究其原因,还是学生没能在很短的时间吃透文本,因为教师没有给予学生足够的时间阅读,没有静读,哪有思考,史何谈热议?按照阮校长鼓动我们的——"爱你有多深,批得就有多深"的评课精神,现就毫无保留地来说说这节课还需努力的地方。

一、第一课时目标设定不足

这又回到第一课时想达到一个什么目标的问题,有的想通览后学习全文,有的想就是要读词、读文、初步感知(理清脉络,概括大意)……我对高年级的第一课时的目标设定是这样想的,在扎扎实实初读后,再共同学习部分段落,这样做更符合年段特点。

闻老师课始设计了检查预习环节,出示四字词语,大家开火车读一遍,接着就让学生用简洁的语言概括本文讲了一件什么事,找了两位程度较好的学生回答,然后就请学生用小标题概括四个情节。

这是一篇长文,闻老师课始设计的每一个训练环节都是草草了事,是为了赶时间,还是希望将最精彩的部分早点展示出来,不得而知。但从课堂的学习表现来看,效果极其不好,原因上面也提到,就是学生都没能充分地读、潜心地读,怎能知道课文主要内容及四个情节的划分,甚至用小标题概括呢?

二、课文的整体性把握不足

一篇长文将其分几个情节(片段)学习,这是长文短教的一个很好的学习方法。闻老师只重点让学生抓住后三个情节感悟,舍去了第一个非常关键的情节"战后幸存"。为何说它关键,并不是与后面情感品味相比而论,而是从整篇文章来谈,这是全文感情的基奠,一头英勇杀敌的战象,在血泊里被救起,一是感悟它的无畏,二是表现人们对它的情感之深,这两份感情是后面三个情节的情感的助推剂,却在这堂课上没涉及。

建议是否可以在课始出示战象图片后,将第一个情节作为教师的叙述性语言,将这个震撼人心的情节展现在学生面前。除了全文有了整体感外,学生在教师激情的语言中也感受到战象的伟大。

三、问题设计及文本取舍不足

在感悟三个情节所蕴含的丰富情感部分,有这样一个片段:当学生在感悟"江边凭吊"时,谈到这句话令其感动,"它站在江滩的卵石上,久久凝望着清波荡漾的江面。然后,它踩着哗哗流淌的江水,走到一块龟形礁(jiāo)石上亲了又亲,许久,又昂起头来,向着天边那轮火红的朝阳,欧——欧——发出震耳欲聋的吼叫。"教师引领学生抓住"久久凝望"展开想象,此时的大象望到了什么? 并随之就出示了第二自然段的内容:"1943年,象兵在西双版纳打洛江畔和日寇打了一仗。战斗结束后,鬼子扔下了七十多具尸体,我方八十多头战象全部中弹倒地。人们在打洛江边挖了一个巨坑,隆重埋葬阵亡的战象。"让学生根据这一段文字材料想象战场上浴血奋战的一幕幕画面。当学生说完后,教师便播放大象震耳欲聋的吼叫,然后问:战象在呼唤什么?它在说这什么?学生半天没有反应,幸亏有个学生救了场,说它在呼唤着战友们,在述说着杀敌的情景。

这是闻老师上课中的一个片段,我对这个片段有三点不同的看法:

一是环节安排顺序。我将环节顺序稍作改动,在学生找到这句话时,先播放大象震耳欲聋的吼叫,再出示一二节的节选文字作为阅读材料引发学生对战斗场面的想象,当这样一头即将垂死的老象想到此景时,才会出现"身体膨(péng)胀起来,四条腿皮肤紧绷绷地发亮,一双眼睛炯(jiǒng)炯有神,吼声激越悲壮,惊得江里的鱼儿扑喇喇跳出水面"。接着再进行老象与战象的对比读,就更能将此番感情推至高潮,学生对这头战象的认识又有了新一层的敬意。

二是问题设计。教师可否将原先的问题"战象在呼唤什么?它在说这什么?"换掉,我觉得这问题问法突兀,想想突然问学生老象在呼唤什么,还不如直接降低难度问学生,从这震耳欲聋的吼叫中你听出了什么?相信学生肯定能听出战象对敌人的恨,对战友的怀念,对战场的回忆。其实问题是一样的,但问法不同收到的效果就截然不同。

三是文本材料的选取。教师仅仅只选取了第二自然段,"我"把自己当作这头老象去读这段文字时心情极其复杂,伤心痛楚占据"我"心。想象一下自己的八十多个亲人都躺在血泊中,被埋葬在巨坑中时,心情还能激越昂扬吗?文本选择是为后面的教学服务的,本想让学生通过材料感到战场上战象排山倒海似的英勇杀敌的气势,可文字给大家带来的却是另一番不同的感受,我想这就是没深入读文,没体悟情感,盲目选材的结果。建议将一二节整合一下,"1943年,象兵在西双版纳打洛江畔和日寇打了一仗。士兵骑象杀敌,战象用长鼻劈敌,用象蹄踩敌,一大群战象,排山倒海般地扑向敌人,势不可当。战斗结束后,鬼子扔下了七十多具尸体仓皇而逃。"这样是不是既能感到战象的威风,也能感到敌人的奔命呢?

这只是我对这堂课的一个自我理解,我想如果教师能更多关注学生,在课前设计时多考虑一下学情,在课堂上多关注学生的学习表现并及时调整教学流程,是否可以更好些。因为只有学生学得投入、快乐,才能表明这节课上得成功。

《听听,秋的声音》观课感

季玉霞

听完这节习作指导课,我觉得有两大亮点可赞:

(1)学生的课堂参与度高。课堂中教师的"导"始终是围绕着学生的"学"来进行设计,层层推进。教师的心中有学生,眼中有学生,凸显出学生在课堂中的主体地位。更可喜的是,这课堂是开放的、平等的、自信的,因为教师充分尊重学生个性化的理解和表达方式。

(2)教师的评价语言中肯多样且富有智慧。教师在课堂的不同环节中,根据不同层次学生的个性化回答,能给予多样的评价且语气和态度十分中肯。特别值得一提的是,最前排一男孩在习作片段展示时,由于涂画较乱不干净,不太愿意展示,这是教学现场问题,教师立即给予他这样鼓励的话语:"老师一看就知道这是你多次认真修改留下的痕迹,好得很。"随后男孩便自信地走上讲台,在投影仪下展示自己的习作片段且得到了同学们的掌声。陆续又有多名孩子主动走上讲台在投影仪下展示自己的习作。可见教师在教学的现场及时采取一个富于智慧与温情的措施,保护了孩子的自尊,树立了孩子的自信心,甚至能激活整个课堂,乃至孩子们的一生。

值得商榷的地方:习作训练时目标不够明确;课件出示的拟声词过多过杂,有的与主题"秋的声音"不相干,需要老师梳理分类删减。

以生为本,爱心育人
——吴正宪老师数学课赏析

江小文

　　一滴水就能反射出太阳的光芒,一节课就能折射出经典的教学理念和高超的教学艺术。

　　听了吴正宪老师的课,就说一个字"好"。一节好课的标准是什么?各有各的说法。我认为,一节好课,首先是它让我们产生共鸣。就好比一首动听的歌,一篇美妙的文,一首绝妙的诗,一顿美味的晚餐。对于吴正宪老师的课,我们只有细细地咀嚼,慢慢地品味,才能感受到其内涵的丰富,感受到其强大的震撼力。我们观赏吴正宪老师的课,看到了吴老师怎样地投入课堂,投入学生,一步一步循循善诱,合情合理正确引导;我们看到,学生们在她的课堂没有任何的心理压力,童真自然回归,真情自然流露,学生们轻松自如兴趣盎然地投入学习,真正感受到学习数学的趣味,以致下课都依依不舍地发出"打死我都不下课"的心灵呼唤。我们虽是旁观者,我们却也不知不觉地投入其中,我们在品尝中赞叹,在赞叹中震撼,在震撼中共鸣。

一、顺应学生的心,跌宕起伏,收放自如,水到渠成

　　吴老师上的这节课,是四年级的行程问题。纵观这节课,大致分为四个阶段。

　　第一阶段——情感沟通。临时接到上课任务,临时组建的一个班级,临时任命一个班长,在这样的背景下临时上课,课前的情感沟通很有必要的。吴老师与学生的沟通与常人不一般。"你们是临时被抓来的,今天是星期日,本来就是休息的,那我们玩好不好?"学生齐声回答:"不好!"学生

的违心回答出乎吴老师的意外,也逗得在场所有人捧腹大笑。"不玩就不玩呗,就和吴老师一起学数学。"学生在快乐中接受了吴老师,在快乐中不知不觉地进入了吴老师的数学课堂。

第二阶段——导入新课。没有做作的情境,普普通通的溜达溜达,就溜达出"速度×时间=路程"这个关系式,就自然而然地奔入了主题。

第三阶段——新知探究。这是本节课的精华所在。大致分为以下几个环节:

一是理解相关概念。吴老师仅仅抓住行程问题中"同时、相对、相距、相遇"这几个关键词,让学生都参与进来,几个人合作,利用身边的实物,动手操作,动脑思考,还请一些学生主动上台演绎。孩子们的表现真是天真烂漫,他们毫无惧色,举手投足令人开怀。他们的创造力表现得淋漓尽致。不用老师的讲解,学生在活动中,在玩中,把几个关键的概念理解得透彻淋漓。这为后面问题的解决打下了坚实基础,也为学生后面的进一步学习做好了必要的铺垫。

二是解决相关问题。多媒体出示题目后(小强和小丽同时从甲乙两地相对走来。小强每分钟走100米,小丽每分钟走50米,4分钟两人相遇。甲乙两地相距多少米?),吴老师先让学生自由地用自己喜欢的方式读题,接着是边读题目边演示,让学生进一步理解题意,知道谁(小强)从甲地走来,谁(小丽)从乙地走来,在什么地方相遇,离哪边近一些。再接着就是引导学生用线段图表示题目意思,并用多媒体演示相遇过程。紧接着是列式解答,鼓励学生有自己的见解,学生纷纷上台把自己的式子写在黑板上。最后是自由辩论,台下学生发问,台上学生作答。"你为什么这样列式?""100×4=400表示什么?""50×4=200"又表示什么?""400+200=600表示什么?""为什么400+200=600(米)就是甲乙两地的距离?""(100+50)×4表示什么?""为什么要打括号?"……教师在学生辩论后利用多媒体引导学生演示了(100+50)×4以及为什么600就是甲乙两地相距多少米。教师引导得好,学生学得就很起劲。整个数学课堂就成了辩论赛场,激烈异常,热火朝天。学生在玩中学,在学的过程中感受成功的自豪与快乐。

第四阶段——巩固拓展。这阶段有两道题。第一道题是巩固题,只要求列式,说说理由。第二道题是拓展题,也是这节课的又一轮高潮。(401班为准备联欢会,分三个小组折纸花、纸鹤。第一小组每小时折50朵纸花,第二小组每小时折60朵纸花,第三小组每小时折40个纸鹤。他们共同折了3小时,一共折了多少朵纸花?)吴老师用这道极其普通的题目,不仅使学生明白要看清题目,理解题意的重要性,而且,通过学生列错的式子(如50×3+60×3+40×3),要求学生改条件或改问题,使错误的列式变成正确的列式,学生们纷纷开动脑筋,启动思维,真是一箭多雕,妙不可言,实在高明!

二、赢得学生的心,妙置陷阱,激励风趣,欲罢不能

仔细观赏吴老师的课,用心揣摩每一个小小的教学细节,既好像预先设置的,更好像自然生成的。一个一个美丽的陷阱,等着孩子们一不小心掉进去,老师则在一旁向你微笑,不断地鼓励你绞尽脑汁跑出来。如果多听几节吴老师的数学课,你就会发现,这就是吴老师数学课堂的独特之处。独特的教学设计———一个个美丽的陷阱使学生不能自拔。

陷阱一:你们是临时被抓来的,今天是星期日,本来是休息的,那我们玩好不好?

陷阱二:张三和李四8:00一起出发,相对而行,8:05分相遇。

师(问):张三走几分钟?

生(答):5分钟。

师(接着问):李四走几分钟?

生(接着答):5分钟.

师(追问):一共行了几分钟?

生(急忙答):10分钟。

(哈哈哈……)

师:还10不10啦?

生:不10啦!

陷阱三:课上到第一环节结束时,师曰:我宣布今天的课到此结束。众生不愿。师做一番解释,众生仍说不行不行。师说想挑战吗?

生答:想!

陷阱四:401班为准备元旦联欢会,分三个小组折纸花、纸鹤。第一小组每小时折50朵纸花,第二小组每小时折60朵纸花,第三小组每小时折40个纸鹤。他们共同折了3小时。一共折了多少朵纸花?

生A:$50 \times 3 + 60 \times 3 + 40 \times 3$

生B:$(50+60+40) \times 3$

生C:$50 \times 3 + 60 \times 3$ 或 $(50+60) \times 3$

由多余的一个条件干扰了学生的解题思路,引发了学生深度思考,培养了学生观察的敏锐度和思维的条理性。促进了学生对问题的进一步认识。教师让学生不改错误的算式,而改题目中的条件或问题。这是多么的匠心独具!与其说是保护学生的自尊心,还不如说是保护学生的好学之心。

三、充满赞赏的评价语言源于对学生深深的爱

吴老师在课堂上的评价语言极其丰富。对于学生的每一个提问,每一次回答,每一个操作,每一次展示,她都能细心倾听,耐心回答,参与辅导,积极鼓励。激发学生的学习信心,调动学生的学习情感,使学生主动地参与到数学学习中去,使学生真正地爱上数学。

下面摘录吴老师这节课中的一些评价语言,请大家欣赏:

"谢谢你们的礼貌。"

"挺好的!"

"我发现你挺棒的。"

"你能换个角度提一个问题吗?"

"可以吗?"

"就喜欢你,笑眯眯的眼!"

"我发现你理解得特别深刻。"

"我觉得你挺会思考的。"

"我发现你们真会学习。"

"考虑问题真周到、全面啊!"

"和你们一起学习真的很快乐。"

怪不得下课的铃声响起来时,许多学生异口同声地说:"打死我也不下课!"

课堂现场化,强调尊重教育对象。吴老师的风采展现于每一个教学细节,一举手一投足,一个微笑,一句鼓励,都来源于她对学生深深的爱,来源于对学生的民主与尊重。因为爱,才会有真正的尊重。尊重学生,把课堂还给学生,教师全心做好学生学习的服务者、引导者、参与者。把学习的主动权还给了学生。厚积薄发,水到渠成,高瞻远瞩,行云流水。她的幽默风趣、体态语言、微笑课堂、人格魅力以及炉火纯青地驾驭课堂的能力令人震撼。对于她的数学课堂,所有新的理念都熔于一炉,我们都格外欣赏,叹为观止。

因为有爱,才会有情感的互融;因为有爱,才能激起学生内心的求知欲。

例谈散文教学的文本细读和朗读感悟

——《触摸春天》观课感

阮红旗

一、关于文本细读

(1)《触摸春天》是一篇短小精悍而蕴涵着深刻道理的散文,作者用生动细腻的笔触描写了八岁的盲童安静用心灵触摸春天。语言简洁,意境隽美。"触摸"这个词耐人寻味,它包含着一种情感深意,触摸远不及拥抱来得更热烈,但触摸则多了一份珍惜、谨慎与用心,是更深沉的一种爱。《触摸春天》这个题目其实已经蕴含了文章的主旨——盲童对春天、对生活的爱。"触摸"一词与"春天"一词配在一起,就是一种语文现象了,一种陌生化的效果就出来了,彰显了语言的张力,文中充满张力的语言随处可见!

实际上,文中的盲童安静,真正触摸的不是春天,是"蝴蝶",通过触摸蝴蝶,进入春天的深处,触摸春天的灵魂。安静触摸蝴蝶的两个画面是全文的核心所在,第一个画面抓蝴蝶,第二个画面放蝴蝶,安静心中的"春天"就在这一抓一放之间。在一抓一放之间,安静丰富多彩的内心世界得到了尽情的展现。文本呈现给我们的美是多样的:语言美、形象美、情感美、灵性美、和谐美。

(2)"文本解读"与"语文教师的文本解读"两个概念不一样。文本解读来源于文艺批评理论。当下,文本解读有些泛滥,挖得过深、过难。语文教师的文本解读来源于文艺批评理论,立足于语文课堂教学。

杜老师以解读安静丰富的心灵为主题,引领学生自主读书,强化语言感染与体验,注重心灵感悟。尊重学生独特的见解和感受,升华情感。让文本语言的工具性和人文性在课堂实践中得到有机的统一。

二、如何教学这样的散文

散文属于文学作品,教学上,应按照文学作品的鉴赏来处理。文学作品的鉴赏,首要的任务是要完成对作品形象的理解,其次是要完成对作者情感的把握,再次是要完成文本语言和艺术手法的分析。散文鉴赏应该是学生的生命活动、心灵活动,是学生生活、生命的存在及表现的一种方式。杜老师的课堂教学演绎得很生动。

教学策略上,杜老师主要采取抓重点句进行朗读感悟的方法,让学生感知人物形象走进安静的内心,感受她对生活的热爱;走进作者的内心,感悟他对人生的思考。

(1)阅读是第一位的。杜老师安排了各种形式的读。书读百遍,其义自见,散文尤其要读,只有多读,方能品出蕴藏在字里行间的韵味与真情实感,才能体会文章的精妙。

(2)借助联想和想象感悟。在阅读安静(抓蝴蝶)创造奇迹一组句子,要求学生体会"不可思议",想象安静拢住蝴蝶时心里会想些什么。这些描写中,"盲童"与"磕磕绊绊"是顺理成章的,可是"没有一点磕磕绊绊"就显现出语言的空间张力,给读者以无限的遐想,同时也给了学生探索盲童安静的内心世界一个很好的契机。也为她与蝴蝶在月季花前美丽的邂逅做好顺理成章的铺垫,让学生对于安静拢住蝴蝶这一奇迹的出现感到神奇而不神秘。

人们常说"眼睛是心灵的窗口"而对于盲童安静来说,动作与表情就是诠释心灵的窗口。抓住蝴蝶时的准确动作和"惊讶"表情,以及"我"与蝴蝶触摸过程许久,放蝴蝶张望的表情,激发了学生想象,既丰富了课文内容,让学生更具体地感受到安静丰富多彩的内心世界,又能披文入情,展开心灵对话,使学生更深地体会到安静其实在用自己的心来触摸春天,安静对生活充满了热爱。

经过学生自己的感悟体会,无声的文字转化为了有声的鲜活的语言,让学生走进了文本,走进了安静的内心世界,体味到了语言之美。

(3)补充资料感悟哲理。散文通过写人抒情,揭示生活的本质和人生的真谛,能给人以强大的思辨力量,能诱导读者思考人生价值,给人一种深邃悠长的审美情趣。语文教师教学散文,就要让学生感悟这种哲理。课上杜老师适时补充了杏林子和海伦·凯勒关于生命的感言,有效地促进了学生对文本蕴含的哲理的感悟。

(4)多元对话。教学散文绝不能将散文进行生硬的肢解和武断的剖析,而应该围绕散文的灵魂——无穷的情思与无尽的哲理,通过"对话"的方式引领学生"通情达理"——在情感世界与作品间形成流通,从理性角度与作者达成共识,从而走进作者的精神领域,并通过师生对话、生生对话,进而走进自己和他人的心灵世界,简言之,就是以学生为鉴赏主体,通过"作品"、"作者"、"教师"、"学生"四方对话的方式,实现主客体交融、主体建构的一个过程。

(5)揣摩表达方法。"抓、触摸蝴蝶部分"的教学,杜老师的目标是指向"表达"的。让学生体验到安静抓住蝴蝶不可思议的神奇与灵性。同时感悟作者用词准确和有顺序地插入自己感受的表达方法。

(6)积累。杜老师当堂引领学生背诵积累优美的文段,对于丰富学生的文学素养和提高写作水平是大有裨益的。

三、商榷的地方

(1)教师没有完全放开,以生为本还可以落实得更到位。学生在杜老师的教学中,读得好、说得好、写得好,总之表现很精彩。可是杜老师为了赶教学进度,给学生展示交流的时间不足,多处地方,正当学生展示欲望正强、激情正高时,老师却匆匆打住,进行到下一个环节。

(2)散文教学整体感不够。散文形散神不散,语文教学要从整体入手,局部欣赏,再回归整体。

神话教学贵在激趣，重在悟法

——《普罗米修斯》观课感

阮红旗

如何激发学生阅读神话的兴趣，习得阅读方法，吸收神话故事的精神营养，是神话故事教学的价值所在。小学语文教材中神话故事如何教学？今天，徐老师为我们展示了一节精彩的课例，受益很深，下面我试着结合徐老师的课谈谈自己的看法。不对之处，请老师们批评指正！

一、感悟神话的独特魅力

神话是神奇的，神奇的人物，神奇的力量，神奇的器具，神奇的想法，字里行间都充满了想象的张力，弥漫着神秘的色彩。从文字上来说，神话故事大凡具有语言夸张，想象神奇，虚实结合，形象生动的特点。因此，教学神话故事，要关注神话与其他文体的区别，充分关注神话故事的语言特点，感受神话故事独特的魅力。

徐老师课上安排了许多言语实践活动：朗读、想象说话、练笔、概括课文主要内容、默读思考、交流感受、品词悟情等，在对语言的反复品味涵咏中，学生感悟到了神话故事的独特魅力。

二、吸收神话的精神力量

神话阅读，不仅仅是表面意义上的阅读，更在于一种潜移默化的教育。阅读神话，就是要把人类中美好品质播撒到学生的心中，引导学生去追求真、善、美，摒弃假、恶、丑。

课堂上，学生震撼于普罗米修斯盗取火种后所受的残酷惩罚：宙斯让火神把普罗米修斯锁在悬崖上,让他日夜遭受风吹雨淋的痛苦,普罗米修斯不屈服;宙斯又派凶恶的鹫鹰啄食普罗米修斯的肝脏,让他的肝脏日食夜长,痛苦没有尽头,普罗米修斯被折磨了许多年,依然没有屈服,普罗米修斯这种善良、勇敢、坚强的精神使学生为之动情。学生发自内心同情普罗米修斯,指责宙斯,敬佩普罗米修斯,从而在心中建立起英雄形象。

三、习得阅读神话的方法

小学语文教材中的神话故事仅几篇而已,如何教会学生掌握阅读这些神话的方法,并迁移运用到课外,让学生涉猎更为广泛的神话世界,遨游于神奇的远古时空,激发学生阅读神话之趣,这是小学神话故事教学的重中之重。

(1)整体把握法。初读神话,就要在整体上把握这个故事的主要内容,解决"写什么"的问题,那如何让学生在最短的时间里准确概括故事、把握大意呢? 一般的神话故事都是按照事情发展顺序写的,在教学这样的课文时,就可以引导学生按照事情发展的起因、经过、结果说说故事内容。徐老师为学生降低难度,帮助孩子理清众多人物关系,并提供关键词语,让学生讲一讲课文主要内容,并适当加以评价指导,落实中段学习概括故事的教学目标。这样的方法可以举一反三,以后学生课外阅读神话故事就可以运用以上策略快速把握主要内容了。

(2)默读批注法。在品味神话故事夸张的语言、丰富的想象时,教师要充分放手,给予足够的时间,让学生自读自悟,在静心默读批注中感受神话独特的语言魅力。徐老师让学生带着问题默读课文,批注相关句段。学生在潜心涵泳中找到了两个惨不忍睹的画面,圈出了刺痛心灵的字词,写下了各自个性化的感受。"死死地、锁、日夜遭受、风吹雨淋、啄食、永远、没尽头"等,这些词语仿佛让我们看到了普罗米修斯忍受宙斯惩罚时痛苦的情景。像这样的默读批注法,在阅读理解中尤其有效。

(3)想象补白法。神话文本是一个召唤读者参与的意义空间。在经意与不经意间,作者都会留下一些"空白"。这些空白点就是学生驰骋想象的"空间",当然也可以成为学生进行小练笔的"天地"。

在教学第六节(第一个惨不忍睹的画面),徐老师启发学生想象,普罗米修斯被锁住不能动,我们眼前好像看到了什么画面,其实普罗米修斯多想……

生:口渴喝水。

师:他为什么不喝水?

生:因为普罗米修斯的双手和双脚被死死地锁住……

在教学第七节(第二个画面),徐老师设计小练笔:"他坚定地看着温暖的人间,望着苍茫的大地,内心却在微笑,他似乎看到了——"在这样的想象补白中,学生感受到了神话故事的神奇魅力,对神话这一特殊文学样式也产生了浓厚的兴趣。

(4)拓展延伸法。小学语文教材中选用的神话也就零星几篇,相比浩如烟海的中西神话传说,只能算作沧海一粟,为此我们要为学生打开课外阅读的通途。徐老师课后布置学生学阅读古希腊神话故事意义深远。

总之,在神话故事的教学中要让学生品味语言、领悟精神、习得方法,让学生得"意"、得"言"、得"情"、得"法",最后得"能"。

最后谈两点不成熟的思考:首先,本单元教材专题是"故事长廊"。教学时,是否要注意体裁的特点,重点要引导学生多读、多讲,在读中感悟、体会故事蕴含的哲理和情感,同时,教学生学习复述课文,教给学生复述的方法。其次,人文熏陶,树立正确的人生观,要与学生真实生活对接。学文结束后,是否可以讨论这样的话题:你愿不愿意成为普罗米修斯?鼓励学生要表述真实想法,教师做适当引导和概括,帮助学生树立正确的人生目标,在自己力所能及的前提下,要坚定信念,义无反顾、勇往直前。

直面现场,发展为上

——观吴礼明老师执教《两小儿辩日》有感

阮红旗

感谢吴老师为我们展示了一节精彩的现场化语文教学范例。我先来谈谈自己的理解和感受,以抛砖引玉。吴老师的课,不像有些名师课堂,很热闹,他的课堂是安静的、思辨的、智慧的课堂。这一节高中老师执教小学语文的课堂,带给我们很多启发和思考。下面我从三个方面来谈谈个人的思考和启发。

我校"'课堂教学现场化'模式研究"研究起步不久,目前进展不是很快,老师的疑惑我们也不能很好地解答,我自己也有很多的困惑,重要的是我们坚持在做,且行且思。因为"现场化"理念是与新课改理念相一致的,方向是正确的,所以我坚信,只要执着地前行,会有好结果的。如何进行小学生人生观的启蒙、儿童哲学的启蒙,现场化的课堂美在何处? 吴老师的现场化课堂给了我们一个很好的诠释。

一、课堂上老师如何融合学生

这是课堂现场化根本问题所在。我们老师在课堂上是主导,老师如何时刻关注学生呢? 第一个要素:教师心里有学生。第二个要素:有教学技术和宽容的心胸。关注的本质是:倾听学生说些什么,还想说些什么,还有什么没有揭示出来? 对文本有没有新的发现,存在哪些理解的障碍? 正所谓课堂要讲:因风起势,因疑而导,顺情而学,甚至要借题发挥将学生激情点燃出来。我们过去请学生回答问题,没有关注到学生回答问题时有没有障碍? 有没有说完? 有没有亮点之处? 哪些地方需要引导? 只停留在表层,浅尝辄止,其实应该要关注表象背后深层次的东西。

二、对文本解读与时俱进

这是篇文言文,有一定的文本背景,就是说文本背后隐含着一种文化的因素,老师课前要了解和把握,也许课堂上不需要讲这些东西,但是老师要准备,因为这将对教学有居高临下的指导作用。这篇文言文大的文化背景:道家与儒家争斗,道家试图编造这个小故事去颠覆儒家,所以文本结束写道:"孰为汝多知乎?"意即:"谁说你有很多智慧的呢?"把儒家的代表大学问家孔子给问住了。这样的文本解读该如何与时俱进,以滋养当下的学生呢?文本陈述的故事,就这么117个字,所承载的内在的东西究竟是什么呢?

这些年来,教者是仁者见仁智者见智。学习本文不仅仅是教会学生读通文章,会讲述这个故事就行了。这类篇数很少的精品文言文能选作教材,我们要多问几个为什么,如:编者的意图何在?小学阶段文言文教学目标是什么?教学文言文对学生语文发展有何价值?传统文化如何传承?文本字面很简单,学生一读就懂,观察事物的角度不同导致形成矛盾的结果。一个从视觉方面:太阳早上大,中午小,远小近大,得出太阳早上离我们近,中午离我们远。一个从触觉角度:人们感觉太阳早上凉,中午热,近热远凉,得出太阳早上离我们远,中午离我们近。课堂上,如果要探讨出两个矛盾的结论谁对谁错,那是费力不讨好的,更是没有价值的。如此解读,文本就失去了价值,当时的科学不是很发达,也没有更好的观察方法,就今天也不能准确测出。辩论的结果不重要,重要的是:我们要在辩论的过程中发掘文本中隐含着的积极因素,从而传承传统文化的精髓,引领学生思维和人格的发展,这才是文本的玄机所在。

如何开放性、拓展性地理解文本呢?吴老师眼光敏锐,处理智慧:滤去无价值的因素(儒家和道家之间的争斗),以生为本,追求真理,教人求真,学做真人。现今我们仍然需要一种对真理的追求精神,这个是不过时的,是永恒的,这才是学生健康成长需要的营养。

我个人还认为,故事中"孔子不能决也",表面看来,如道家所愿,孔子是个"没有智慧"的人,被孩子取笑了,但反其道而观,孔子的"不能决也"

恰恰应验了他"知之为知之,不知为不知","师不必贤于弟子,弟子不必不如师"的为人和治学的态度。我们看到的孔子,是实事求是、追求真理的大智慧者,这才是文本之精髓所在。

三、细节处理"现场化",闪烁人性和智慧之光

(一)现场与学情对接,自然切入

师:"两小儿辩日",我们看一下,有没有同学预习啊?

生:有。

师:能不能跟我讲一讲预习的情况?(走近一同学)你来说说看。

生:(很自信地)我预习的时候就是多读几遍。

师:多读几遍,是吧?

生:多读几遍,顺便做一些记号,把不会读的、读得不熟的地方呢,多读几下。

师:你哪些地方不太熟?

生:就是……(用手指)这里……

师:你念一下,看现在怎么样?

……

师:诶,车盖。(回到刚才同学身边)还有没有不熟的?

生:没了,就这一句读得不熟。

……

吴老师课前未曾与学生见面,对学生不熟,新课前了解预习情况非常必要,是教师调整教学预设的重要依据,以便课上教师针对学生困惑处解疑、启智、怡情。

我们了解预习情况,常常有两个用意,一是交流分享各自的预习方法,一是了解学生预习所得或存在的问题,而我们往往轻视存在的问题,或走过场,或拽到自己课前预设的问题上。吴老师是"真教",把握"战机",即刻解决问题:现场捕捉学生疑点"你哪些地方不太熟?"问题不明,可能只是该生的个别问题,也可能是多数学生的共性问题,即时

运作,调整预设。"你念一下,看现在怎样?"关注学生发展,真可见"心中有学生"。事实上,这句话恰是多数学生理解的难点,吴老师顺势而为,课堂效果甚佳。

(二)现场与生活对接,理解文意

文中有很多词,因为是古文,所以词义与现今意思有区别,吴老师在教学时巧妙联系学生实际,调用学生生活经验积累理解词意。如:讲"车盖",联系学生非常熟悉的街头卖饮料摊点的大伞;讲"探汤",联系到我们安徽省黄山汤池温泉,理解"汤"古代的意思即文中的意思,并了解现在的意思。

在"与学生讨论焦点所在"教学环节,吴老师引导学生通过比较思考两个小孩说法的不同点,探究根源:原来他们观察的角度不同,一个从视觉感知,一个从触觉感知,所以得出的结论不一样。至此,学生是基于理性上的分析,实际上认识还是模糊的,此刻吴老师适时点拨学生,回顾人人皆知的"盲人摸象"的故事,学生豁然开朗,教学是深入浅出的。

(三)现场与发展对接,人文关怀

师:哎,不可能。有学问的人能不能解答所有的问题啊?

生:不能。

师:哎,不可能。(再走近 同学)所以有时候真理要靠我们——

生:自己去发现。

师:自己去发现、去探寻,是吧?

……

师:孔子也是个巨人呢。那么有学问的人,被那么矮的两个小孩捉弄了。这就再次说明了人的智慧是无穷的。但是这两个小孩呢,我们看,就是孔子自己也说过一句话了,大家可以记一记,叫"当仁不让于师"……大家可以写一写,(发现多半同学未动)带铅笔没有啊?

(众生回应"没有")

师:那我这里打一下。(去电脑前打字,屏幕显示孔子名言"当仁不让于师",亚里士多德名言"吾爱吾师,吾更爱真理")这里有两句话送给大家。一个是孔子"当仁不让于师"，"仁"就相当于真理。面对真理呢，即使是老师，我也不和他谦让。真理是第一位的。所以亚里士多德呢，古希腊的一个大哲学家，他也说"吾爱吾师"，我们爱我们的老师，但是呢，和真理相比，真理是第一的，追求真理是第一的。即便是伟大的孔子，这两个小孩也不客气，噢，就是我们要有追求真理的勇气，既要多智，（走近一同学）还要有什么——勇气啊？

生：应该有勇有谋。

师：有勇有谋地干什么？

生：（思考）嗯……

师：干什么？追求——

生：真理。

问题有没有解决不重要，事件的本身蕴含着深刻的道理，故事中人物的言行给人启示，这是文本的价值所在。吴老师引导学生学文悟理，从两个孩子身上汲取精神营养：不畏权威，勇于追求真理。将道儒之争，道家编撰故事意在嘲讽儒家的负面因素滤去，引用古代大教育家孔子和希腊大哲学家亚里士多德的名言，告诉学生追求真理要有智有勇。此处，我个人认为还可以引导学生从孔子身上学习"实事求是"的品质，以及"知之为知之，不知为不知""弟子不必不如师，师不必贤于弟子"等重要思想。正如吴老师所说："学习古文既要栖居于古代，又要活在今天。"

现场巧运作，童心受护乐成长
——观武凤霞老师执教《自己的花是给别人看的》有感

阮红旗

　　早就耳闻武凤霞老师是一位有着丰厚的教学修养和高超的教学艺术的名师。金秋，正值我们跟随吴礼明老师实践"课堂现场化"教学研究，有幸观摩了全国著名特级教师武凤霞老师执教的《自己的花是给别人看的》现场化教学，更加直观地感受到"课堂现场化"的魅力和武凤霞老师的个人风采。武老师的课堂既是一方爱意融融的情场，安全温暖；又是一首绮丽的小诗，耐人寻味。

一、立足现场，尊重生命，学生轻松快乐幸福

　　武老师的教学现场感强，善于关注学生的生命状态，尊重学生的生命在场。每一生成巧妙处之，每一细节看似无心皆有心！

　　如此的现场：县实验小学的学生，县三中的多媒体教室，来自全市的二百多名听课教师，上课前武老师没有和学生见面，没有和任课老师交流，师生彼此陌生。基于如此现场，武老师一入课便与学生一起"赏花聊花"。妙哉！一下子拉近了师生关系，既排除了学生的恐惧感，又顺理成章地导入了课文。

　　又如，初读课文时，一生读"爱美大概也算是人的天性吧。宇宙间美的东西很多，花在其中占有重要的地位。爱花的民族也很多，德国在其中占有重要的地位。"（生读得不太好）武老师肯定她其中的一句"德国在其中占有重要的地位"读得好，鼓励她把"花在其中占重要的地位"读好。该生由于紧张：第一次把"重要"读成"主要"；第二次还紧张，没读好；第三次老师示范后，生勉强读好；第四次老师给予肯定"真好"，提醒在"花"的后面停顿一下就好了，连得太紧了。第五次读得很好。武老师示意学生把

掌声送给她,并夸她"我就知道你一定能读好"。然后全班同学齐读,武老师表扬"这是最会学习的孩子"。尊重生命从哪里做起?尊重生命于孩子失败之时,尊重生命于孩子提高过程之中。我想,学生们(特别是那位读书的学生)此时的心情一定是充满了快乐和甜蜜。

再如,武教师板书"梁"的上半部分,容易错的地方让学生写,果然学生错了。武老师不以"写正确"为终极目标,在让其他同学纠正的同时,继续引导该生,给他一个任务:回去查字典,弄清楚为什么脊梁的"梁"下面是"木"不是"米",告诉同学们。这样一来大家记忆深刻今后不但不会写错,而且对"梁"的意思及运用都能掌握。更重要的是给该生挽回了面子,化解了写错的难堪,看该生是面带笑容领命而回。

二、回归语言,匠心独运,学生亲历语言实践

武老师的课充分呈现语文教学的独特因素,充满文化气息。在教学中,她不过多、过深地挖掘文本,而是根据学生的认知特点和学习语文的规律,给予学生足够的时间和过程去亲历语言实践,重视并寻找一切可以利用的有效资源,如抓文本语言的"亮点",寻文本语言的"空白点"等,增加学生语言实践的机会。

如:"颇"的教学。初读课文时,武老师教学生用换词的方法理解,如"很""非常"等。品读课文过程中,在理解"花团锦簇"时,武老师不经意间(实乃有意)就学生的回答造了一个含"颇"的句子——"了不起,虽然是小伙子,对锦缎还颇了解。"老师还特意加重拉长"颇"的读音,从学生的笑中可以感觉到他们心领神会。武老师就学生的发言信手拈来,意在向学生传递一个信息:学用结合,边学边用,活学活用。我们经常困惑,学生们学了许多好词好句好段好篇,为什么写作文时不知道用呢?想来,这不能怨学生。学生不是不想用,而是不知道怎么用!有的老师说,"我布置他们造句的",我想孤立的生硬的造句,即使造对了,对词义的理解还可能是一知半解,模模糊糊。设定语言情境,或抓住课堂资源即时生成,下水引路,效果更佳。

又如:"花团锦簇"的教学。武老师抓住关键字"锦","锦"字不常用,

不容易理解。她顺着学生由字面的感性猜测到生活经验认识,其间逐步追问:什么样的布? 怎样漂亮? 最大的特点是什么? 一步一步地引导学生最终获得正确的理解。

再如:学生理解"没有改变的美丽"意思是有两层:一是指"人人为我,我为人人"的精神,二是指德国街道上的鲜花。武老师要求把这两个连起来说,用上关联词。学生用对了,她引导说,"鲜花"和"精神",是不是可以有一点点的位置的变化? 是精神,也叫境界。怎么说,在顺序上也……没有问题? 学生回答:"没有改变的美丽",不仅是那些美丽的鲜花,还是"人人为我,我为人人"的境界。武老师又问:"那我问你,为什么你调整了一下?"武老师在指导学生语言实践时经历"走近""走进""走出"文本三个层次,这需要由学生的多重感悟建构而成。她要求学生不仅要对内容理解正确,同时语言表达的形式也要相一致。

再如:季羡林先生只写了花的样子,没有写他是怎样看花的。武老师提供了李广田散文《花潮》部分章节。学生读着读着觉得很美。武老师要求学生仿说,先引导学生想想季羡林先生是其中一种人,看花的姿态仿说;接着引导学生置换地点,把"树下"换成文中的"窗台下"。最后激发学生现场背下优美的片段。让学生在不知不觉中知道如何表达可以更生动、更精彩,让学生真实地体验到智慧带来的快乐,感受自己语言能力提高带来的喜悦。

所以,教师应讲文本的精要及精彩之处,而多读、多写、多练,让学生自主参与语言实践,则是语文教学提高效率的有效途径。其实,每一次的语言实践和作为资源的教学过程的每一个细节,都会激发学生自主探究的欲望,引起他们积极的思维活动。

《掌声》第二课时教学评议

陈 慧 章 峰 阮红旗

一、陈慧反思

新"语文课程标准"指出,语文课程具有很强的实践性,语文教学要让学生在语文实践中学语文、用语文。阅读文本是重要的阅读实践,阅读教学就是要让学生多读课文。本课例的突出特点就是让学生多读文本,在读中体会,在读中感悟,在读中理解;在读中增长知识,在读中提高能力,在读中发展思维,在读中陶冶情操,一句话,在读中成长。

第一个环节是书写生字。在准备探究"掌声"时,顺便联系课文的标题,不仅让学生加深了对课文中心的理解,而且帮助他们意会文题照应的表现方法,用文章中有关键作用的事物的名称作标题的方法,真可谓精心设计,自然天成,一举多得。

第二个环节是理解课文内容和语言形式。大致分三个步骤:第一步,初读全文,感知大意,了解课文写了谁,写了她的什么。第二步,分段阅读,探究课文思想内容和表现方法。先用跳读的方式,了解英子性格在讲故事前后的变化,然后重点阅读关键段落,探索变化的原因,领会课文中心思想。第三步,再读重点段落,深化情感体验,超越文本,由人及己,让爱的种子扎根在孩子的心里。这一环节的三个步骤,是阅读文本的基本流程,层层递进,逐步深入,有利于学生自然而准确地把握课文的中心,是学生应该学会的阅读方法。

本环节根据阅读目标的需要,灵活地采用了多种阅读方法。有默读,也有朗读,有整体阅读,也有部分阅读,有循序阅读,也有跳跃式阅读,有粗略浏览,也有精细研读,还有重点语的反复阅读。多种方式的阅读有效地避免了多次阅读的单调乏味,使阅读显得灵活多变,更有利于实现学习目标。分三步阅读、用多种方式阅读,更有利于学生领会课文主旨,感悟课文的表现方法,而且能让他们感知阅读的基本方法,提高阅读能力,为随后的自主阅读打下良好的基础。

值得一提的是本课例的变序阅读。课文用前后对比的方法描写英子性格的巨大变化,并提示了变化的重要原因。教师紧紧把握这一特点,先引导学生跳读,讲故事前后的段落和句子,了解变化的具体情形,然后回过头来重点阅读讲故事这一部分,弄清促使其转化的缘由,并抓住"掌声"这一关键词语深入开掘、大胆拓展,给学生以强烈的心灵震撼,让他们深切地体会到人与人之间的互相关爱、鼓励、支持是何等的重要,它可以改变一个人的命运,也可以让我们的社会变得更加和谐温馨。

二、章峰点评

(1)陈老师课堂准备充分,教态亲切。并结合文本,在课堂教学中贯穿实践,一次次地送给学生掌声。

(2)教师语言、神态都很温柔,和我平时的风格不太一样,孩子们可能不适应,没太放开。

(3)板书课题、导入课题时,"掌声"这两个字让学生书写,师重点指导了"掌"字的书写。"掌"字不是重点,有没有必要在此化很多时间。

(4)第一课时教学中,我当时只是让学生读书、写生字,孩子们对文本还并不是很熟悉。陈老师还应先确定孩子掌握文本的情况。所以当师提问:"围绕掌声讲了一件什么事情时?"孩子讲得还是不完整,甚至是比较凌乱的,条理也不是很清晰。

(5)教学思路方面。师教学时先教学第一自然段和第四自然段,然后是二三自然段,这种颠倒式教学方法虽然很新颖,但也存在着造成孩子们思维混乱的危险,对于老师提出的一些问题,很多孩子就不能根据文本做出相应的回答,甚至有时会答非所问。

(6)提问方面。如果师问的问题再清晰些,指向性更明了些会更好。比如:师问:"忧郁的表现"时,孩子们找不到相关的句子,应该先指导孩子理解"忧郁"这个词语,再让孩子读读课文。不要看孩子回答不出来,师就着急地自己把答案说出来。

(7)指导读方面。师要求孩子们带着自己的体会去读,孩子们读得并不好。这是因为孩子们对这些句、段感受并不是特别深。师可以抓重点词句帮助学生理解句子,孩子们的感受深了,读出感受也就水到渠成了。

(8)可以联系实际,帮助理解。最后英子的信中写的话,可以结合名人的例子再进行体会。

整堂课上,师安排的内容多,问的问题多,学生讲得比较少,我坐在下面进行了反思,可能平时我课堂上给孩子的发挥余地较少,所以孩子们不敢大胆表达自己的看法。

三、阮红旗点评

先要把掌声送给陈慧老师,感谢陈老师送来一节精彩的课,同时也把掌声送给章峰老师,章老师的评课水平在一次次的历练中进步、提高,讲得有理有据,切合"现场化"理念,符合课程改革的方向。我们在听评课过程中都有很多收获,也许你自己感觉不到,点滴积累成就自我。

先说说总的印象:陈老师个人综合素质很好,可是,作为语文老师是很需要课堂激情的,这是语文和其它学科不一样的地方。这篇课文蕴含的情感很丰富,陈老师课堂情感过于凝重了些,学生很难被带入文本,静心感受"英子"丰富的内心世界。如果老师首先能进入文本,满含情感,必将点燃学生的情感。当学生说不好时,教师要及时关注,快速思考应对,如:是否是学生对文本还不够熟,是否是问题设计有问题等。课堂应是互动的现场。这篇课文有很多人上过公开课,要想上出新意是很难的,公开课有个通病就是兼顾较多,内容难取舍。但无论怎样,学语文还是首位的:一节课要让学生学到哪些东西,怎样把它学好,脚踏实地教扎实,不能东一下,西一下含糊不清。其次,语文味这一点,培养学生语文素养的目标要落实在每一节语文课上,语文素养包括阅读理解能力、表达交际能力、心理素质和人文修养等。要做六年的全盘考虑,分解落实到学段、年

段、单元、课时中,同时要根据文本的特点,有所侧重安排。就这一课时教学来说,我们反观陈老师的课堂:

首先是读。教师重视了"读",读,既是培养阅读能力的方法,同时也是检查阅读能力的手段。课上"读"的安排确实比较多,但每一步的目标不够明确,效果也不甚凸显。

其次是说。课上有安排,但是较多停在文字理解上,关于语言表达形式和方法的训练还是偏少了些。不能只设计说的环节,不追求说的质量。比如学习新生词,根据上文理解,那怎么变为自己的知识,如何运用呢,没有落实。再如,文中有很多练说的点,隐形存在着,我们要学会抓住一两点,引导学生进行说话练习:文中同学们两次给予英子掌声鼓励和赞赏,如果把掌声化作语言,大家会怎么说呢?同学们的心情怎样?语气怎样?担心啊,着急啊,期待啊,安慰啊,鼓励啊,称赞啊,羡慕啊,等等。这是个开放的话题,也将是精彩的瞬间。这是一石二鸟,既是语言表达训练点,又是情感体验共鸣点。抓准了点,学生在真情的现场中会说得有滋有味、有情有义。

最后是语文的人文性。陈老师抓住"关爱"一词,引导学生思考:从英子以及英子的同学们身上汲取什么精神营养?毋庸置疑,挺好的。学生们都能谈到要点上了。我思考的是,道德教育要结合孩子生活实际,没有深入孩子内心的说教,效果是不理想的,是引领不了学生价值观朝正确方向发展的。此时可以设计生活化的问题,现场交流互动,如:老师可以采访学生,你什么时候得到过掌声?当时心情怎样?怎么想的呀?还有你给哪些人送过掌声?为什么呀?

下面针对具体环节谈谈自己的想法:

(1)第二课时板书课题时,不需要指导学生书写每一个字,非要写字的话,挑重难点即可,能与教学内容相结合更好。

(2)概括课文主要内容对三年级学生来说是难点,可以降低难度,复习词语可以加进去,一来可以结合这些关键词语概括课文主要内容,二来可以省去关键词语,用填空的方式让学生概括课文主要内容。

(3)课文第一节不是重难点,花的时间过多,陈老师提的问题还是宽泛了些,不够明确,针对性不强。

(4)指导学生抓住了关键词语后,还要引导学生再回到文本细细品析。重点处、关键词句要求圈画出来,然后逐一研究,这就是批注式的阅读方法,久而久之,学生就会将这些阅读方法转化为阅读能力。这就是叶老说的"教是为了不教"。本文重点段中有个词语"甚至"值得一抓,英子哪里变了? 不是身体上的,而是心理上的,为何心理会产生这样大的变化? 这是源于同学们热烈的掌声给予的鼓励。

这篇课文教学想上出新意挺难的,有一条思路可以试试,文中两处写到"一摇一晃",可以抓住这个词语,展开教学,教学思路可能会有所突破,也有利于对课文的理解。如:设计核心问题,文中两次写了"一摇一晃",当时的情况分别怎样? 作者是怎样写的? 可能会达到抓一发而动全身的效果。

听吴正宪老师数学课有感

金俊美

2011年12月4日下午,在杨家山小学的礼堂,我有幸听了北京市特级教师吴正宪老师的一节数学课《相遇问题》。这是我第一次听吴正宪老师上课,听后感触很深。我觉得这是一堂真实的数学课,是一个有生命力、充满活力和激情的课堂,让我感受到数学课堂的魅力。吴老师在课堂上关注学生的成长与发展,让每个孩子都感受到学习的快乐,她把全部的情感都投入到了孩子的身上。整堂课下来,学生也是个个快乐开心极了,在愉快中学到了知识。

记得吴老师在上课开始时,为了拉近同学生的距离,还特意问了同学们一个问题:同学们,你们是喜欢玩还是喜欢上课?吴老师本想同学们会回答"喜欢玩",可以在玩中开始新课,可大部分同学回答"不喜欢玩",引起了全礼堂的一片轰动。可见我们老师在平时向同学们灌输的是什么思想,在老师的心中"爱学习"才是好学生。殊不知,爱玩才是孩子的天性。我们老师既要让孩子学好,当然也得让孩子玩好,注意学生的年龄特征和认知规律,才能真正搞好教学。

吴老师执教的《相遇问题》,课堂从"创设情境"到"尝试探索"至"巩固练习",教学程序简洁,步骤朴实,课堂氛围浓厚,焕发出课堂生命的活力,展示出自然生成的魅力。让人心悦诚服!吴老师请同学"溜达",引发学生对数学问题"速度、时间和距离"三者之间关系的思考,唤醒了学生的记忆;课堂"相遇"表演,抠住学生的知识基础与生活经验,真实情境激起了学生的学习欲望,为学生理解"相对、同时、相遇、相距"等概念,进行自主探究等后继学习奠定了扎实的根基。教学中有了这个铺垫,后面的课堂教学就水到渠成了。

采用辩论的方式进行教学是吴老师课堂的特色之一。在汇报交流中，吴老师让学生作"主持人"，当"学生1"一时间适应不了"主持人"角色时，她边举手边说："我有问题，100×4是什么意思？""主持人"向她说明了理由，吴老师把自己扮成了学生中的一员。"主持人1"最后说："如果认可（算式），就给我们打'一票'吧"。到了"主持人2"就不同了，说道："还有什么问题，同意（我们的算式），请为我们鼓掌！"从"打一票"到"鼓掌"，前者是学生模仿电视广告的拉票，而后者是学生感悟习得的生成应用，更是吴老师的教学智慧和艺术的结晶。她以优秀教师人格的魅力、精湛的教艺以及独具感染力的教学语言，紧紧地抓住了孩子们的心。

教学结束时，无论是学生还是听课老师，大家都没有一丝倦怠，反而有种"意犹未尽"的感觉。抽象的数学课不再枯燥乏味，而变得妙趣横生。一节好的数学课，要有个性、有思想、不盲从、不渲染，从学生的实际出发，培养学生的数学思想，学会思考，让学生在数学思考中获得成功的快乐。这正是体现了吴老师高超的教学艺术和高尚的人格魅力。走进吴正宪老师的课堂更是如同走进了一个丰富多彩的世界，她会给你带来激动、兴奋和快乐，让你时常感受生命的涌动和成长。

"英语课堂教学现场化"活动感受

王 辉

　　人教小学英语三年级上册 Unit 5　Let's Eat（Let's Learn）主要是教授六个食物的单词：cake、french fries、hamburger、hot dog、chicken、bread 以及 Let's do 部分的六个动作短语。我校英语组在学校"课堂教学现场化"的大背景下，英语课堂中要求教师尽可能地关注学生。

　　这是我校施老师执教的一节课，这位老师专业基础扎实，有良好的语音语调，有亲和力，不过执教英语年限不长。在热身阶段中，施老师根据小学三年级学生的身心特点，通过复习 Actions 让学生快速融入英语课堂的氛围，学生的表现很好，这充分反映了施老师平时教学的扎实。在导入新课时，施老师本来设计是用 Old Macdonald 这首歌来导入到学生熟悉的 Mcdonald，在课堂教学中，我并没有看到，取而代之的只是一句很突然、很直接的"Today, we'll learn a new lesson"。课后研讨，我专门针对这个过渡问题进行讨论时，才知道施老师所顾虑的是 Old Macdonald 和 Mcdonald 是两个不同的概念，这才让我意识到施老师做到了真正关注学生。我想在平时的教学中，我经常忽视学生的知识水平，总是按照自己的教学设计，没有考虑到学生已有的知识水平，在以后的教学中应该给予更多的关注。

　　在教授词汇时，教师通过多种形式进行教学，同时用学生喜欢的游戏进行巩固，课堂效果很好。可我觉得，在教授词汇时还是有点太专注于词的教学，"词不离句"这是学习语言的原则，在本课中，教师在教授词汇时也适时地用"I like ..."句型。但是我觉得在教授学生这么感兴趣的话题时，是否应该对学生进行更多的句子输入，这样才能真正地达到表达的要求。

　　本课的第二部分是 Let's do，这一部分主要是六个动词词组，同时也是在复习第一部分的词汇。词组中有 pass、cut、smell 等动词词汇，这些是本课的难点，施老师通过图片各个突破，然后就是通过听、听读、读做、师读生做等多种形式进行操练,学生学得很扎实,课堂反馈很好。我在听课时想,是否可以将第一部分和第二部分结合起来,通过一个 chant 形式进行巩固,而不是反复的机械的操练,如果自己编一个学生喜欢的 chant,效果可能会更好。

Chant

hamburger, hamburger, show me the hamburger

French fries, French fries, pass me the French fries

bread, bread, cut the bread

hot dog, hot dog, eat the hot dog

chicken, chicken, smell the chicken

cake, cake, make the cake

听课，自我评价与鞭策的动力

施莹莹

"Good morning, teacher." 一走进建安小学的大门，两旁的文明监督岗学生就以英语的问候形式向老师行队礼。对于习惯了中文问候的英语教师这又是一个新的灵感，我们学校也可以进行这样的文明监督岗。在点滴的细节中渗透学习，这无疑是一种好的学习习惯，也是好的学习态度。

今天，是参加区英语教研组在建安小学举行的英语教学观摩研讨课。建安小学也是从一年级就开设了英语实验班，他们选用的是bravo小学英语教材，这堂课听的就是一年级的英语课。整堂课在不知不觉中就结束了，我还意犹未尽。执教者刘老师教态端正大方，语音语调清晰甜美，具有亲和力，对于一年级的学生很是喜欢。教学设计不光是执教者一个人，更是整个学校教师团队的心血，思路清晰，环环相扣，层层深入。刘老师的课堂现场掌控与发挥将各个环节自然过渡，每一处转折衔接得恰当自然，在重视学生年龄特征的基础上设置各种游戏、模版、巩固练习，恰到好处地使用白板，将教学内容更轻松、简易、直观地展现给学生，在完成教学目标的基础上拓展升华，拔高学习，重视发展低年级学生认读能力，锻炼口语。整个课堂气氛活跃，师生互动融洽，配合得相得益彰，让我自叹不如。

听了本节课，我受益匪浅，刘老师优秀的教学方法值得借鉴。其他有经验的教师评课艺术也是我所要学习的，"这堂课还有更好的教学方法，如：可以出示动物的叫声、脚印等猜动物，说出动物单词，将所要学习的文具可以散落在花园或者房间中，让学生自发地寻找并说出单词，趣味性更强，学生学习兴趣更高等"，这些在我以后的教学中都是宝贵的建议。

"玉不琢不成器"，一堂精彩的优质课是经过不断地上课、评课、改进、再上课，不光是上课者一个人，背后还有专家团队的辛勤指导。这也就是我们平常说的"磨课"吧。我想在我自己平常的工作中，因为要带五个班，学生多，每天不光上课，大量的作业批改已经让我精力分散很多，教学态度慢慢松懈了，教学激情也逐渐减弱了，这时如若不听其他教师的优质课，就失去了鞭策和激励。这节课不仅是教学经验的汲取，也是教学态度上的警钟，它敲打我习惯成自然的惰性，让我摈弃停滞不前的理由，给自己一个正确的发展坐标，并向着它前进。

适时的鼓励是必需的

施莹莹

"别紧张,会说就大胆说出来",陶老师轻轻地把手放在他的肩膀上,用英语鼓励上台的一名学生。他已经憋得满脸通红,看看老师又看看台下的同学们,张口想说却又欲言又止,生怕说错了会被同学们笑话。陶老师的话适时地平静了他的心情,下面的同学也焦急地鼓励他"说啊,说出来,没事的",在老师和同学们的鼓励下,终于,那个学生开口完成了对话。

这是我听陶老师课上的一个小片段,陶老师让三名学生模仿小记者,用新授句型采访一名学生进行对话操练,谁先完成并上台演示,谁能得最高分。这个学生出现的情况在英语课上并不少见,很多学生的英语口语能力远不如他的书写能力,尤其是高年级学生,害怕说错在同学面前出丑,开口这一关很难突破。在这样的情况下,陶老师没有厌烦或是阻止他说,而是耐心地鼓励他,让他平静下来,无论对错都要有勇气去开口,突破自己。这是我们英语教学者所要学习的,培养学生的养成习惯,注重他们的心理成长,突破自我、展现风采。作为一名教师,正如课堂现场化内涵中所说的,不光要关注他的知识视野的宽度、深度,关注他在教育环节处理上的教育机智,更要关注他在教育情境中对教育学的理解。

小学美术课堂教学观摩课观后感

陈小媛

12月21日,我参加了金口岭小学举办的"铜官山区小学美术课堂教学观摩活动",虽是第一次参加这样的活动,但也是我这个新老师期盼已久的。我太需要学习前辈教师的课堂教学方法和成功经验,三位前辈教师的课,让我很有感慨,有收获,更有反思。

首先令我印象深刻的是前辈教师们从课的设计到教具的设计到作品的展示,都经过精心的准备。三堂课课型都不一样,有欣赏课、国画课、线描课。多种课型的呈现,对我的帮助也是不言而喻的。感叹上课教师深厚的专业素养和广博的文化知识,他们认真透彻地研究过教材,在课外下了不少的工夫。同时我也在想,这样的课需要花费多大的精力和财力,在常态课中的实效性如何。但是我可以借鉴好的,舍弃一些在日常教学中不适用的。

其次,执教教师在课的设计上,不仅穿插了丰富的美术专业知识,同时也重点传授了美术技法。在传授一些新技法的时候,他们使用了很生动、形象的语言,也选择了小学生易于接受的方法和技巧,达到了让学生巩固旧知识,接受新知识的目的。因为美术课教学不是单纯强调技法,但绝不是不要美术技法。像透视规律、美术字写法,这些没有技法作基础,学生想创作出优秀的作品又谈何容易?但做到这些,也是需要专业老师从低年级开始,慢慢培养和训练的。

再次,在教学过程中,教师的有效引导尤为重要!这也是新教师最需要注意的地方。这些执教老师都很善于启发学生、引导学生。整个教学过程都有计划,有组织。执教老师的精彩之处在于课堂上引导学生自己去探究、去发现、去解决问题,让学生经历、感悟知识的形成过程。教师提出问题,再引导学生解决一个问题,教师随即又引导着提出了新的问题,整节课就在不断解决问题的过程中,让学生在矛盾冲突中探索、发现新知。学生在老师的引导下主动建构新知,发展思维,完成了教学目标。教师的有效引导是这节课成功的保证。

通过讨论,让学生画一画,展示作业评一评,使学生巩固学到的旧知识,并在吸收新知识后,创作出了新的作品,同时让学生体会到创作的喜悦感和成就感。

最后,执教教师的教态和教学风格也让我眼前一亮,亲切、自然,连我都感觉自己是学生中的一员,想参与到这么有趣的课堂中。我深深感受到作为一名教师,如果把真挚的感情投入到课堂教学中,那么学生的情感也会被感染。学生由此会兴趣浓厚、思维活跃。

这次活动使我开阔了眼界,认识了很多优秀的老师,通过评课和自发讨论,获得很多新资讯。这些都有助于指引我们新教师更快、更有效地进入角色,将所得、所获真正运用到课堂中去,让我的学生们受益。

《打花巴掌》观课感

李惠敏

很有幸听了人民小学殷老师的一节课,我感触很深。

那节课是新课改之后的电子白板教学,课题是《打花巴掌》。整节课流程近乎完美,环环相扣,像是在叙述一件事情一样,平淡中不乏情节的起伏,一切都是那么的顺理成章。课堂上许多细节让我感触很深:

(1)学生整节课腰杆都是近乎笔直的,很少看见驼背、弯腰的,可见在平时的教学中教师对学生的课堂管理很严格,只有腰背挺直了,唱歌才能用得上气息,才会唱得更好。

(2)整节课交头接耳的学生很少,哪怕坐在最后一排的学生都是在聚精会神地看着白板,其原因是白板教学吸引着他们,殷老师的课件做得非常好,我们听课的老师都自叹不如,白板课件的内容丰富,色彩鲜艳,尤其是动画的出现让所有人眼前一亮,没想到白板课件也可以做成学生喜欢的动画,环环相扣的动画中还融入了一些好玩的音乐游戏,更是让学生欢喜的不得了,寓教于乐,在学中玩,在玩中学,这样的课堂怎能让学生不去集中精力呢?

(3)殷老师在教学中非常注意细节,在教授歌曲时有前奏、有速度"1、2",不像其他课堂都是直接喊"预备起",让学生无法控制速度;在舞蹈编创表演中,她提及的组合方式很特别——"就近组合"原则,这样不仅让学生可以和同桌之外的人合作,也可以让学生树立多人合作的意识。教师的手势指挥贯穿于整节课,只要音乐响起,老师的手势没有停止过,这样让学生不得不更多地关注教师,以便更准确地了解老师的要求。总之,我觉得这是一堂感性与理性相结合的课堂教学,让我受益匪浅……

第五篇

课堂反思　打造课堂（上）

走进课堂现场,感受有意义的数学
——《等量代换》教学反思

吴燕青

传统数学课堂,强调知识的传授,教师只管灌输,学生被动接受。教师走进课堂,只要按备好的教案进行操作就可以了,无论学生感受如何、接受如何,都不重要。所以,数学课堂上死气沉沉是常态,孩子没有兴奋点,也缺乏兴趣,课堂效率常常很低。

自从吴礼明老师给我们带来了"课堂现场化"新理念后,我们的课堂教学就像注入了一股新鲜的血液,一下子展现了强劲的生命活力了。原来,我们所谓的课堂一直停留在表面。其实,真正的课堂生命是活力四射的。现场化课堂的本质在于关注学生,关注发展,不断提升孩子们的心智和品质。

教《等量代换》这一课时,我就从孩子们最喜欢的故事《曹冲称象》入手,先是播放画面,果然,通过创设故事情境,孩子们很快就感知到了大象与石头之间的"等量代换",一下子激发出了他们的学习兴趣。之后,我又通过一系列的天平动态演示,让孩子们感受天平平衡时,1个桃子的重量等于1个桔子的重量,1个桔子的重量等于4个草莓的重量,再引导孩子根据原有的知识经验,推出1个桃子等于4个草莓的重量。随后顺理成章地进入"西瓜换苹果"的环节。紧接着通过小组活动或独立运算的形式,通过不同事物的替换,让孩子建立起蕴藏在事物背后的等量关系的概念。这是我的第一个体会,数学教学要生动而形象,具体又丰富。只有这样才能吸引住孩子的注意力。

其次,课堂上要注重建立和谐、温馨的师生关系。以往的数学课堂,老师一本正经,从来不苟言笑。而在现场化课堂上,我也会"故作惊讶",用微笑、商量的语气与孩子们进行交流,在这样的课堂氛围里,他们不仅乐学,而且也感到了自由,呈现出了积极向上的精神状态。我每提出了一个问题,都有很多孩子纷纷举手,甚至连班上从不好主动回答问题的一个孩子,都激动得将小手高举。这确实又是我的课堂一个可喜的变化。

课堂上最热烈的还数"活动环节"。孩子们早早地将自备的小学具摆放在桌子边,活动一开始,就有滋有味地和小组内的同学交流切磋起来。有的孩子还将学具贴在了黑板上,让大家看他的"研究成果"。西瓜可换多少苹果,他们一共摆出了好几种样式,大大地超出了我的预计。吴老师听课后还特地对我们校长说:"建议以后数学的活动课要有两名老师辅助,孩子们的参与度太高了。"由学生自己的参与所激发出的兴趣确实是最好的老师。

当然,体会还有很多。总的来说,"现场化"实验以来,数学课堂上有了很多新变化,而我也比以前更注重从生活中汲取资源和灵感,以孩子喜闻乐见的方式来激发他们的兴趣,引导他们的学习。我知道,数学课上有很多来自于生活中的生动活泼的例子,既能培养孩子数学学习的兴趣,又能提高他们细致的生活观察力,而他们对于事物的数量、位置与关系的认识,也在不知不觉中得到了加强。现场化的课堂相对于过去抽象地让孩子识记数学公式、做烦琐的加减运算的传统课堂,简直是天壤之别。况且,现场化的课堂还培养了孩子的动手能力。

而这些,正是数学课堂的魅力和学习数学的意义所在。"教有意思的数学,学有意义的数学",这就是我非常深刻的感受。

《两只鸟蛋》教学反思

章　峰

在本节课的教学中,我充分利用交互式电子白板的各种功能,创设情境,优化课堂。

一、在互动中巩固字词

课的开始,我首先出示课题,指导学生个性化地朗读课题,进而达到训练他们语感的目的。为了激发学生学习的兴趣,我通过交互式电子白板展示了孩子们喜欢的《喜羊羊与灰太狼》动画片中潇洒哥的图片,邀请潇洒哥和孩子们一起学习。果然当孩子们看到潇洒哥时都欢呼起来。紧接着,我利用潇洒哥这条线设计了"小小爱心天使"这个环节,让孩子们自己上台来操作交互式电子白板,通过将蛋宝宝送回家,实现了对生字的复习;通过交互式电子白板的模板,设计复习词语的环节,让学生以开小火车的形式上台来操作白板,达到了巩固词语的目的。教学中,孩子们对能操作交互式电子白板而感到异常兴奋、激动,这不仅增强了复习环节的趣味性,也提高了复习巩固识字的效率。

二、通过朗读培养语感、加深理解

本首叙事诗共有四节,我采取的是变序教学。先教学第一节,再教学第三节,然后教学第二节,最后进行第四节的教学。整个教学中,以读为主,以读促学,以读感悟。

在教学第一节的时候,主要是对学生进行"(　　)的鸟蛋""鸟蛋(　　)"短语表达形式的训练,通过交互式电子白板的"拖移"功能实现词语的排序变化,利用"对象动画——放大"功能放大所要重读的词,实现对学生朗读的指导与语感的培养。同时这一环节的短语朗读训练也是与课题朗读教学的一个呼应与巩固。接着再进行拓展训练仿说,通过训练,孩子们掌握得非常好。紧接着比赛朗读,指导学生读出"我"对鸟蛋的喜爱之情。

在第三节的教学中,我主要是采取让孩子们读诗、画词、表演读等方式来教学的。孩子们对表演读十分感兴趣,读得入情入境,课堂气氛活跃。

在第二节的教学中,播放"小鸟出壳"的动画,从而帮助学生理解为什么说"两只鸟蛋就是两只小鸟",学生理解很到位。在指导朗读鸟妈妈焦急不安的语气时,通过播放鸟妈妈焦急不安的动画,让学生想象说话,从而理解"焦急不安"这个词语,然后再出示句式对比,让学生找不同、比较读,指导学生读好"鸟妈妈这会儿一定焦急不安"这句话。孩子们因为体会得深刻,所以朗读得特别到位。

在教学最后一节时,我将"仿佛"、"投向"这两个词的教学放在了语言环境中学习,通过利用交互式电子白板的"排序、拉标签、对象动画——淡出"等功能,对"仿佛"进行了换词训练,对"投向"进行了"我（　）投向（　）"的句式训练,并随机进行了"鸟儿们会唱些什么? 我又会看到什么?"的说话想象训练,来突破本文的难点,理解本节内容。

三、有层次地指导学生背诵全诗

通过播放flash动画,让孩子们帮潇洒哥配音、争当"小小播音员"来提高学生背诵的积极性与趣味性,并有层次地进行背诵练习:先出示带提示语的flash动画让学生试背,再出示没有任何提示语的flash动画指名背和齐背,孩子们在玩中背诵,背得轻松,背得开心。

四、利用图片,深化主题

电子相册将很多鸟儿嬉戏、飞翔的图片展示给孩子们看,孩子们在感受鸟儿美丽的同时,也为鸟儿们种类的锐减而深感痛心,有感而发地谈想法。我们看到了孩子们在这节课的学习下,幼小的心灵里也萌生出了对生命的珍爱,对小鸟的关爱,对大自然的热爱。

　　总之,在整堂课的教学中,交互式电子白板的运用,使教学更加生动、有趣、有效,孩子们学得也更加积极。但也存在着不足:如交互式电子白板中还有一些功能还没能够充分地、有效地运用……在今后的教学中我还将继续深入探索,最大限度地发挥它辅助教学的功能,创建良好的语文课堂教学模式,提高语文课堂教学的效率。

《神奇的捕蝇草》教学反思

章 扬

三年级是孩子写作的关键时期,怎样让孩子作文写得具体,显得尤为重要。为此,我采用了图片教学和实物教学的方式,让孩子直观地去感知写作对象的形、色,甚至想象它们的声,揣摩其心理,将实物拟人化,既写说明文,又写童话,还变化写作角度,以不同的形式激发孩子写作的兴趣。当然,这一计划中,观察方法是必须要教给孩子的。在课外,学生不仅可以观察实物的形、色,还可以通过触觉、嗅觉,甚至是味觉,进一步地了解所观察的对象,但课外观察有其局限性,所以,我尝试用影视教学,期望另辟作文教学的新途径。

本次习作,我利用两节课的时间,尝试用影片进行作文教学。希望学生能够在直观的视频教学中,学会观察,进而完成写作任务。作为语文老师,我们都知道,作文难写,作文难教。作文教学之所以难,是难在孩子写作时无话可讲。许多事情孩子都没经历过,即使方法指导得再扎实,没有素材,孩子也是写不出的。实际教学中,我尝试将与作对象呈现在孩子的面前,让他们观察、发现,然后进行写作。但是,这只是适用于静态的实物教学,遇到动态的过程就无法进行教学了。借着学校即将进行电影教学的契机,我便首先想到利用电影资源进行作文教学,并在校内进行尝试。结果发现,电影资源引进作文课堂,既可以激发孩子的兴趣,又可以调动孩子写作的积极性。孩子观看影片都非常认真,很快就融入课堂中。由于整个过程是通过影片播放出来,孩子在交流时都有话可说,甚至是畅所欲言,更有个别的孩子等不到下笔那刻,就急着想把心中的话写出来。这确实让我大吃一惊,不过,利用电影教学只是我的一个尝试,还需要在实际教学中不断摸索与实践。

《夜书所见》课堂案例反思

章　扬

中年级的古诗教学,在指导学生感受诗歌内容的同时,要引导学生充分领悟诗人的情感。所以,不能逐词逐句地理解诗歌的意思,而应引导学生进行感悟。在《夜书所见》这首诗的教学中,我认为教学重点是让学生读懂诗句的同时,体会诗人所表达的思想感情。课堂上,我通过朗读引导学生一步一步地去学这首古诗。但是,在感悟"江上秋风动客情"这句诗时,学生提出了这样一个问题,那就是叶绍翁客居在外,可以游览胜景,了解风情,应该很开心,为什么会感到孤独、凄凉呢?

是啊! 现在的父母不仅注重孩子书本知识的积累,更注重孩子生活经验的积累。生活条件的逐步改善,家长几乎每年都会带孩子外出旅游,增长孩子的见识,这是家长的教育初衷,但对久在笼中的孩子来说,这不仅是他们增长见识的好时机,更是他们放松身心、脱离繁重课业的最佳时刻,这样的日子无疑是令人兴奋、令人激动的。因此,他们无法理解诗人叶绍翁的心情。对他们来说,恨不得在外能多玩几天,又怎么会想家,更别说孤独了。

课堂上,学生提出这样的问题,如果不很好地解决,势必会影响整节课的教学质量。而这样的问题也不可能回避,留在课下解决。因为这是本节课的重点,是这节课所要解决的主要问题。该怎样做才能让学生理解诗人的情感,达到事半功倍的效果呢? 就在这时候,我看到课文中的插图,灵感就这样涌现出来。文章的插图上有一座茅屋,茅屋的窗户泛出淡淡的黄晕的光,两个孩子在篱落下捉蟋蟀。此时,皎洁的月光照耀着大地,诗人临江而立,仰望天上明月。我就以图中的灯光为突破口,请孩子们说说灯光给人怎样的感觉? 由图片出发,他们很容易感悟出灯光的温暖。接下来,我又抛出一个问题:猜猜温暖的灯光下,这家人会做什么事？孩子们畅所欲言、各抒己见，一幅幅温馨的画面被孩子们描述出来。同时，他们又想到自己家里的和乐景象，就更能体会图中人家的幸福与温馨。这时，我又让孩子们观察图中的诗人，看看他是怎样的处境？看到别人家的幸福画面，诗人会是怎样的心情？在画面冷与暖、暗与明的对比中，孩子们很容易体会到诗人内心的孤独与凄凉。更何况，天上还有一轮代表团圆的明月。《夜书所见》这首诗的背景是中秋节，上这课时刚过完中秋，我就让孩子说说自己家过节的情况，有的孩子父母在外地无法回家，孩子在说的过程中既体会了父母的无奈，又体会了诗人的无奈。从图片入手，结合孩子的生活，孩子提出的问题可以说是圆满解决了。

由这次课堂上的突发事件来看，教师的临场反应是多么重要。当孩子突然问出老师事先没有预设的问题时，一定要冷静，千万不能慌张。大脑快速思考，调动一切可利用资源处理事件。思考解决方法时，要放宽视野，不要局限于文字本身。书本中，甚至生活中的一切可利用资源都要利用上，这样才能机智地解决突发事件。当然，这种临场机智是教师在长期的课堂教学中积累出来的，不是一朝一夕可成就的。所以，教师平时要多关注课堂，关注学生，懂得积累。这样，才能成为教学经验丰富的老师。

《假如》教学片断与反思

管云云

【教学片断】

(1)拓展想象,释放情感。

师:多么开心,多么幸福啊,马良的神笔真神奇。小诗人想用马良的神笔不是给自己画好吃的,也不是给自己画好玩的,而是给身边的植物朋友画太阳,给身边的动物朋友画谷粒,给身边的小伙伴画好腿,小诗人的愿望只有这三个吗?

生:不止。

师:你是怎么知道的呀?

生:每个人不止三个愿望,甚至有很多的愿望。

师:是呀,就像你一样有很多的愿望。

生:我们每个人不可能只有一两个愿望,都有很多愿望,有几百个、几千个愿望。

师:对呀,就像你们一样,小诗人也有很多愿望,看,文章的最后一节有几个点?

生:六个。

(2)课件出示:假如我有一支马良的神笔……

师:老师告诉大家,这六个点是一个标点符号,这标点符号还有一个好听的名字叫省略号,请大家大声地喊出它的名字。

生:省略号。

师:它代表作者还有很多愿望说也说不完,写也写不完,表示还有很多。现在老师让大家都来当小诗人,把小诗人没写出来的愿望都写出来。如果你有一支马良的神笔,你要给谁画什么?

课件出示:我是小诗人:我要给

生1：我要给没车坐的人画一辆车。

生2：我要给小草画一道保护屏，让他们再也不被路人踩伤。

师：你们的愿望很多也很美好，把自己愿望都写下来吧。

（3）学生书写美好愿望。

师：哪些小伙伴已经写好自己的愿望了，我们来听听他们都有哪些好的愿望？

生1：我要给爸爸画一辆车，他再也不用走路去上班。

师：多好的一个愿望，恭喜你成为真正的小诗人，还有小诗人在哪里？

生2：我要给没有家的人画一个好看的家，他们再也不用去租房子。

师：真是个有爱心的好孩子。

生3：……

【自我反思】

这篇课文的内容比较简单，与孩子们的生活实际很近，所以最容易引起同学们的共识，特别是课后的省略号更给大家提供了无限遐想的空间，充分发挥自己的想象力：假如我也有这样的一支神笔，我要给……当然这也是本节课的一处亮点。在这个教学环节，我先让学生想想身边还有哪些需要我们帮助的人和事，紧接着问：你最想帮助谁？学生都踊跃发言。个别学生的发言还特别精彩，听到学生的这些回答，我特别感动。我知道学生通过本节课的学习，真实地产生了帮助弱小群体的愿望，并且从帮助有需要的人中感到快乐。最后，我让学生把自己刚才想到的愿望作为家庭作业写在本子上，从而让学生在本节课的学习中非常自然地接受听、说、读、写的训练。学习语言的最终目的是为了运用语言，能表述自己的观点、自己的情感。我设计了"我是小诗人的环节"，让学生将文中学到的内化为自己的，并且是先说后写，既降低了难度，又让学生能够体验成功的喜悦。

在这节课上我也有很多不足的地方，如：在朗读教学的环节中，不能很好地引导全体学生积极思考和发言，问题不够整合，也许有些问题太啰嗦，使学生失去了兴趣，因此存在有个别学生开小差的现象。在朗读上，有些地方的指导不够到位，还需改进。在指导仿写时，学生的思路还没有完全拓展开来，说的面太窄。在仿说时语言不够精炼准确，在指导上有所欠缺，在今后的教学中我还要继续改进。

《一面五星红旗》教学剖析

胡　琴

　　《一面五星红旗》是一篇感人至深的文章,课文写了"我"——一名中国留学生,在极度困难的处境下,拒绝了面包店老板"用国旗换面包"的要求,表达了"只有热爱自己祖国的人才能赢得外国人尊重"的思想内涵。"爱国情感"这一主题对于三年级的孩子来说比较抽象,难以把握。如何引导学生感悟文章中的爱国之情,体会世界人民之间的友好情谊,便成了教学要解决的核心问题。

　　课堂教学现场化,要求研究课堂教学的多种因素及其相互关系,探求如何有机组合这些因素,从而把教学的重心由"事前的备课"转移到对教学现场的即时运作,强调课堂的现实生成和直接生成。

　　在设计本课时,我紧扣情感主线,删繁就简,从面包店老板态度的变化入手,抓住体现留学生爱国旗的重点词句,让学生反复研读,读中感悟爱国情,体验爱国情,把爱国之情融入到扎扎实实的语言实践中。让"爱国旗、爱祖国"的精神内涵,自然融入到学生的脑中,镌刻在学生的心中。

　　在这节课的教学中,我着实践行学校开展的"课堂现场化"的教学理念,注重课堂知识长年累月的积累,更注重师生的情感交流、思想交流和生命的交流。尽可能做到以学生为主,尊重学生,真正地关注学生,促进学生的发展。

　　如:在指导学生感悟"我摇摇头,吃力地穿上大衣,拿着鲜艳的国旗,趔趔趄趄地向外走去"等重点句子时,首先让学生说说自己"摇头、走出去、吃力、趔趔趄趄"等词的生活感受,再引导他们说说对句子不同的感受。学生自主地从中品出了留学生身上沉甸甸的爱国情意;接着,再给予学生阅读的空间,并交流体会读书方法,让学生带着自己感悟到的文中情,自由品读重点语句,读出自己内心真实的情感体验来。

又如:在探讨"我们自己碰到和留学生一样的处境,会怎么去做?"这一环节,大部分孩子都回答"为了国旗的尊严不换",但也出现了意见相左的真实的声音"换"。面对课堂生成的如此状况,我并没有着急地一味把"不换"的高尚行为强加给这个孩子,而是小心地呵护孩子的童真,保护他们的天性,并肯定了他们对"生命可贵"的感悟。然后,我再通过语言引导"为了维护国旗的尊严,不换的行为更令人敬佩",巧妙地回归了主题。

在这一学习过程中,学生得到了"言",感受到重点语句中每个字词里所蕴含的"爱国情",使学生的情感价值观得到引领与升华。

为了能将文本重要的写作特色"抓住人物的动作神态表达内心情感"的写作方法落到实处,我特地设计了"小练笔",从合乎学生的认知规律和年龄特点出发,列出了孩子们熟悉的情感体验,如高兴、难过、愤怒、紧张、害怕等,让学生把握动作神态和思想情感之间的对应关系。

整个课堂教学中,我尽量做到走近学生,与学生平等交流,创设情境,师生互动,生生互动。我们新苑小学教研特别常态化,老师们在"且行且研且思"中不断前进。

记得我在狮子山区701小学再次执教《一面五星红旗》时,出现了这样一个情景:当我问"犹豫"是什么意思时,孩子吞吞吐吐,我把握契机:"你现在的这种情况就是'犹豫'",然而由于在这个问题上耽误了一点时间,我有些急躁,没有很好地延伸到位。当我把"让谁回答这个问题"的主动权给孩子,让他们自主选择同学帮助解答时,孩子望着很多同学热情举起的小手,不知该如何选择时,其实这也是"犹豫",我却没有很好地把握现实生成的契机,明确地告诉大家。

这堂课中,一定还有很多不足之处,望各位专家和同行能提出宝贵意见,谢谢大家!

我们很幸福

胡　琴

【教学片断】

今天,我和往常一样,步履轻松地走进教室,拿起非常熟悉的语文课本,和同学们快乐地徜徉在知识的海洋里。

师:小英就是贵州贫困山区的孩子。(我很自然地讲解着课文《日记两则》中提到的人物)

生:老师,贫困山区是什么样子?(满脑小问号的谢赵飞阳,高高地举起了小手,疑惑地问)

师:就是很穷的地方,那里的孩子连基本的吃饭穿衣都得不到保障,很可怜! 更别说是拿钱去上学读书了。(我耐心地解释着)

师:想想我们的生活多幸福! 吃要吃好的,穿要穿好的,爸爸妈妈都一一满足你们的要求,给你们创造非常优越的学习生活环境。可有些同学却不珍惜,整天不思进取,似乎学习是为父母学的。让老师和父母操心! 真不应该呀!(我不禁由衷地发出感叹)

生:老师,我们一点都不幸福!

突然一个原本清脆的声音此时却如同炸雷般地在教室里回响。我先是本能地一惊,似乎认为自己作为教师授业的权威性受到了威胁,更多的是意识到孩子们的认识倾向偏离正常轨道。我的心一下子收紧了,意外的情况发生了,我该如何去正面引导。我的脑子顿时像上足了发条的闹钟,飞快地转动着,耳边也响起铿锵有力的声音,"一定要把孩子的错误认识引到正确的方向上来!"我缓缓地抬起头来,面对这个似乎对我发难的可爱面孔。只见她正神气地望着我,似乎她的高论是无懈可击,异常正确的。

师:那你说说,你为什么认为自己不幸福?(原本有些恼怒的我压住自

145

己的气焰,心平气和地问她)

生:我们每天都要写很多的作业,老师布置,爸爸妈妈也布置,一点自己的时间都没有,都成了学习的奴隶了!(她振振有词)

我惊叹于她"奴隶"的用词,也不得不承认她说得不无道理。此时,如果我强行要求大家转变这样的观念,即使同学们嘴上是附和了,心里也未必认可。于是看到了救星——电脑。(此时,我还真感谢先进的教学设备)

我迅速打开电脑,在百度搜索出关于"贵州贫困山区生活"的视频,我要让孩子们直观感受,眼见为实,因为我知道,没有生活经验的孩子们,光靠老师空泛的说教是柔弱的、没有说服力的。生动的视频展示,一下子就把孩子们的心带到了贫穷的贵州山区。

陈旧的土屋,破旧的衣服,难以下咽的食物,沉重的家务,辍学在家的可爱面孔……这一切的一切,给孩子们带来异常的震撼,大家沉默不语,眼睛一动不动地盯着视频,连说自己不幸福的"小神气"也不好意思地挠起头来。看到他们的模样,我欣慰了,因为我已经知道孩子们错误的认识已经开始慢慢矫正,我们的教育初显成效了。

师:同学们,你们现在有什么想说的?

视频结束后,我不失时机地问。因为我认为这是一次进行思想教育的好契机。

生:贵州山区,真的很穷,比我们这里苦多了。

生:对比想想我们的生活还是幸福的。

生:干脆我们给贫困山区的孩子捐款吧。

生:好! 好!

生:怎么捐,寄到哪里?

生:我们这么好的生活条件不读书,真有点说不过去。

生:老师,我们很幸福!

……

孩子们的话匣子就像破了堤的洪水一下子都冲了过来,止也止不住了。而此时的我,眼眶却湿润了,真是令人感动的画面,多么温馨呀!

【自我反思】

一堂好课的精心设计,都是在假定学生爱学习的前提下设计的,是在假定师生关系融洽的前提下设计的。其实,学生经过一段时间的学习,不是都爱学习的,也不是都爱每一科的,也不是总爱学习的。学生的学习要受到自己的身体、情绪、思想以及教师、教学环境、学校环境、班级学习氛围、人际关系等诸多方面的影响。作为老师,要根据学生的各方面情况,随机调整课堂内容、形式,把教学看成是师生的生命过程,才能真正实现课堂教学现场化。这就需要老师具有高超的课堂驾驭能力,而本节课,面对突发的教学状况,我不急不躁,沉着应对,选择孩子们喜爱的形式,改变教学方式,另辟蹊径,却也得到了意想不到的收获。

识字教学就应这样坚持

闻　生

【教学片断】

在我校首届教师素养大赛中,我执教了《识字7》的第一课时,在进行教学设计时,我将教学的重点放在学生的识字上,让学生用已经掌握的识字方法进行自主识字,以下是我识字教学中的几个环节:

(出示一个古文字,让学生猜一猜)

师:同学们,这是一个古文字,你看它像什么?

生:像一个妈妈在带宝宝。

师:那你再猜猜这是一个什么字?

生:保。

师:真会猜,左边的单人旁像一个妈妈,右边的"呆"像妈妈背上的孩子。保就是守着、护着的意思。谁能用"保"组一个词?

生:保护。(板书保护)

【设计意图】(让学生体会中国汉字的趣味性,也让学生感受汉字的博大精深。)

(1)谁能用保护说一句话? 是的,说得真好! 今天这堂课我们将学习一首关于保护动物的拍手歌,齐读课题——识字七。

(2)《识字7》中有许多的小动物在等着和我们交朋友呢! 赶快去读课文,将这些可爱的小动物在文中圈出来。(指名上黑板圈出)

(3)老师将他们请了出来,谁愿意来读一读?(指名1—2名学生读)去掉拼音谁还认识他们?(指名读)

(4)同学们,这些红色的字有什么共同点?

生:都是鸟字旁。

师:善于观察的孩子,一定会有更多的收获。

(5)请同学们看这个字。(课件出示:"隹"及读音)

师:"隹"指的是一种短尾巴的鸟,四横就是鸟的羽毛。找找哪些字带有"隹"字旁。(学生说出,教师顺手圈出)

【设计意图】(让学生知道运用归纳法来识字,同时通过汉字的字义帮助学生识字。)

师:小朋友们真了不起! 通过归类的方法又认识了许多字,让我们齐读一遍,和鸟儿们打个招呼。

(6)课文中还有一些生字,请同学们和自己的同桌合作读一读,交流一下自己的识字方法。等下将进行合作闯关的游戏,获胜同学将记字方法与大家分享。

(7)同桌合作闯关游戏。给予最佳合作奖和最有默契奖的奖励。

(8)让获奖学生将记字方法与大家分享,大家共同交流识字的方法。

(9)齐读生字。

【自我反思】

一、二年级的语文教学中,识字教学是个难点,如何让学生掌握所学的生字词,避免或者减少回生现象的发生是一大难题,作为一名老教师,我在教学中试图减少和避免这些现象的发生,教给学生识字方法,引导他们在生活中识字,但是仍有一部分学生存在回生现象,因而,在又一轮低年级的教学中,我总结了以下几点:

首先,一如既往地教给学生识字的方法,如:加一加、减一减、换偏旁等,让学生在识字教学和自主学习中体会到识字的乐趣。

其次,低年级的语文教学让我深深体会到课外阅读的重要性,因而,一学完拼音,我便让孩子们进行大量的课外阅读。在阅读中,许多课内的生字词都会反复出现,学生在反复的见面中自然而然就掌握了,识字促进了阅读,阅读反过来又促进了学生巩固生字。

最后,在生字教学环节中,应将生字放到一些语言环境中,打乱学生的固定模式从而提高学生识字的效率,我觉得这种方式的确很棒! 将生字词进行整编成句,也是对低年级学生由字到词到句到段的写作的一种渗透,让我收获颇丰。

识字是语文教学的基石,一定要将它打得牢固、坚实,这样才能有利于学生今后的语文学习。

《泊船瓜洲》课例分析
——王安石怎么不会用标点符号呢

季玉霞

【教学片断】

师：刚才同学们读得最多，说得最多的就是"春风又绿江南岸，明月何时照我还"这句诗。(屏幕显示)

(1)指导朗读，个读、自由读、齐读。

(2)请说说你是怎样理解这句诗的意思。

(3)指名多名学生说。

(学生畅所欲言)

师：听了几位同学的描述，我们仿佛看见了草长莺飞、桃红柳绿、鸟语花香的迷人的春天啦。

……

师：关于"绿"还有个故事呢。引导阅读课后的"资料袋"，了解王安石推敲"绿"字的故事。

(学生阅读)

师：看了这个故事，你想说什么？

生1：原来这个"绿"是这样来的，真不容易。

生2：像王安石这样的大诗人，旅途中写首小诗，却是这样的认真，我敬佩他。

生3：修改十多次，王安石真有耐心，我是做不到的。

生4：老师，王安石怎么不会用标点符号呢？

师：在什么地方，请具体说说。

生4：就是这首诗的最后一句呀！老师你也没看出来？

师:哦,好像是这样。(面露窘色)你认为应是什么标点?

生5(抢着):很明显嘛,问号。

生6(接着):是呀,简单,有疑问词,一年级时就会的。

师:告诉大家一个事实,这标点是后人为我们方便断句才加上的,古人没有用标点符号的,你们冤枉了诗人王安石。

生5生6(异口同声地):对不起,诗人。

生:王安石知道这件事,一定也不同意的。

师:当年的王安石为得一"绿"字,反复推敲,差不多捻断数根须。今天我们从诗文的意思和诗人的情感入手,也来琢磨琢磨这一处的一标点符号吧。

……

【自我反思】

这首诗的学习进行到这儿,就是引导学生通过语言文字来感受诗歌的意境美(即美景、浓情)。可是在这里却"遭遇"了生4的这"惊天一问"。这个问题起初着实是让我受窘,因为这首诗我做学生时已多次读背过,无人质疑;我做教师已教过多次,无人质疑。今天教学这首诗,在课前的预设中也没有出现。

这是一个教学的现场问题,也是一个教学契机。

诗人王安石在作《泊船瓜洲》时,经过十多次修改最后是从"春风何时至,又绿湖上出"这句诗受到启发,才决定改用"绿"字。今天我们也来学习古人反复推敲的精神。

师生共同查阅相关资料,再转身回到诗文中体会诗人的情感,终于明白了为什么用的是句号不是问号,因为诗文的意思是表达离开家乡遥遥无归期,并不是想得到一个准确归期的答案,诗人只是想传递出自己对故乡的思念之情,并不是真实的疑问句,所以说应该是句号。

常常讲理解一个字时,要做到字不离词,词不离句,句不离篇。原来推敲一个标点符号也是这样。是呀,感谢这堂课——老师从中受益匪浅——明白了此处为什么是句号,明白了教师该怎样去备课,明白了应构建怎样的课堂。

美丽的规律
——对课堂动态生成的点滴体会

张书萍

在教授《找规律》一课中，我引导学生发现主题图中的规律。学生已经发现了小花、彩旗、灯笼的规律后，教师继续追问："还有什么排列有规律？"（学生齐举手）

师：大家都知道呀，那就一起说吧。

生：小朋友。

师：什么规律呢？

生：女、男、女、男、女、男的规律。

（生说师圈，共圈出3组）

师：那么后面一个是什么？

生：女。

（师拖课件）

生：（着急的）男、女、男、女、男、女的规律也可以。

师：你是怎么看的？

生：从右边看。

师：这位同学很会思考，我们要从不同的角度观察，也可以从不同的角度来找规律！把掌声送给他。

这正是课堂生成的教育契机。相信很多教师都有类似的经历——当你按照预设的教学程序有条不紊地提问时，学生的回答或表现，突然就将一切都打乱了，你会感到意外，甚至不知所措。这就是所谓的动态生成，即学生生成学习的动态性。如何有效地处理动态生成中的问题并将教学预设转化为生成，在新课程理念下的课堂教学中显得尤为重要。一直以来，我都想对此作深入的了解，在这节课中我也做了较多的尝试，正如前面所描述的那个片段,再根据理论和实践的一些经验总结反思,期待能对今后的教学有所帮助。

(1)只有课前的精心预设,才能在课堂上有效引导;只有课前的成竹在胸,才能在课堂上游刃有余。

首先要全面了解学生,理清知识点,做到心中有数。我们在备课时就要考虑不同的学生会有哪些不同的思考,可能会出现哪些解决方法,帮助学生生成新经验。其次,对学生可能出现的情况应分析得细致一些,虽然不可确定,但如果做到心中有数,在应对时会从容许多。

(2)随着教学的深入,学生会生成新的想法和各种要求,在生成性的课堂上,教师要根据学生的情况,随时调整教学过程,使学生成为课堂教学的中心。

现代教学理论认为:课堂教学不在于教师讲解得如何精彩,而重要的是能适时激起学生的认知冲突,制造一种"不协调",使学生自主地投入学习,感受到学习的快乐。因此,在师生互动的教学情境中,教师必须对学生的表现及时做出反应,如:突如其来的提问,与众不同的声音,或是错误的认识等,要善于捕捉有价值的信息,使其变成宝贵的教学资源。

对低年级学生学具操作的思考

金俊美

在执教《认识人民币》一课时,我让学生每人课前准备一些人民币放进铅笔盒里。课堂上,我要求学生从铅笔盒中找出自己所认识的人民币,说一说你是怎么认识的? 我设想利用学生手中的人民币能更好地帮助学生认识各种人民币的特征。学生高兴地拿出学具开始玩起来,对我提出的问题置之不理。我生气地批评学生,可是批评了这个,那个又在玩,低年级学生的自制力太差了。整节课中,总有少部分学生在偷偷地玩学具,当然也就没有较好地完成预期的教学目标,从而影响了课堂教学效率。

下课后,我反思了课堂上的操作过程,低年级学生非常地活泼、好动,往往会把学具当成玩具。相信很多教师都有这样的感受,在每次学具操作中,学生总在七手八脚地玩,课堂纪律难以控制,既浪费了时间,又影响了课堂的教学效率。那么,如何把握好学具操作的最佳时机,如何提高数学课堂中低年级学生学具操作的有效性呢? 一直以来,我都想对此作深入的了解,也做了较多的尝试,以下是我的几点思考,和大家一起来分享。

一、操作活动前,做好各方面的准备

操作活动是需要做好大量的前期准备工作的。在需要操作学具的课前,必须指导孩子——准备好所需学具。

每一堂课使用的学具,要让学生提前准备,指导孩子拿准确,数清楚,要几根小棒、要几个花片、还是要几个什么样的动物图像,不能少,也不要无关的多余的学具,必要时,可以通知家长配合孩子一起准备。这样就可以避免学具过多地消耗孩子的注意力,也可以尽量减少课堂上玩耍学具的现象。

每一堂课结束时学生整理学具,也是为下一堂课做准备。经常会看到上完课之后学生把学具胡乱往学具袋里塞,或者往课桌里乱塞,掉地上了也不知道,这样造成的后果是,等到下次要用的时候,才发现已经破损,或者已经丢失了。所以最后的整理工作也很重要,可以指导学生把学具分类整理,清点好,再一一放回原处。

二、操作活动中,充分发挥学生主体作用取得实效

操作活动必须真正是学生主体思维的活动,让学生从自己动手操作中获得直接体验。学生在操作中动手、动口、动脑,不仅可以听、说,而且可以看、做、想,眼、耳、口、手、脑多种感官协调活动,能形成清晰的表象,操作才会取得实效。

教师在学具操作前,告诉学生一定要听清楚操作目的和要求,这样有利于孩子养成思考以后再实践的良好习惯,有利于提高活动的效果。在其他同学汇报时,也一定要暂时停下操作注意倾听。教师还要教育学生操作时学具要轻轻拿、轻轻放,需要交流时小声说。当某个操作环节结束,我跟学生约定,我说上半句"小手轻轻推",学生边接"学具摆一边",一边动手把学具轻轻推向课桌面前缘,这样就可以让学生暂时脱离学具进入下一环节,也不至于因为整理学具浪费很多时间。

三、操作活动后,进行必要的提升与反思

在动手操作后,教师要在学生积累了一定的感性认识后,及时抽象概括,完成由具体形象思维到抽象逻辑思维的过渡。在操作活动结束之后,教师要及时给出激励评价,这样不仅激发了学生的兴趣,而且有利于学生今后的数学学习,这才是有价值的有意义的数学活动。我在每一次操作活动结束之后,评选出最佳合作小组,用榜样的作用让学生知道怎样的合作是正确的、有效的。

静静倾听,轻轻动手,快快停手,好好合作,有了这些好习惯,课堂上的操作才会有条不紊,学生也不会手忙脚乱,这样才会提高课堂效率。

《24时计时法》教学案例反思

徐 军

【教学片断】

师：你们喜欢玩脑筋急转弯的游戏吗？今天我要说一个脑筋急转弯，看你们能不能猜出。龙龙和涛涛约好周六8时到电影院门口见面，他们俩都按时去了同一个电影院门口，但是却没有见到面。你知道为什么吗？

生：因为龙龙是早上8时去的电影院，而涛涛是晚上8时去的电影院，所以他们去了同一个电影院，却没有见到面。(其他同学鼓掌赞成这位同学所说，教师微笑赞许)

师：他们没说清楚具体时间，能见到面吗？

生：不能。

师：如果你是龙龙，你怎样约涛涛呢？

生1：我想对涛涛说："我们上午8时，到电影院门口见面。"

生2：涛涛，我们晚上8点到电影院门口见面啊！

师：对，他们两人说得都非常好，这样一说龙龙和涛涛就能在电影院门口见面了，如果老师是龙龙，我会这样说："涛涛，明天一起去看电影吧，我们在电影院门口见面，记住哦，时间是20时。"(有同学质疑20时是什么时间)

师：你们听说20时吗？

生1：听过。生2：没听过。

师：人们为了计时简便不易出错，就采用了一种新的计时方法，这种计时方法就是我们今天要学习的"24时计时法"。

(板书：24时记时法)

师：什么是24时计时法你们知道吗？(学生各抒己见互相谈论着)真是这样吗？让我们一起来体会体会。(体会24时)

师:一天从什么时候开始呢? 我们一起来看一段录像。

(学生观看春节晚会倒计时的片段)

师:他们为什么这样高兴,在欢呼什么?

生1:因为新年的钟声敲响了。

生2:因为新年到了。

生3:新的一天开始了。

师:对,新的一年到了,也是我们新的一天开始了,你们有没有发现,当新的一天开始的时候,我们钟面上的时针和分针都指向了哪里?

生:时针和分针都指向了12。

师:晚上12时,既是旧的一天的结束,也是新的一天的开始,我们就把它记作0时,24时计时法就是从0时开始计时的。

【自我反思】

反思这个片段,教学开始运用学生喜爱的脑筋急转弯,抓住了学生的兴趣,通过误会的产生,把普通计时法和24时计时法有机地联系起来,调动了学生的积极性,引发学生思考。用已有的生活经验,让学生体会一天的开始,体会24时计时法是从0时开始的,贴近生活,易于理解。不足之处:我不太相信学生,总担心学生说不好,表扬学生的语言太少,该加重语气的时候没有加重语气。在今后的教学中,我要注重学生的主体性,关注学生个体差异,丰富评价语言,努力构建生态性课堂。

如何有效组织英语课堂活动

施莹莹

课堂上,学生正四人一组合作进行情景对话。一组过后,学生们都积极举手要上台展示,待几组学生展示后,我预设的时间已经差不多了,准备结束这个环节时,没上台的学生还是一个个高举着手,嘴里念着要上台。看着他们一个个期盼的神情,我不忍心浇灭他们学习的热情,要让每个积极主动学习的孩子,都有充分锻炼自己、展示自己的机会。于是,我让愿意上台的学生都展示了一番。可是,课堂时间有限,最后这节课的课时目标没完成。

这堂课让我反思,如何有效组织英语课堂活动,把握课堂节奏,做到收放自如,既巩固了知识,又有效节约时间;既能调动学生的学习热情,又能充分发挥学生的自觉性和积极性? 现场化要以学生为主体,培养孩子积极能动的学习态度,给每个孩子平等的学习机会。小学生尤其是低年级的孩子初学英语时普遍感到新鲜,积极性都很高,让他们在轻松愉快的气氛中学习英语,再把教学活动巧妙地穿插进英语课堂教学中去,实在是一种行之有效的教学方法。但毕竟一节课的时间有限,而小学生的自我调节能力不强。因此,把握不好活动的节奏,往往会给教学任务的完成带来不良影响。我询问其他有经验的教师,和同事们讨论以及查阅资料,经过一段时间的摸索探究后,对于课堂的每个步骤做出几点探究。

一、课前热身复习环节

课前营造英语氛围,做一下热身活动,有助于激发学生的兴趣,但要做到适可而止。有时,由于学生们刚上完另一节课,加上课间休息,很难一下子安静下来接受新的教学内容,这时通过游戏或歌曲等活动导入新课,即可快速自然地让学生进入课堂。每节课前教师都可以设计一个与本节课内容联系紧密的热身活动,一般情况,此环节达到目的即可,不必耽搁很多时间。

二、新课呈现环节

新课呈现后,如新学完一个对话,一般都是让学生按课本上的角色进行表演。学生积极参与并演示,练习一段时间后,已经基本掌握,这时已不需要让学生继续表演,但没有参与进来的学生肯定感觉非常遗憾,或埋怨老师不公平,教师应该灵活引导学生的情绪。先表扬学生的表现,然后抛出更好的活动、主意或提高活动的难度,平息学生原有的兴奋,将思维转移到下一目标上来。如:告诉学生下面将要做更有趣的活动,然后问:"谁愿意参与进来?"于是将下一部分的知识内容通过游戏活动搬出来;告诉学生他们表演得真不错,然后说:"不过,我下面要加大表演的难度,谁来试一试?"学生肯定跃跃欲试,学生经过尝试觉得有些力不从心时,教师可以说:"同学们,这个活动下节课我再找同学表演。"同学们课下有更多的时间认真准备。

三、巩固拓展阶段

启发学生将活动内容扩展或延伸,从而能培养学生的实践能力及自主创新能力。有些内容,学生通过练习很快可以掌握,但距学以致用还有一段距离。这时,教师可以在学生熟练掌握的基础上,鼓励引导学生将所学知识灵活改编,自导自演,比如:将学完的对话改编成日常生活中的真实场景进行表演;将学完的单词串成故事讲出来,效果很好。

四、总结复习部分

即将下课而当堂课的总结还没有做时,教师可以灵活机动地将正在进行的活动"收"住,在下节课的热身和复习环节再接着做,先进行总结,让学生们明确当堂课的重点、难点。

　　总之,要想有效地组织课堂活动,做到课堂内容收放自如,我还要付出努力,潜心挖掘教材,精心地设计教案,积极提高驾驭课堂的能力,提升现场处理的教育机智。

故事扮演中的创意

施莹莹

【教学片断】

师:听过录音之后,你知道Zoom和Zip这一次又发生了什么有趣的故事吗?

生:我知道。

师:他们俩在什么地方?

生:在果园里。

师:他们在干什么?

生:比赛摘苹果。

师:结果呢?

生1:Zoom不停地摘,可是摘一个就掉一个,Zip就在他后面捡Zoom掉下来的苹果。最后还是Zip摘的苹果多,她赢得了比赛。

师:说得真棒,Zoom只顾摘却不管手里的苹果放在哪里,摘了一个丢一个,真是个马大哈,我们能像他那样吗?

生2:当然不能像他那样,不光要会摘还要会放起来。

师:非常好,我们要养成不光会取得,还要会整理存放东西的能力。

师:你们会读吗?(生齐读)

师:两人一组,分角色扮演这个小故事,等会上台展示。

(生自由组合饰演小故事,并准备道具)

师:开始展示吧。

生1:老师,我剪了很多苹果,还做了小篮子上台表演可以吗?

师:你们小手还真巧,很好啊!

生2:老师,我可以用彩笔代替苹果吗?

师:可以,只要你认为它们是苹果。

生3:老师,我们可以三个人一起上台吗? 我做了很多苹果的贴纸,贴在她身上,让她来做苹果树。

师:很有创意哦!

生4:老师,我可以用树叶代替苹果吗?

师:可以,你从哪摘的这么多树叶?

生4:我在学校操场上捡的,正好是捡我们班卫生区垃圾时捡的。

师:你这想法真好,又环保又打扫了卫生又有了道具,一举多得啊!

生4:嘿嘿。

【自我反思】

教学小故事是每一单元最后一部分,每一次故事的主人公Zoom和Zip都给学生带来一个生动有趣的故事,也是教师给学生一次情感教育的机会。我在教学完故事后让学生自己扮演故事中的角色,既操练本单元重点句型,又能在实际交流中锻炼口语并能大胆展示出来。没想到一个小故事的表演他们竟能给我如此多的创意,这是我之前完全没有想到的。如果给予孩子自由的空间,他们就能展开想象的翅膀,给你无限的创意。你不再拘泥于书本中固定的人物角色,你可以自由编排加入自己的角色,也能将真实的生活事物有可能原本是无用的东西变得丰富起来,展现它的价值,也能改变孩子的认知品质。不是只有我们才可以教育孩子,他们也是我们的老师。

《Fun Reading and Writing》教学片断与反思

王　辉

【教学片断】

T: Let's go. Look, I have a Happy Land. Welcome to my Happy Land!

(teacher introduce the Happy Land)

T: Oh, I have a Happy Land, and I can introduce my Happy Land. Can you?

Ss: Yes.

T: Please work in groups and make a poster for your Happy Land, and try to introduce your Happy Land. Ok? Let's do.

T: Let's introduce your Happy Land. (Group1、2、3 and 4, group by group)

【自我反思】

　　新课程倡导英语的学习过程是学习者参与、体验、互动、合作、探究、创新的过程。而任务型教学是实现这一过程较好的途径,因为任务型教学是以应用为动力、以应用为目的、以应用为核心的教学途径。此种途径根本目的是让学生在合作的前提下,在已有的知识和技能的基础上,结合实际,发挥想象,主动地用所学语言去做事情,创造性地完成任务。在post-reading阶段,在学生对Happy Land有了深入的了解后,我专门设计了让学生动手制作自己的Happy Land,并试着用英语介绍自己的Happy Land,此部分同学们用英语做事情的积极性很高,而且学生个性得到了很大的体现,有些学生善于表现,在展示过程中,表现积极,效果非常好,体现了在学中用,在用中学的理念,培养了学生综合语言运用能力,较好地完成了本课的教学目标。但学生在介绍自己的Happy Land时,有个别句子和单词发音有误,而且在介绍时,话语权没有完全下放,大部分学生没有说的机会。

第六篇

课堂反思　打造课堂（下）

《等量代换》教学实录

吴燕青

(出示课件)

师:同学们,看到这个画面你想到了哪个故事?

生(齐答):曹冲称象。

师:都知道呀,那你们知不知道曹冲是怎样称出大象的重量呢? 请你来说。

生1:曹冲先把大象放到船上……

师:是"放"到船上?

生1(不好意思):是赶到船上,然后就把大象在船上的刻度画在船舷上,再把跟大象同样重的石头放在船上,就能知道大象的重量了。

师:那你怎么知道这些石头是跟大象同样重的呢? 好,请你来补充一下。

生2:他把那个石头放在船上,放到跟大象那个重量在船舷上刻的标记上,然后再把石头拿下来称,石头有多重,大象就有多重。

师(赞许地点点头):嗯,说得真详细! 请坐。

师:为什么说称出了石头的重量就知道了大象的重量? 请你来说。

生:因为大象走下去的时候船上刻了标记(这个时候学生描述有困难,师引导她说船上刻了标记),再把石头加到那个标记上就能知道有多重了。

师(语气有点急):也就是说这个时候石头的重量和大象的重是——

生(齐答):相等的。

师:我们班同学知识面还挺广的。在当时没有那么大的称能直接称出大象重量的情况下,曹冲想出了如此巧妙的办法,用等量的石头代换了大象的重量,轻而易举地解决了满朝文武都解决不了的难题,真了不起!其实呀,这也是我们数学中一种重要的思考方法——等量代换。(板书课题)这节课我们就来学习如何运用"等量代换"的方法解决问题。

(出示课件)

师:从这幅图中你发现了什么?

师(表扬):我们班同学不仅思维敏捷,举手也很积极!好,你说。

生1:它们重量相等。

师:它们是谁啊?谁还能说得更准确一点?

生2:1个桃子的重量等于1个桔子的重量。

师:嗯,说得真完整。

师:再看这幅图,你又发现了什么?你说。

生3:1个桔子的重量等于4个草莓的重量。

师(指着天平问):这是什么秤,知道吗?

生(齐答):天平。

师:我想请问刚才那位同学,你是怎么知道1个桃子的重量等于1个桔子的重量呢?

生3:我看到它们俩是平的。

师:哦,是平的。(这时有个学生"啊"了一下)

师说:有意见,你说。

生4:天平秤只要一个物休比另一个物体重一点点,天平就会斜一点点……

师(小小打断):斜一点点的话说明——

生:说明重量是不相等的。

师(示意那位同学继续说):好,你继续说。

生4:只要天平是平衡的,那两端物体就相等。

师:说得非常好,请坐。(指着天平说)这个天平是怎么样的?

生(齐答):平衡。

师(板书后):当天平平衡的时候,我们就可以说天平两端物体的重量是相等的。所以1个桃子的重量等于1个桔子的重量,1个桔子的重量等于4个草莓的重量。

168

师:你们再仔细观察这两幅图,看看有什么发现?

生1:1个桃子的重量等于4个草莓的重量。

师:咦,桃子和草莓并不在同一个天平上,你是怎么看出来的?

生1:因为1个桃子的重量和1个桔子的重量平等……

师:是平等吗?

生1(不好意思):是相等,而1个桔子的重量又和4个草莓相等,所以1个桃子的重量等于4个草莓的重量。

师:在这里谁起到了关键的作用?

生(齐答):桔子。

师:根据同学们刚才的回答,我们能不能这样表示(点击弧线),1个桃子和1个桔子,4个草莓,它们的重量都相等。

师:请同学们思考一下,在这儿我们还可以怎么换,天平仍会保持平衡?

生1:可以把桔子换成4个草莓。

师:为什么?

生1:因为4个草莓和1个桔子的重量相等。

师:看来等量代换是有条件的,先找到事物间的等量关系才能代换。

师:等量代换的例子在我们生活中还有很多,这儿就有一件:星期天,小精灵"聪聪"和"明明"想去逛动物园呢! 可是天气越来越热,两人想买些水果带上。聪聪说:"西瓜又大又甜就买它吧!"(出示课件)你们知道这个西瓜有多重吗?

生(齐答):4千克。

师:明明说这么沉,我提不动!聪聪试了试也不行,他说,干脆把西瓜换成苹果,这样我们俩能分着提了。(出示课件)从这个图上你又知道了些什么? 你说。

生2:4个苹果重1千克。

师(指着砝码问):这是什么,认识吗?

生(齐答):砝码。

师:砝码用来表示重量。哎,问题来了。如果每个苹果的重量都相等,那么几个苹果与一个西瓜同样重呢? 一个西瓜能换多少个苹果呢?

（出示课件）

师：请你们帮他们算一算,也可以用老师刚才发给你们的学具摆一摆,4个人一小组,再把你们思考的过程在小组里交流一下。开始!

（师巡视并选出几个代表到黑板上摆学具）

师：好的,刚才老师转了一下,发现同学们都有自己的想法,老师选了几个同学到黑板上摆,一起来看一下。

师（指着刚才摆的同学）：能说说你是怎么想的吗?

生1：因为1个西瓜等于4个1千克的砝码,而1个1千克的砝码等于4个苹果的重量,2个1千克砝码就等于8个苹果,3个1千克砝码就等于12个苹果,4个1千克砝码就等于16个苹果的重量。

师：同学们听明白了吗?

生（齐答）：听明白了。

师：还有谁愿意给大家讲一讲啊? 你到黑板上摆出来。

生2：我们组的想法也是1个西瓜等于16个苹果,1个西瓜等于4个砝码,1个砝码等于4个苹果。这个砝码也等于4个苹果。现在你看西瓜等于4个砝码,1个砝码等于4个苹果,一排有4个苹果,总共有4排,我就可以列4乘4,等于16个苹果。

师：同意吗?

生（齐答）：同意。

师：谁会列算式啊? 你来列?

生3：4乘4等于16个苹果。

师：不错,现在我们再一次来看一看,西瓜换苹果的思考过程,在这个问题中谁把西瓜和苹果联系在一起? 你说。

生（齐答）：是砝码。

师：有什么联系?

生1：有重量联系。

师：重量怎么了,你来说?

生2：1个1千克砝码和4个苹果有重量的关系。重量相等。

师：同意吗?

生（齐答）：同意。

师:那我们就可以用4个苹果把1千克的砝码代换掉。瞧,这样我们就能很清楚地看出,1个西瓜等于多少个苹果的重量。

生(齐答):16个。

师:聪聪和明明买完了水果,来到了动物园,正好碰到小动物们在玩跷跷板的游戏,请看。(出示课件)

师:跷跷板两边平衡说明什么? 好,你来说。

生1:2只羊的重量等于1只猪的重量。

师:是吗?

生1:是。

师:从图中你们能找到哪些数学信息?

生1:我知道问题是2头牛能换几只羊。

师:还有吗?

生2:老师,缺少了一个条件你没告诉我们。

师(故作惊讶):哦,你眼睛真厉害! 这都被你发现了。

生3(激动地抢着说):因为老师你没告诉我们1头牛等于几只猪。

师(问全班):是吗?

生(齐答):是的。

师(点击课件):再告诉你们一个条件,1头牛的重量等于4头猪的重量,这下能解决了吗?

生(齐答):能。

师:由此可见,牛和羊的重量都与猪有关系,假如这里的每一种动物的重量相等,那么2头牛和几只羊的重量相等? 请你们思考一下,可以4个人一组一起讨论,也可以在纸上写一写、画一画。好,开始。

师:都想好了?

生(齐答):想好了。

师:哦,那两头牛和多少只羊的重量相等?

生(齐答):16只。

师:都是16只啊,我请个同学来说说你是怎么想的。好,请你来。

生1:2只羊可以换1只猪,那4只猪就可以换8只羊;而1头牛可以换4只猪,有2头牛,所以就有2个8,2乘8就等于16只羊。

师:不错,思路很清晰,还有不一样的想法吗?

生2:因为4只猪可以换1头牛,那再有4只猪就能换2头牛,这样就有8只猪,可以换16只羊。

师:听懂吗?

生(齐答):嗯。

师:简洁明了。哦,你还有想说的。

生2:我是写出来的,1头牛等于4只猪,2头牛等于8只猪,1只猪等于2只羊,8只猪等于16只羊,所以2头牛等于16只羊。

师:非常棒,掌声送给你,这样一眼就能看清你的意思了。可惜今天这没有投影仪不能让全班同学都看到,有兴趣的同学下课可以找她借着看。小牛的问题解决了,这边,小鸡、小鸭、小鹅也来凑热闹,它们正在玩跷跷板呢,我们来看一看。(出示课件)

师:你看到了什么?

生3:2只鸭的重量等1只鸡的重量(还没说完,其他同学已迫不及待地纠正是"鹅"),哦,是2只鸭等于1只鹅的重量。

师:这下说对了吧?

生4:对了。

师:再看第二幅图,咦? 2只鹅站上去,4只鸡站上去怎么也压不下去,说明什么呢?

生5:2只鹅比4只鸡重。

师:现在1只鸡和1只鸭在一起,它们谁重一些?

生(齐答):鸭重。

师:都这么认为啊,不改了?

生(齐答):嗯。

师:能说说你是怎么知道鸭重的呢?

生1:2只鸭子和1只天鹅的重量相等,如果把下面的2只鸡换成4只鸭……

师(提醒):把2只什么换成4只鸭?

生1:2只鸡换成4只鸭。

师(再次提醒):不要紧张,注意看2只鸭子和谁的重量相等?

生2:和1只鹅重量相等。

师:那我们应该说是把2只鹅——

生1:可以换成4只鸭子。

师:这样的话——

生3:现在4只鸭子就比4只鸡重了,它们同样的都是4只,但是鸭子却比鸡重,所以1只鸭比1只鸡重。

师(边讲边用课件演示):嗯,说得非常清楚。4只鸭子比4只鸡重,也就是说2只鸭子还比2只鸡重,也就推出了1只鸭比1只鸡重。

师(看到有人举手):噢,还有不同想法。好,那你来说。

生4:如果2只鹅比4只鸡重,那就是4只鸡比2只鹅轻一些,而4只鸭站上去正好等于2只鹅,所以我觉得4只鸡比4只鸭轻一些。

师:噢,你是用轻的方面来比,这其实和刚才那位同学说的意思是一样的,只不过观察的角度不一样。很好,请坐。(播放课件)

师:请看这幅图,这些是什么呀?

生5:是兔子。

师(描述):小白兔和小灰兔各自收获了一些果实,它们想要互相换一些果实,可是它们却怎么换也换不清楚,同学们,你们能帮帮它们吗?

生(齐答):能。

师:那我们一起来看一看——

生(齐读):2个白萝卜换6个胡萝卜,1棵大白菜换3个白萝卜,6棵大白菜可以换多少个胡萝卜?

师:能解决吗?

生(齐答):能。

师:请你们把解决的过程写在纸上,开始。

(看着解决的过程有点难度,师提醒)

师:要知道6棵大白菜可以换多少个胡萝卜,关键要理解2个白萝卜换6个胡萝卜,这句话理解了,问题就能解决了。

师(指名板演后):请这位同学来说说你是怎么想的?

生1:1棵大白菜可以换3个白萝卜,那么6棵大白菜就能换18个白萝卜,所以用3乘6等于18。

师:那18除以2是什么意思?

生1:因为2个白萝卜可以换6个胡萝卜,18个白萝卜有9个2,所以用18除以2等于9,再用9乘6等于54,可以换54个胡萝卜。

师:这位同学你也来说你又是怎么想的?

生2:2个白萝卜换6个胡萝卜,那么1个白萝卜可以换3个胡萝卜,3个白萝卜就可以等于9个胡萝卜,而1棵大白菜又等于3个白萝卜,所以6棵大白菜就等于54个胡萝卜。

师:同学们今天我们的课就上到这了,今天我们学了什么问题啊?

生(齐答):等量代换。

师:学会了用等量代换的方法去解决问题,后面还有一些题目由于时间来不及了,同学们可以看一下,有空的时候我们再来解决。其实等量代换这个量不仅仅体现在重量方面,也可以是数量、价格等方面。从原始社会到现在,人们的生活中也有很多等量代换的例子,(课件播放)同学们课后可以收集一些资料,我们再一起交流。好,下课!

《找规律》教学实录

张书萍

师:上课之前我们来做个游戏吧?

生(齐答):好!

师:我说数,你们把我说的再说一遍,行吗?

生(齐答):行!

师:2568。

生:2568。

师:25681。

生:25681。

师:2568109。

生:2568109。

师:256810934。

生:256810934。

师:这么难,都能说出来,真是太棒了! 因为你们都在用心听,用心记,学习也要这样哦! 好! 上课!(全体起立,师生问好)

师:同学们,老师带来一个宝盒,想知道里面藏着什么吗?(出示盒子)

生:星星,黄色的。(出示1组——黄、蓝)

师:谁能猜出下一颗星是什么颜色?(学生随意猜测)

(师接着出示:黄、蓝、黄、蓝至3组)

师:下一颗星是什么颜色?

(学生准确猜出,师将星星贴在黑板上)

师:为什么开始猜得不准确,而后面就越猜越准呢?

生:因为后面发现了规律——黄、蓝、黄、蓝、黄、蓝……

师:对,像这样按黄、蓝、黄、蓝、黄、蓝……的顺序,重复排列,就是有规律。今天我们就来学习找规律。(板书课题:找规律)

师(手指白板):光明小学的同学们在开联欢会呢!他们在教室的上面挂起了漂亮的——

生(齐答):彩旗、彩花和灯笼。

师:看,教室打扮得多美呀!同学们也围成了一个圈,开心地跳着唱着呢!请你们仔细观察,看看画面上哪些地方的排列是有规律的?又是按什么规律排列的呢?轻轻地和你的同桌说说,看谁发现的多?(同桌讨论)

师:你发现了什么的排列是有规律的?

生1:彩旗。

师(点击课件彩旗):什么规律呢?

生1:红、黄、红、黄、红、黄的规律。

师:那么后面一个是什么颜色的?

生1:黄。

师(拖课件):对,像这样红、黄、红、黄、红、黄(师圈出3组)的顺序重复排列,就是有规律。一次是重复吗?

生(齐答):不是。

师:一般至少要重复2至3次。

师:哪些同学也找到了彩旗排列的规律,把手举起来。(生举手)谁再来把找到的规律说一遍?

生2:彩旗是按照红、黄、红、黄、红、黄的顺序重复排列的。

师:有其他的发现吗?

生3:灯笼。

师:什么规律?(课件点灯笼)

生3:紫、红、紫、红、紫、红的规律。

师:那么后面一个是什么颜色的?

生:紫。(请学生上台拖课件上的灯笼)

师:对,像这样按紫、红、紫、红、紫、红(师圈出3组)的顺序重复排列,就是有规律。一般要重复至少——

生(齐答):2至3次,或者更多。

师:还有吗?

生4:小花。

师(课件点小花):什么规律呢?

生4:绿、红、绿、红、绿、红的规律。(学生说时,师就圈出3组)

师:那么后面一个是什么颜色的?

生4(上台拖课件):绿色。

师:还有什么的排列有规律?(学生齐举手)大家都知道呀,那就一起说吧。

生(齐答):小朋友。(师点击课件)

师:什么规律呢?

生(齐答):女、男、女、男、女、男的规律。(学生说时,师就圈出3组)

师:那么后面一个是什么?

生(齐答):女。(师拖课件)

生5:男、女、男、女、男、女的规律也可以。

师:那么,你是怎么看的?

生5:从右边看。

师:这位同学很会思考,我们要从不同的角度观察,也可以从不同的角度来找规律!把掌声送给他。

(师小结,课件回到主题图)

师:同学们真了不起,找到了彩旗、小花、灯笼和小朋友排列的规律,它们都是按照一定的顺序重复排列的。你们还想再找吗?

生(齐答):想。

(课件出示例2:摆一摆)

师:老师先摆,请同学们接着摆。看谁的眼睛最亮!

(师在白板上操作,请一位学生上台)

师:你能和大家说说为什么这样摆吗?

生:是按照正方体、长方体、正方体、长方体……的顺序重复排列的。

师:下面,我要摆一个难的。

(师在白板上操作,请一位学生上台)

师:说说你的想法。

生:是按照正方形、圆形、三角形……的顺序重复排列的。

师:大家的想法和她一样吗?

生(齐答):是!

师:下面是同学们最喜欢的"涂一涂"。

(课件出示例3:涂一涂)

师:同学们打开书89页,拿出彩笔,在书上涂。

(请一位学生上白板涂)

师:同桌互相说说是按什么规律涂的。

师:同学们和他涂的一样吗? 你能跟大家说说为什么这么涂吗?

生:是黄、绿、黄、绿……的规律。

师:说得真有道理。

师:同学们都很会发现规律,确实很棒! 有几个顽皮的星星要来考考你们。(课件出示第89页:做一做)

师:你知道顽皮的星星后面藏着什么吗?

师:谁第一个来试试?

生1:是红色、蓝色。

师:你怎么知道的?

生1:是按照红、蓝、红、蓝、红、蓝……的顺序重复排列的。

师:说得真清楚。

(师点出第二题)

师:猜对了,说说你的看法。

生2:是黄、绿。老师还有一个规律是一个尖头朝上、一个尖头朝下,后面就不要想了,都是这个规律。

师:真是好样的! 你已经会从不同的角度来找规律了。我们把掌声送给她。

(师点出第三题)

生3:紫色的和红色的。

师:你是怎么想的?

生3:是按照紫、绿、红的规律。

师:哦,她找到了颜色排列的规律,那么还能怎么看呢?

生4:圆形、三角形、正方形的规律。

师:对,我们要从不同的角度观察,也可以从不同的角度来找规律!

师:学到这里,同学们累了吧,来听首歌,轻松一下。

(课件播放歌曲:《快乐的节日》)

师:全体起立,跟我一起做。

(师带生做拍手,拍肩,扭腰)

师:你们怎么这么快就学会了?

生:动作中有规律,先拍手,再拍肩,最后扭腰。

师:观察得真仔细,还有吗?

师:同学们你们注意到了吗? 听的时候一段音乐、一段唱歌,一段音乐,一段唱歌,原来,音乐中也有规律。

师:同学们的眼睛很会观察,动作做得也很优美,你们的小手是不是也一样灵巧呢? 让我们来做小小设计师,自己设计有规律的漂亮图案吧!

(课件出示,音乐起)

师:请同学们拿出作业纸和贴纸,现在开始。

(师巡视,收集作品)

师:同学们请停一下,我们来欣赏几幅作品。请看投影仪——

(投影仪展示优秀作品)

师:你能说一说,你设计的图案是什么规律吗?

生1:我是按1面红旗、1个爱心的规律设计的。

生2:我是按2面红旗、1个爱心、1颗星星的规律设计的。

(师出示一学生作品)

师:谁发现了他设计的图案是什么规律?

生3:他设计的规律是红、蓝、黄、绿……

师:你是这么想的吗? 她说的对吗?

生4:对!

师:其实还有很多同学的作品也很优秀,课后我们在班级举办一个"小小设计展",把大家的作品都展示出来,好吗?

生(齐答):好!

师(总结):这节课我们学习了什么?

生(齐答):找规律。

师:我们在哪里找到了规律?

生1:颜色中有规律。

生2:形状中有规律。

生3:动作中也有规律。

生4:音乐中也有。

师:其实,在我们的生活中,也能经常看到有规律的排列。老师收集了一些图片,我们一起来欣赏。(课件展示生活中有规律的图片)

师:有规律的世界真美丽!下课!

《雪地里的小画家》第二课时教学实录

闻 生

师:这堂课我们继续学习第17课《雪地里的小画家》。(教师板书课题)上节课我们走进了一片雪地,认识了几个小画家,同学们还能叫出他们的名字吗?

生:能。

师:他们是——

生:小鸡、小狗、小鸭和小马。

师:你们喜欢他们吗? 我们把他们请出来。(教师边说边贴图片)这堂课,他们又来了,还带来了他们的好朋友,这些好朋友就藏在小雪花的后面,我们来读一读。请一位小勇士。(一位学生读,其他学生跟读)

师:"睡着"是翘舌音,再读一读。

生:睡着。

师:小勇士,这是什么词?

生:语气词。

师:小勇士,请你说一说吧!

生:这个语气词读时要轻、短,请大家跟我读,"啦"。

师:还有哪些语气词?

生1:啊。

生2:吗。

生3:呀。

师:小朋友真了不起,知道这么多的语气词。小勇士你真棒! 让我们把掌声送给她。大家再把每个词语读一遍。(生齐读词语)

师:词语读得好,相信你们的课文读得更好。

师:谁能说一说共有几句话? 请一位同学到白板上来标。

（生边读边标）

师：请六位同学来读一读。

（六个学生分读六句话）

师：读得真好，老师太喜欢你们了，小雪花也喜欢你们。瞧，小雪花从天空中飘落下来，大地、树木、房屋都变成了白色，小雪花飘呀飘呀，飘到了我们的班上，你们喜欢他们吗？

生：喜欢。

师：请你读一读。

生1：下雪啦，下雪啦！

生2：下雪啦，下雪啦！

师：小雪花一定能够感受到你们对他的喜爱。同学们，看看这句话，你发现了什么？

生：前后部分的文字一样。

师：真棒！你很善于观察。还有呢？

生：标点不一样，前面是逗号，后面是感叹号。

师：小逗号停顿的时间短一些，感叹号停顿的时间长一些。谁愿意来读一读？

生：下雪啦，下雪啦！

师：读出了第二个"下雪啦"的变化。让我们一起将这个好消息告诉小伙伴。

生（齐读）：下雪啦，下雪啦！

师：如果加上一个动作，会有更多的小伙伴知道这个消息。

生（做出呼唤状齐读）：下雪啦，下雪啦！

师：听到我们传递的消息，雪地里来了一群小画家。请同学们打开课本，用横线标出小画家在雪地里画了什么？再读一读。

（师巡回指导，学生边读边画）

师：谁找到了？赶快举起小手。

生：小鸡画竹叶，小狗画梅花，小鸭画枫叶，小马画月牙。

师：请你帮小画家找到他们的画。

（学生在白板上连线）

师：你喜欢他们的什么画？

生1：我喜欢竹叶。

师：那请你读一读。

生1：小鸡画竹叶。

生2：我喜欢梅花。

师：那请你读一读。

生2：小狗画梅花。

生3：我喜欢枫叶。

师：那请你读一读。

生3：小鸭画枫叶。

师：你们都喜欢这些画，那么小画家们是怎么画画的？

生：他们用脚踩出来的。

师：真神奇！那和我们画画有什么不一样？

生：他们不用笔和纸，踩几步就行了。

师：多么了不起的小画家，齐读。

生（齐读）：不用颜料不用笔，几步就成一幅画。

师：你们想看他们画画吗？（播放动画视频，生观看视频）

师：不用颜料不用笔，几步就成一幅画，这真是一群了不起的小画家，让我们再来夸夸他们。

生（齐读）：小鸡画竹叶，小狗画梅花，小鸭画枫叶，小马画月牙。

师：为什么小鸡画竹叶呢？你知道原因吗？

生：小鸡的脚印像竹叶，所以小鸡画竹叶。

师：你能用"因为……所以……"来说一说吗？

生：因为小鸡的脚印像竹叶，所以小鸡画竹叶。

师：真棒！奖励你为小鸡贴上画。

（师依次让学生用"因为……所以……"说话，并奖励学生为小动物贴上画）

师：作者通过仔细的观察，丰富的想象，才写这么好的诗歌。希望大家向作者学习，也来做个了不起的小诗人。

师：同学们，这么神奇的脚印，这么美的画。请1、2组同学读一读。

生(读):小鸡画竹叶,小狗画梅花,小鸭画枫叶,小马画月牙。

师:读得真好。瞧,雪地里来了一位小鸡画家。(用无限复制功能,让学生数)雪地里来了一群小鸡画家。你们看,小狗、小鸭、小马都来了,所以我们说——

生(读):雪地里来了一群小画家。

师:我们把三个及三个以上的人或物就称为"群"。那么我们说一群——

生1:一群绵羊。

生2:一群狮子。

师:狮子不爱群居,所以我们不说一群狮子。

师:真棒! 我们经常会说这样的一些词语,齐读。

生:三五成群、成群结队、成群结伙、博览群书。

师:博览群书就是阅读了许多的书。

师:现在,你们就是一片小雪花,你想请谁到雪地里画画?

生1:小鸟。

生2:小猫。

生3:孔雀。

师:让我们一起去请这些小动物吧! 老师先请,我请小鸟,小鸟画竹叶。谁愿意来请一请?

生1:我请小猫,小猫画梅花。

生2:我请小鹅,小鹅画枫叶。

生3:我请小猴,小猴画小手。

师:我们班的小诗人可真多! 让我们一起读一读自己的作品。

生(齐读):小鸟画竹叶,小猫画梅花,小鹅画枫叶,小猴画小手。

师:多么神奇的脚印,多了不起的小画家! 让我们来读一读吧!

生(齐读):不用颜料不用笔,几步就成一幅画。

师:这么热闹的雪地,却有个小动物伙伴没来,他是谁?

生:青蛙。

师:谁来读读这个问句?

生:青蛙为什么没参加?

师:真好奇！这是为什么呢?

生:他在洞里睡着了。

师:真棒！这又是为什么呢?

生:冬眠。

师:还有哪些动物冬眠?

生1:乌龟。

生2:蛇。

师:在漫长的冬季,有一些动物不吃不喝睡大觉,这就是冬眠。谁能读读这句话?

生:他在洞里睡着了。

(男女生分读)

师:小青蛙有了大家的关爱,来年一定能帮农民伯伯捉更多的害虫。让我们读一读这首儿歌,自由读、合作读都行。(学生自由读文)

师:谁先来展示一下。(配乐,生读全文)

师:给你颁发一个最佳表现奖。

师:请同桌的两位同学来读一读。(生读)

师:多么有默契,颁发一个最佳默契奖。下面我们来给《雪地里的小画家》的动画片配音。(生根据画面背诵全文)

师:让我们一起为动画片配音,还可以加上动作。(生边表演边读)

师:真棒！都赶上中央电视台的配音员啦！同学们,小画家们在雪地里展示了他们画画的本事,我们也来展示一下写字的本事。这个字读——

生:鱼。

师:什么结构?

生:上中下结构。

师:这个叫"角字头",跟我说一遍。

生:角字头。

师:要想把这个字写好,有什么窍门?

生1:"田"要上宽下窄。

生2:"一"要上扬。

（师范写,生书空）

师:下面我邀请一位同学上白板写,其他同学在下面写。

（生书写生字,师巡回指导强调写字的姿势）

师:请大家看看他写的"鱼",请提提意见?

生1:不错,很工整。

生2:注意里面的"一"在竖中线上。

师:有了大家的帮助,相信第二个会写得更好。

（学生再写一个"鱼"）

师:瞧,第二个的确有了进步。每次写字我们都要做到一看,二写,三对照,这样才能一个比一个写得好。

师:今天的课就上到这里,让我们走进作业超市,将喜欢的作业带回家。下课!

《我国的国宝》教学实录

管云云

一、初步了解中国的世界文化遗产

(师生问好)

师:同学们,今天我们先来聊聊我国的国宝。说起国宝,你首先会想到什么?

生(齐答):大熊猫!

师:异口同声,大熊猫的确是我国的国宝。不过今天,我们要说的国宝指的可不是大熊猫,他们还有个名字,我们来看一看! 他们叫做——世界文化遗产。那么,什么是世界文化遗产? 或者说必须具备怎样的条件才能被列入世界文化遗产呢?(出示课件)

生1:从遗产这个词,感觉应该时间比较久远。

师:是呀,历史比较久远。

生2:如果想被列入世界文化遗产,我想肯定要经过某些组织批准。

师:还必须通过申报,经过世界文化遗产组织批准。还有没有其他的条件呢?

生3:我觉得既然是世界文化遗产,那它肯定具有一定的价值。

师:对了,还必须具备突出的、普遍的价值。还有没有?

生4:应该保存比较完好的。

师:既然被列入世界文化遗产,那必须保存得比较好。我们来看一下,要想被列入世界文化遗产必须具备这四个条件,同学们想一想,容易吗?

生(齐答):不容易!

师:是呀,一个字,那就是难! 虽难,但每个国家都有自己代表性的文化遗产,谁能上来把这些文化遗产送到自己的国家?

(生上台操作,师生共评)

师:是啊,这些遗产代表着每个国家的历史和文化!(出示中国地图)那么说到中国呢?

生:长城、故宫……

师:我们的祖国幅员辽阔,历史悠久,是世界文明古国之一。在祖国大地上到处都有祖先留下的遗迹,它们不仅仅是中国人民的宝贵财产,也是世界人类的共同财富,其中许多被列为世界文化遗产,是我国的国宝。

师(出示中国世界文化遗产分布图):同学们,这是一张中国世界文化遗产分布图,看看有什么发现?

生1:我发现中国的世界文化遗产特别多!

师:是呀,放眼望去,数量特别多,还有吗?

生2:我国的世界文化遗产好像遍布祖国各个地方。

师:由此看出我国的世界文化遗产不仅数量多,而且分布特别广! 咱们来看看这组统计数据,我们一起来读一读!(出示课件)截至2011年6月24日,中国已有41处世界遗产,居世界第三位。其中文化遗产29项,自然遗产8项,文化和自然双重遗产4项。(生齐读)

师:读完这段文字你有什么感受?

生:自豪、骄傲。

二、走近世界文化遗产

师:是呀,我们骄傲,我们自豪! 同学们,我们中国有这么多的世界文化遗产。课前,三个小组成员分别就长城、秦兵马俑和安徽黄山做了详细的了解。接下来,请各小组内部交流搜集的材料,推选汇报代表。待会儿各组展示风采。(播放音乐)

师:看来大家课前都做了充分的准备,下面的时间就交给你们,有请小主持人!(汇报展示)

主持人:泱泱大中华,悠悠五千年,在这五千年的历史长河中,祖先为我们留下了许多宝贵的文化遗产。这些文化遗产闪烁着中国人民的智慧和勤劳的光芒。让我们一起来领略和探索中国的古老与文明。首先,有请我们长城小组的成员给我们解读长城背后的历史文化,掌声欢迎!

(一)长城组

组长:各位老师、同学,大家好,今天我们小组将带领大家参观美丽而古老的长城。首先让我们一起走近长城。(播放长城图片)瞧,我们的长城蜿蜒盘旋在崇山峻岭之间,远远看去,就像一条长长的巨龙! 长城被称之为世界最长的城墙(点击课件)。长城不仅修建的距离长,也是人类历史上修筑时间最长的工程。从春秋战国到明朝,历经10余个朝代,前后修建了将近2 000年。如此浩大的工程在世界上是绝无仅有的。那么在当时没有起重机等大型机械的年代,长城是怎样修建起来的呢? 就让我们组的学生1告诉大家吧!

学生1:(点击课件)据科学家粗略计算,如果把明长城的土、砖、石用来铺筑一条宽5米的公路,可以绕地球三周。为了占据有利地势,长城一般都修建在山坡高地上,用的条石一般是两三千斤重,所用的青砖每块都重达30斤。在修建长城时,劳动人民吃不饱,穿不暖,还要忍受思乡的痛苦。由于施工难度大,加上条件艰苦,有的人饿死,有的人葬身山崖,有的人累死,有的人冻死,有的人病死,不计其数。在那个动乱的年代,人力缺乏,有的家庭出不起劳力,连老人、孩子都被征去修建长城,有的常年回不了家,有的客死他乡,再也回不去了!"不见长城下,尸骸相支柱。"这首秦代留下来的民歌最能说明当时人民的悲惨。

组长:可以说长城是古代劳动人民用汗水、鲜血和生命浇筑而成的!它是我们中国人的骄傲! 在民间还流传了很多关于长城的传说,下面让我们组的同学给大家讲讲《孟姜女哭长城》的故事!(学生2讲述故事)

组长:听完我们组的故事和介绍,你一定觉得奇怪,为什么要花费那么多的人力、物力和财力修建长城呢? 有请我们组的智多星——学生3给我们解开密码。

学生3:同学们,最早修筑长城是在战国时代,那时诸侯国之间为争夺地盘,战争不停。打仗主要靠步兵、骑兵和战车。一道坚固的城墙,能比较有效地抵御来犯的敌人。因此,各诸侯国为了彼此防御,都在自己的边境线上建筑了长城。其中,北方的燕、赵、秦三国为了抵御北面的匈奴的入侵修筑了"拒胡长城",在当时北方的匈奴十分强悍,都善于骑射,在没有修筑长城之前,他们可以毫无障碍地进入中原进行抢夺,人们的生命和财产安全受到严重的威胁,长城是中国古代农业社会和平安定的保障。

主持人:同学们,长城作为军事防御设施,早已完成了它的历史使命,兄弟民族之间也早已化干戈为玉帛。今天,长城对于中国人来说是智慧、意志、勇气和力量的象征。

师:是啊,同学们,在这里管老师想补充一点,长城不仅是中国人民的宝贵财产,更是全人类的宝贵财富。它已经成为了中华民族的象征,很多外国领导人登上长城后都发出了由衷的赞叹。(出示课件,指名读)

(二)秦兵马俑组

主持人:听完长城组的介绍,你一定被我国古代劳动人民的勤劳和智慧所震撼! 长城不愧是"世界七大奇迹"之首! 说到长城,我们不得不提到一个人——秦始皇,秦始皇还有一项创举,你们知道是什么吗?

生(齐答):秦兵马俑。

主持人:下面,就让我们跟随秦兵马俑组走近那气势恢弘的地下兵团。

组长:大家好,今天由我们组给大家介绍秦兵马俑! 秦始皇兵马俑是世界考古史上最伟大的发现之一。大家看,这就是位于陕西西安的兵马俑。现今已发掘的三个俑坑,总面积达19 120平方米,足有我们两个校园那么大,坑内有兵马俑近8 000个。各种俑排列整齐,形成一个巨大的长方形军阵,看上去真像是秦始皇当年统率的一支南征北战、所向披靡的大军。兵马俑不仅规模宏大,而且类型众多,形象鲜明,具有极高的艺术性,请我们组的成员给大家来说一说!

学生4:秦兵马俑不愧是世界上最大的地下兵团,三个坑共出土近8 000件陶俑、陶马,这在世界雕塑史上可谓独秀一枝。不仅如此,每件陶俑大到身体结构,小到头发、眉毛,都精雕细刻、一丝不苟。我们来看看(点击课件),他们神态各异,有的微微颔首,若有所思;有的眼如铜铃,神态庄重;有的紧握双拳,勇武干练;有的凝视远方,好像在思念远方的家乡。坑内雕塑可谓千人千面,互不雷同,完全是当年秦军将士的真实写照。让人不得不佩服劳动人民的工艺的精湛。

主持人:难怪法国前总理希拉克参观后说:"世界上有了七大奇迹,秦俑的发现,可以说是八大奇迹了。不看秦俑,不能算来过中国。"从此秦俑被世界誉为"第八大奇迹"。同学们,你们想亲眼看看兵马俑吗? 今天,我们班的学生5给我们带来了浓缩版的兵马俑,想看吗? 欢迎学生5给我们展示他的宝贝!

学生5:大家好,今天我想跟大家分享一下我的宝贝,这些宝贝可是我暑假去西安时带回来的,大家看,别看它们很小,可是它们个个都是依照兵马俑的原型雕刻出来的,我们先来看看这个,谁来猜猜看,这是什么俑?(学生猜——介绍将军俑:将军俑一般都异常魁伟,膀阔腰圆。雕塑家在塑造这种俑时,都在其额头上雕出一道道皱纹,显得这些将军是久经沙场,富有长期作战经验的将领)这个呢?(猜——介绍跪射俑:之所以称之为跪射武士俑,是因为它们与秦俑坑中众多的陶俑形状不一,它们在坑中的姿式是跪姿,神态庄严,目光炯炯有神,身穿战袍,外披铠甲,头顶左侧绾一发髻)同学们,喜欢我的宝贝吗? 课下欢迎你们来我这观赏! 谢谢大家!

主持人:兵马俑组的介绍非常精彩! 秦始皇兵马俑博物馆是中国最大的古代军事博物馆。它的历史文化价值是独具魅力的。

(三)黄山组

主持人:欣赏完长城和兵马俑,接下来我们回到我们的家乡安徽来看一看,去领略一下家乡的美景,下面,让我们有请黄山组给我们作精彩解说!

组长:我们安徽的黄山是文化和自然双重遗产,说起黄山的自然美景那真是数不胜数,同学们你们知道黄山"四绝"是指什么吗?(指名说)那我先给大家说说黄山的奇松(点击课件)。看,这就是著名的迎客松,此松是黄山松的代表,恰似一位好客的主人,挥展双臂,热情欢迎海内外宾客来黄山游览。安徽电视台的标志就是以黄山的"迎客松"为基本元素设计的,再看这棵,大家知道它是什么松吗?(生答:送客松)送客松高4.8米,树龄约450年,枝叶侧伸好像作揖送客,与名扬世界的黄山迎客松遥遥相对应,黄山上像这样可以叫出名字的松树成百上千,每棵都具有美丽、优雅的风格。接下来有我们组的其他三位同学作介绍,大家掌声欢迎!

学生6:我给大家介绍的黄山的怪石!我们在二年级就学过《黄山奇石》,大家还记得课文中给我们介绍的几处景点吗?课前我搜集一些图片,下面我想来考考大家(点击课件,让生猜测仙桃石、猴子观海、仙人指路、金鸡叫天都)。这张你们认识吗?哈哈,我给它起了个名字叫嫦娥奔月。黄山上这样的怪石数不胜数,这些石头千姿百态,从不同的位置,在不同的天气观看情趣迥异,可谓"横看成岭侧成峰,远近高低各不同"。同学们,有机会去看看吧!

学生7:云海是黄山第一奇观,黄山自古就有云海之称。黄山的"四绝"中,首推的就是云海了,由此可见,云海是装扮这个"人间仙境"的神奇美容师。根据方位的不同黄山云海可分为:东海、南海、北海、西海、天海。黄山云海不仅本身是一种独特的自然景观,而且还把黄山峰林装扮得犹如蓬莱仙境,置身其中,令人神思飞越、浮想联翩,仿佛进入梦幻世界。云海表现出来的种种动态美,大大丰富了山水风景的神采。

学生8:黄山"四绝"之一的温泉(古称汤泉),源出海拔850米的紫云峰下,水质以含重碳酸为主,久旱不涸,水质纯净,可饮用可沐浴。传说轩辕黄帝就是在此沐浴七七四十九日得以返老还童、羽化飞升的,故又被誉之为"灵泉"。

组长:听完我们的介绍,你们一定很想亲眼去看看,我们组准备了一段视频来看看吧!(播放视频)

组长:黄山一峰一姿,一石一态,一松一画,充满了美意。岁月的磨砺和风雨的剥蚀,让黄山以巧夺天工的自然奇景有别于五岳的古迹。所以伟大的地理学家、旅行家和探险家徐霞客说:五岳归来不看山,黄山归来不看岳。可见黄山之美。不仅如此,还有很多的文人墨客留下了赞誉之词,让我们一起来读读这些诗句!(出示诗句:第一兹游快心事,名山大好属吾家。 欲识黄山真面目,风华半在玉屏楼。)

主持人:听了三个小组的汇报,让我们感受到长城的雄伟、兵马俑的恢宏、黄山的秀美,了解到它们背后蕴含的丰富的历史文化。作为一名中国人我们骄傲,我们自豪! 同学们,让我们用心去解读这些古遗迹灿烂的历史文化,相信我们会更有收获!

三、整体感知世界文化遗产

师:每一处遗迹见证一段辉煌的历史,传承一段灿烂的文化!(板书:见证历史、传承文化)听了同学们的介绍,老师仿佛有身临其境之感,我有时间真想去游览各处世界文化遗产,你们想去吗? 让我们跟着镜头走近其他的文化遗产。(播放图片)

师:欣赏的是风情,解读的是文化。中华民族悠久的历史文化值得我们每个中华儿女去探索和发现! 同学们,此时此刻你最想用什么样的形式来表达你的心情?

生1:我想用一幅书法作品来表达我此时此刻的心情!

生2:作为一名中国人,我感到自豪和骄傲,我想为祖国妈妈唱首歌——《我的中国心》。

生3:我非常爱我的家乡安徽,我们几个人想为黄山说段快板!

生4:我想为我的祖国朗诵一首诗歌!

师:优美的中国字,浓浓的爱国情啊,谢谢! 此刻,老师也很激动,想以"我爱中国"为题,即兴创作了一首小诗,送给大家。

我爱中国

万里长城万世仰,

秦兵马俑添奇观。

黄山四绝传天下,

中华文明耀东方!

四、由远及近,了解铜陵的文化古迹

师:孩子们,刚才我们了解了我国的世界文化遗产,我们铜陵虽没有

世界文化遗产,但也有着几千年的青铜文化历史,在我们的身边也有很多的地方见证着铜陵悠久而灿烂的青铜文化。你们知道哪些地方吗?

生1:金牛洞。

生2:炼渣王。

师:同学知道得可真多,像金牛洞、罗家村炼渣王等,这些都是我们身边的古遗迹,课下有时间的话,可以去看一看,探寻一下我们古铜都的悠久历史!还可以几个人一个小组,就你们感兴趣的某处世界文化遗产,搜集和查阅资料,继续探索古遗迹!(出示课件)我们这节课就上到这里,下课!

生:老师,再见!

师:同学们,再见!

《24时计时法》教学实录

徐 军

一、生活情境,引入24时计时法

师:你们喜欢玩脑筋急转弯的游戏吗? 今天我要说一个脑筋急转弯,看你们能不能猜出来。

(课件出示:龙龙和涛涛约好周六8时到电影院门口见面,他们俩都按时去了同一个电影院门口,但是却没有见到面。你知道为什么吗?)

生:因为龙龙是早上8时去的电影院,而涛涛是晚上8时去的电影院,所以他们去了同一个电影院,却没有见到面。

(其他同学鼓掌赞成这位同学所说,教师微笑赞许)

师:他们没说清楚具体时间,能见到面吗?

生:不能。

师:如果你是龙龙,你怎样约涛涛呢?

生1:我想对涛涛说,我们上午8时到电影院门口见面。

生2:涛涛,我们晚上8点到电影院门口见面啊!

师:对,他们两人说得都非常好,这样一说,龙龙和涛涛就能在电影院门口见面了。如果老师是龙龙,我会这样说:涛涛,明天一起去看电影吧,我们在电影院门口见面,记住哦,时间是20时。

(生轻声讨论20时是什么时间)

师:你们听说20时吗?

生1:听过。

生2:没听过。

师:人们为了计时简便不易出错,就采用了一种新的计时方法,这种

计时方法就是我们今天要学习的"24时计时法"。(板书:24时计时法)

二、质疑探究,学习24时计时法

师:什么是24时计时法,你们知道吗?(学生各抒己见,互相谈论着)让我们一起来体会体会。

(一)体会0时

师:一天从什么时候开始呢? 我们一起来看一段录像。

(学生观看春节晚会倒计时的片段)

师:他们为什么这样高兴,在欢呼什么?

生1:因为新年的钟声敲响了。

生2:因为新年到了。

生3:新的一天开始了。

师:对,新的一年到了,也是我们新的一天开始了,你们有没有发现,当新的一天开始的时候,我们钟面上的时针和分针都指向了哪里?

生:时针和分针都指向了12。

师:晚上12时,既是旧的一天的结束,也是新的一天的开始,我们就把它记作0时,24时计时法就是从0时开始计时的。

(二)比较普通计时法和24时计时法的区别和联系

师:现在我们一起来体验新的一天。(多媒体演示:钟面上时针从12时开始转动,钟面背景是学生特定时刻的图片:早上6时起床,上午8时上课……当时针和分针转了一圈,又回到了12时)

师:时针和分针又到了12上面,一天结束吗?

生(着急):没有,没有结束,才到中午呢。

师:是的,一天没有结束,时针还将继续转。(多媒体演示:出现外圈上的数字12~24)

师(指着钟面):这个时候我们的时针转了几圈了?

生:两圈。

师:现在是旧的一天结束了,一天过得真快啊,我们要珍惜时间,因为一天只有24小时。(板书:一日=24小时)

师:我知道同学们最喜欢表演,下面我就请同学们看着钟面上的时间,用动作来表演你一天24小时都做了些什么事情。愿意吗? 想好了怎样表演,表演效果会更好哦。(学生非常兴奋,积极准备表演)

师:对于新的一天来说,这一刻就是0时,这个时候同学们早已进入了甜蜜的梦乡……

(联系生活实际看着多媒体钟面上的时间表演,学生用肢体语言体会,感受一天的时间。表演得非常生动,情绪高涨)

师:同学表演得真棒,老师一眼就能看出你们什么时间都做些什么。

师(指着24时):在这里我们叫它24时,它还有一个称呼,叫0时。你们知道为什么有两个称呼吗?

生:因为一天的结束和新一天的开始都在那里,所以有两个名字。

师:虽然在同一个时间里,它的两个名字表示的意义不一样。0时,是表示一天的开始,而24时,是表示一天的结束。

(出示:24时计时法的解释文字)

师:请同学们用自己喜欢的方法阅读。

生:在一日(天)里,钟表上时针正好走两圈,共24小时,一日=24小时,所以,经常采用从0时到24时的计时法,通常叫做24时计时法。

师:24时计时法计时是非常准确的,也是世界通用的,它和地球的自转有着密切的联系。(出示文字:地球在绕太阳转的同时,自己还不停地旋转,地球自己旋转一圈所需要的时间就定为一日。一日是24小时)

师:你们知道24时计时法和普通的计时法有什么区别吗? 我们来比较一下。(出示活动钟面,拨动钟面,选择学生们熟悉的几个时间来进行比较)

1.0时～12时的比较

	普通计时法	24时计时法
起床时间	早上6时	6时
上学时间	上午8时	8时
午饭时间	中午12时	12时

师:看见普通计时法和24时计时法的区别了吗? 能不能说一说?

生:普通计时法前面加上了文字,而24时计时法前面没有文字,只要写出数字就行了。(鼓掌)

师:你们知道早上、上午、中午这些词叫什么吗?

(学生疑惑不语)

师:我们叫他们"时间词"。

生(齐说):时间词。

2. 13时~24时的比较

师(把时针拨到1时):我们吃完午饭,这个时候时针走到了1,用普通计时法该怎样写?

生:下午1时。

师:那我们用24时计时法,写上1时。

生(着急):不对,不对,应该是13时。

师:刚才不是说了吗? 24时计时法只要把普通计时法前面的时间词去掉就行了吗?

生:不行,不行……

师:为什么不行呢?

生1:因为时针已经转了一圈了。

生2:这样的话就和凌晨的1时弄混淆了。

师:应该怎样写呢?

<table>
<tr><td></td><td>普通计时法</td><td>24时计时法</td></tr>
<tr><td>午休时间</td><td>下午1时</td><td>13时</td></tr>
</table>

师:为什么要写13时?

生:因为时针已经转了一圈了,是12小时,又转了一圈是1小时,12加1就是13时,所以应该写13时。

师(点头称赞):这位同学这样爱动脑筋,以后一定能成为数学家。(在课件上拖出算式12+1=13)

师:当时针继续走到2的时候,用24时计时法应该怎样说? 走到3呢? 4呢……(学生口答)

师:晚上7时的时候,用24时计时法该怎样写? 请一位同学在黑板上板演。

普通计时法　24时计时法

新闻联播	晚上7时	19时
睡　觉	晚上9时	21时
	晚上12时	24时或0时

师:同学们看这外圈的数字和内圈的数字表示的时间一样吗?(不一样)那外圈的数字表示什么时间呢? 把你的想法用同学们都能听明白的语言说出来。

生:表示下午和晚上的时间。

师:对,再看看这外圈的数字和内圈的数字有什么关系?

生:都相差12。

师(小结):用普通计时法表示的时刻,前面要加"下午、晚上"等时间词,而用24时计时法表示的时刻就不要加,凌晨和上午的时间只要直接写钟面上的时间,下午到晚上的时间,把钟面上的时刻加上12就行了。24时计时法从0时到24时来表示时间,每个数都是独一无二的,而普通计时法中的每个数在一天中都会出现两次,必须加上时间词进行区分。

师:现在老师说24计时法的时间,你们能不能用普通计时法说出时间呢?(老师说,学生答)

师:同学们说得真好,谁来告诉我,你是为什么能这样准确地说出答案呢?

生:1~12时,我只要加上时间词就可以了,而13~24时,除了加时间词,还要减去12。

师:为什么要减去12呢?

生:加上时间词了,就要去掉时针转第一圈的时间。(学生自发鼓掌)

三、24时计时法在生活中的应用

师:在我们的生活中,你们在哪里听过或看过24时计时法?

生1:在商店门口看到营业时间是使用了24时计时法。

(出示:营业时间的图片)

生2:路边停车牌子上面,也使用了24时计时法。

师:你观察得真仔细。

生3:公交车站的牌子上面的班车时间也使用了24时计时法。

生4:我在火车站的列车时刻表上也看到了24时计时法。

……

四、巩固练习

(1)游戏:老师说一个时刻,学生判断是普通计时法还是24时计时法。一问一答。

(2)连一连:书上53页的做一做,请一位同学在白板上演示,其他同学在书上书写。

(3)白板游戏:区别两种计时法一边是普通计时法,一边是24时计时法,请学生把各种写有时间的卡片按类别放入。如果放错了,时间卡片会跳出,其中有一张卡片放不进去。

师:为什么这张卡片放不进去呢?(下午15时)

生:因为它的这种计时方法既不是普通计时法也不是24时计时法,所以放不进去。

师:怎样改才能让这种卡片放到普通计时法中去?

生:改成下午3时。

师:那怎样该才能放到24时计时法中去呢?

生:把时间词去掉,改成15时。

师:非常正确。

五、回归生活,用学过的知识解决生活中的问题

师:请同学们用我们今天学到的知识,帮助小红完成她的作息时间表。(学生拿出作业纸,完成作息时间表,教师展示)

师:请同学们回家后和爸爸妈妈一起用两种计时法,制定周日生活计划表,你行吗?

生:行!

师:下课!

《画家和牧童》第二课时教学实录

何　燕

师:上课。

生(齐):老师好。

师:同学们好,今天我们继续学习第21课《画家和牧童》,请同学们齐读课题。

生(齐):第21课《画家和牧童》。

师:老师听说咱们班同学的生字词掌握得特别扎实。今天,我带来了一个魔方,想考考大家,有谁敢尝试一下?

生(齐):我,我……

师:好,请你来转动魔方。

生:轻笔细描。

生(跟读):轻笔细描。

师:读得很好,先上座位。这个词语在魔方里面还有个反义词,待会儿看谁火眼金睛能发现。好,请你上来,继续。

生:惭愧、绝妙之作、连连拱手、纷纷夸赞、浓墨涂抹。

(生跟读词语)

师:同学们,有什么发现? 请你来说。

生:我发现了浓墨涂抹的反义词是轻笔细描。

师:正确。

师:我们来看一看这里有没有多音字? 来,你说。

生:抹(mǒ)。

师:它还读什么?

生:抹(mā)。

师：哦，我们经常劳动时用的抹布擦窗户、擦桌子。来看看这个"抹"，第一横长第二横短，把你们的手拿出来，我们一起书空一遍。

师生（共说）：横、竖勾、提、横、横、竖、撇、捺。

师：刚才同学们学习得非常棒，课文里也有一个孩子和你们一样棒，是谁啊？

生（齐）：小牧童。

师：那人人敬佩的大画家和我们小牧童之间会发生什么样的事情呢？请大家打开课本，轻声读课文，找一找哪些词说明戴嵩是个怎样的画家呢？（生读课文）

师：戴嵩是个怎样的画家呢？你们找到了吗？

生：戴嵩是位著名的画家。

师：著名是什么意思？你接着来给大家说说。

生：著名就是非常有名。

师：哦，非常有名。在我们生活中除了著名的画家，还有著名的什么？

生1：著名的歌手。

生2：著名的诗人。

师：很好，那下面请同学们默读课文的第一自然段，找一找哪些语句写了戴嵩是位著名的画家？找到了可以把它画出来。（生边读边画）

生：他的画一挂出来，就有许多人观赏。

师：我们一起来读。

生（齐读）：他的画一挂出来，就有许多人观赏。

师：再请同学读一读这一句。（出示：他的画一挂出来，就有许多人观赏；他的画挂出来，有许多人观赏。）

生：他的画挂出来，有许多人观赏。

师：这两句话有什么区别啊？

生：少了"一""就"两个字。

师：少了这两个字，有什么区别呢？

生：有了"一……就……"，就能说明戴嵩是位著名的画家，他的画画得非常好。

师：哦，你说得也非常好。来看一看，谁能把它补充完整？

202

【出示:他的画一挂出来,就有许多人观赏;他的画一挂出来,看画的人就(　);他的画一挂出来,有钱的人就(　)。】

生:他的画一挂出来,看画的人就点头称赞。

生:他的画一挂出来,有钱人就争着用大价钱购买。

师:是的,说得非常好。我们一起来说一说。(生齐说)

师:好,那同学们你们能不能用"一……就……",说一说生活中、学习中发生的事情呢?(出示:_____一_____,就_____。)

生1:我一抬头,就碰碎了姑妈家的花瓶。

师:下次可要注意了哦。好,请你来说。

生2:他一进屋子,就把大衣脱了。

生3:小明上课一走神,就听不见老师说的话。

师:那你们上课能不能走神啊?

生(齐):不能。

师:嗯,非常好。咱们下面来比赛读一读,看看谁能把画家的技艺高超给读出来。(生读)

师:读得非常有感情,看谁能比她读得更好,来,请你。(生读)

师:我感觉有钱人就要立刻掏钱把这幅画买下来,读得很好。(生读)

师:读得也很好,我们一起把这一个自然段读一读。(生齐读课文)

师:你们读得这么好,给自己一点掌声。

师:再看看课文哪里说了戴嵩是一位著名的画家呢?

生:他一会儿浓墨涂抹,一会儿轻笔细描,很快就画成了。

(出示:他一会儿浓墨涂抹,一会儿轻笔细描,很快就画成了。)

(生齐读)

师:浓墨涂抹、轻笔细描,这一对反义词是我们画画中的两种技法,有谁知道? 请你来说说。

生:浓墨涂抹就是涂很深的颜料,轻笔细描就是用笔尖轻轻地勾。

师:轻笔细描说得很好,浓墨涂抹有没有谁要补充的呢?

生:用颜料重重地涂。

师:对。请同学们来看看这一幅图,哪里是轻笔细描,哪里是浓墨涂抹? 请你上来指一指。

生(指着图片):这里是轻笔细描,这里是浓墨涂抹。

师:还有哪里是浓墨涂抹?

生(指着图片):这里。

师:找得真准确。一起再读这句话。

生(齐读):他一会儿浓墨涂抹,一会儿轻笔细描,很快就画成了。

师:这里面有一个关联词是……

生:一会儿……一会儿……

师:"一会儿……一会儿……"说明了什么?

生:时间过得非常地快。

师:说完整。

生:"一会儿……一会儿……"说明时间过得非常快

师:这句话里还有哪个词说明他画得非常快?

生:很快。

师:看看我们的戴嵩不仅画得快,而且画得好,说明他早已胸有成竹,真是一位画技高超的大画家啊。同学们,你能用"一会儿……一会儿……"说一句话吗?[出示:( )一会儿( ),一会儿( )。]

生1:弟弟一会儿看书,一会儿看电视。

生2:我一会儿唱歌,一会儿跳舞。

生3:我一会扫地,一会浇花。

师:戴嵩一会儿就把一幅画画完了。再找找我们文中还有那些语句说明戴嵩非常著名呢?(生说,师相机出示相关的语句)

(出示:围观的人看了,纷纷夸赞。"画得太像了,画得太像了,这真是绝妙之作!"一位商人称赞道。"画活了,画活了,只有神笔才能画出这样的画!"一位教书先生赞扬道。)

师:我们一起来读一读。(生齐读)

师:你喜欢哪个角色,就读谁的话。

生:"画活了,画活了,只有神笔才能画出这样的画!"一位教书先生赞扬道。

师:教书先生夸赞了戴嵩,还有谁来读一读?

生:"画得太像了,画得太像了,这真是绝妙之作!"一位商人称赞道。

师:真的是绝妙之作,还有谁想替教书先生赞扬赞扬戴嵩画的画。举手的同学起立,一起读。(生齐读)

师:哎呀,同学们表现得可真棒,老师想分角色来读一读,你们说好不好?

生(齐):好。

师:你们想扮演谁啊?

生:教书先生。

师:那老师就扮演商人,好不好?

生(齐):好。

师:看看是你们读得好,还是我读得好。(师生分角色读)

师:老师和同学表演得都太棒了,我们给自己鼓鼓掌吧!

师:同学们看,这三句话里面各有一个词,它们的意思是相同的,你知道是什么词?

生:夸赞、称赞、赞扬。

生:都是夸奖的意思。还有老师经常做的动作,表扬。

师:哦,都竖起大拇指表扬你们。我们国家的文字真是丰富,一个意思用三个词语来表示。同学们,就在大家都纷纷夸赞的时候,如果你在场,你会怎么夸赞呢?老师给你们一些词语,先来读一读。

生(齐):出神入化,绝妙之作,活灵活现,惟妙惟肖,栩栩如生,画技高超。

师:好,请你上来。你来夸一夸戴嵩。

生1:你画得栩栩如生,活灵活现。

生2:画活了,画活了,戴嵩画得真是栩栩如生,惟妙惟肖。

生3:戴嵩啊,戴嵩,你真是一个著名的画家。

生4:这可以看出你的画技高超。

师:说得都很好,一个接着一个夸,这就是——

生(齐):纷纷夸赞。

师:让我们再来读一遍。

生(齐):纷纷夸赞。

师:就在大家纷纷夸赞时,谁出现啦?

生齐:小牧童。

师:谁来扮演小牧童?

生:画错了,画错了。

师:你为什么读的声音那么大呀?

生:因为课文写了,他的声音像炸了雷一样。

师:哦,炸了雷的时候声音是什么样?

生:轰隆一声,非常大。

师:我再请一个同学扮演小牧童,读读这句话。

生:画错了,画错了。

师:刚才是纷纷夸赞,你画得真棒,你画得真好。突然之间有个人说:画错了。咦? 我们仔细看一看,这时候围观人的表现是——

生(齐):都呆住了。

师:想一想,围观的人会说什么?

(出示:围观的人都呆住了,有的_____,有的_____,还有的_____,他们都在想_____。)

生:所有的人都呆住了,他们都在指责小牧童什么?

生:大画家怎么可能画错呢? 你快点走! 有的人摸着胡子想,他到底什么地方画错了? 还有人在想,戴嵩到底有没有画错呢?

师:嗯,说得非常好,还有谁来说一说。

生:有的人说,大画家怎么可能画错了,可能你眼睛看花了吧! 有的人说,小牧童快走,大画家不会画错的。

师:他们都在想一个什么问题呀?

生:戴嵩到底有没有画错呀?

师:到底错在哪儿? 什么地方画错了? 这时候小牧童说了什么话? 请两组同学起立读读课文中的话。(生分组读课文中的话)

师:读得非常好,我们看看小牧童说的对不对?

(出示:戴嵩画错的地方是_____。正确的画法是_____,而戴嵩却画成了_____。)

师:戴嵩画错的地方是——(生齐:牛尾巴)正确的画法是——(生齐:夹在两腿中间的)而戴嵩却画成了——(生齐:翘起来了)什么东西翘起来了啊?(师生齐:牛尾巴翘起来了)

师:我们看一看这幅画(出示:斗牛的图片),仔细观察一下,两牛相斗的时候,它的尾巴怎么样? 有没有翘起来?

生(齐):没有。

师:夹在两腿中间的。看来我们权威人士的话也不完全正确,想想看,牧童是干什么的?

生(齐):放牛的。

师;他在平时放牛的时候——

生:观察牛。

师:噢,观察牛。观察得非常——

生(齐):仔细。

师(边说边板书:观察仔细):我们的小牧童观察得非常仔细! 那我们同学平时观察事物的时候也要向小牧童学习啊! 戴嵩听到小牧童的话时,又是怎么表现的呢? 我们一起来看一看。

(出示:这时,戴嵩把牧童叫到面前,和蔼地说:"小兄弟,我很愿意听到你的批评,请你说说什么地方画错啦?"……戴嵩听了,感到非常惭愧。他连连拱手,说:"多谢你的指教。")

师:我请一个同学来读一读。(生读)

师:读得可真好! 从"连连拱手"中可以看出戴嵩非常地——(生齐:谦虚)有没有生气啊?(生齐:没有)那还有哪些词语可以看出他非常谦虚呢? 来,请你说。

生1:和蔼、很愿意。(师在白板上标出相应的词语)

生2:批评、惭愧。

生3:连连拱手、指教、小兄弟。

师:还有没有? 还有补充的吗?

生4:请。"请你说说什么地方画错了",非常有礼貌。

师:那我们在这段话当中还有哪个字可以变为"请"呢? 非常有礼貌的词语。

生:叫,把"叫"换成"请"。

师:好,那我们一起把"叫"换成"请",一起来读一遍好不好?

(生齐读:"这时,戴嵩把牧童请到面前……")

师:多谦虚啊,他及时接受了小牧童的意见,对小牧童说的话也很赞同。我们再来读一读这段话。(生齐读)

师:戴嵩听了小牧童的话及时地重新画了一幅,这幅《斗牛图》现在珍藏在台湾的博物馆,是我国历史上保存最完好的一幅《斗牛图》。(出示:《斗牛图》)看看它的尾巴怎么样?

生:夹在了两腿的中间。

师:对,夹在了两腿的中间。

师:开始的《斗牛图》中牛尾巴是怎么样的?

生:是翘起来的。

师:无论是大画家还是小牧童,他们身上都有许多优秀的品质值得我们学习。学了这篇课文,相信大家都有很多感想,那么你想对他们,对自己说些什么呢?下面请同座位之间互相讨论讨论,写一写。

(出示:我会说

我想对戴嵩说:"_____。"

我想对牧童说:"_____。"

我想对自己说:"_____。")

(生自由讨论,老师巡视辅导)

师:嗯,同学们想对谁说啊,大胆地说出来吧。

生:我想对戴嵩说,你虚心的品质值得我们学习,让我想到"谦虚使人进步,骄傲使人落后。"

师:我们的戴嵩非常谦虚(板书:虚心),你还想对谁说?

生:我还想对自己说:"我们应该要谦虚不能骄傲,如果我考了100分,我不会骄傲,而是要谦虚。"

师:噢,要谦虚,继续加油!说得很好,还有谁?

生:我想对戴嵩说:"你虚心的品质值得我们学习。"我想对牧童说:"你仔细观察,善于思考。"

师:大家说得太好了!我相信同学们在生活中一定会做到诚实、谦虚,对待周围的事物也能认真观察。老师送给大家几句精彩的话,让我们共勉!(读一读名言,摘抄喜欢的句子)

《听听,秋的声音》片断仿写教学实录

章　峰

(课前游戏)

师:同学们,我们一起来玩个游戏,好吗?

生:好!

师:这个游戏的名字叫"猜一猜"。猜什么呢? 老师这儿有各种各样的声音,请同学们仔细听,说说你听到了什么样的声音? 猜猜看,是什么发出的声音?(板书:声音)

(播放风吹的声音)

师:这是什么样的声音? 是什么发出的?

生:风声。

师:是什么样的声音呢?

生:呼呼……

(播放哭声)

师:这是什么声音?

生1:哭声。

师:怎样的哭声?

生1:伤心地哭。

师:什么样的哭声?

生2:难过。

师:那是他的心情,我说的是什么样的声音? 就像刚刚的风一样,呼呼的。这是什么样的声音呢?

生3:哎哎……

师:看,她学得多像呀! 再来听听。

(播放蜜蜂的声音,学生边听边模仿)

生4：苍蝇。(生哄笑)

师：苍蝇？苍蝇怎样的声音？

生齐答：嗡……

师：除了苍蝇，还像谁的声音？(师学蜜蜂嗡嗡声启发学生)

生(齐答)：蜜蜂。

师：对，小蜜蜂。

(播放水滴的声音)

师：这是什么声音？

生(抢答)：下雨。

生5：小雨哗哗的声音。

师：小雨哗哗？说得很形象。

(播放水滴声，学生在下面七嘴八舌的发表自己的想法)

生6：水滴的声音。

师：什么样的声音，再来听一下。(再次播放)

生7：滴滴答答的声音。

师：滴滴答答的声音。

一、导入

师：同学们，大自然里的声音呀，真丰富！上节课，我们已经学习了第12课《听听，秋的声音》。让我们一起回顾一下这首诗，去倾听秋天美妙的声音。(师配乐读《听听，秋的声音》)

师：多么美丽的秋天啊！多么美妙的诗歌啊！今天呢，也让我们一起走进秋天，去听听秋天到底还有哪些声音？(在"声音"前板书：听听，秋的声音)

二、方法指导

师：诗人这首诗写的都是一些我们听到的秋的声音，那诗人是怎样写出这么美的诗呢？请同学们一起来看一看诗歌的一二两节(出示：一二节),看看从语言上和结构上你都有哪些发现呢?

(生自由读诗歌一二节)

师:都有什么发现?

生1:两节都有一个拟声词。

师:哪个词? 都有什么词?

生2:"曜曜"和"唰唰"。

师:哦。"曜曜"和"唰唰"这两个你说叫什么呀?

生3:叫拟声词。

师:对。是拟声词,也可以叫它是象声词(在白板上出示:象声词)。象声词呀,是描绘某种声音的词语。这两个声音都是诗人用耳朵……(师拖长声音,引导学生回答)

生(齐答):听的。(板书:听)

师:用耳朵听的。你发现了什么呢?

生4:它们的声音都是不一样的。

师:对。因为"唰唰"是谁发出来的声音啊?

生5:大树。

师:对。那"曜曜"呢?

生(齐答):蟋蟀。

师:它们发出的声音都是不一样的。你看,"大树在抖手臂,蟋蟀在振动翅膀",(白板上点击"大树抖抖手臂""蟋蟀振动翅膀"后,字体变红),都是作者眼睛看到的。(板书:看)你还有哪些发现? 你来说。

生6:都是秋天的声音。

生7:它们都是告别的声音,但它们用的词都不一样。

师:哎呀,这个发现可真了不起! 你看,上面说的是……(生小声回答"话音")话音,下面它说的是"歌韵"。用不同的词语表达,可以让诗歌更优美。"曜曜""唰唰"真的是黄叶道别的话音,阳台告别的歌韵吗?(生在下面七嘴八舌回答,师接着引导)这是作者怎么得到的呀?

生(齐答):想象。(师板书:想象)

师:对,难道蟋蟀真的会说话? 黄叶真的会和大树告别吗?(生齐答:不能)这些都是作者通过自己丰富的想象得到的。又是一个重大的发现。你还有什么发现?(生沉默,师接着引导)这两段都有什么样的词啊?

生8:都用了"听听"。

师:对。它们都有一个共同的"听听,秋的声音"。同学们都有一双慧眼,发现了这么多。你瞧,诗人把他在秋天里看到的、听到的、想象到的都融入了诗里。你还有什么发现呢? 在诗句排列上有什么特别的? 和以前的课文一样吗?

生(齐答):不一样。

师:不一样在哪儿?

(学生思考)

生9:格式不一样。

师(师接着引导):诗每一句都作为单独的一行。对不对? 有没有接着后面写?

生9:没有。

师:每一个小句子就单独地成一行。

生10:它不像平时的那些课文,这个要空两格。

师:对。开头都是对齐的。

生11:它的课题里面有逗号,其他的都没有。

师:嗯,她都看到课题了。课题里面有个小符号——逗号。

三、改写,改一改秋天的声音

师:有了这些发现,章老师觉得写诗也并不难。不信? 瞧,课文的第五节,我们来看一下(出示第五节)。第五节写了哪两个事物啊?

生(齐答):"大雁"和"风"。

师:那老师来改一改。就来改一改"大雁"吧,把它改成像刚才一样格式的诗歌。(出示:听听,秋的声音,大雁追上白云,"嘎嘎",撒下一阵暖暖的叮咛。)

师:简单吧? 那谁能把秋风也改一下?(生思考,并小声说着)

师:这么快就有人举手啦?

生1:听听,秋的声音,一阵阵秋风掠过田野,呼呼,送来一片丰收的歌吟。

师:掌声送给她。(鼓掌)你可真了不起,真是一个会改诗的小诗人。

四、仿说,说一说秋天的声音

师:同学们,走进秋啊,就像走进大自然这辽阔的音乐厅,你还能听到哪些秋的声音呢? 请同学们仔细地来看看图,用心地想,你仿佛听到了什么声音?(播放视频:秋天里的人、事、景,同学们认真观看,并做惊呼状)

师:好,谁能说说看,你仿佛听到了什么声音? 最好能够按照刚才的句式,"听听,秋的声音"这样的方式来说一说。你来说。

生1:听听,秋的声音,菊花频频点头,呼呼,好像是和秋风打招呼的声音。

师:说得真棒。你能不能说大声点给同学们听听。

(生1重复刚刚的句子)

师:好像是和秋风打招呼呢,掌声送给她。(鼓掌)

师:你还听到了什么声音? 看到了怎样的画面呢?

生2:听听,秋的声音,高粱频频点头……(生卡住,思考状)

师:频频点头,什么样的声音?

生2:是和农民伯伯……是和农民伯伯……(接着思考)

师:在干什么?

生2:说话的声音。

师:我们刚刚看见了高粱,它是什么样子的呀?(生与老师齐说)弯弯的。那怎么说? 谁能帮他改一下?(指名回答)他刚刚说的和前面一样,我们能不能说的不一样。(老师引导学生)听听,秋的声音,高粱……(有同学小声回答"笑弯了腰了")哎,有人说了,你来说。

生2:笑弯了腰。

师:怎么笑?(生发出各种笑声,"嘻嘻""呵呵""哈哈")哎呀,你在笑什么呢?

生3:农民伯伯收获我了。

师:对呀,我都成熟了,你们怎么还不来收我呢? 你还听到了什么样的声音？

　　生4：听听，秋的声音，呱呱……（生卡住，老师引导）

　　师：青蛙在干什么？

　　生4：呱呱，是和荷叶告别的声音。

　　师：青蛙要准备冬眠了。你还听到了什么样的声音？

　　生5：听听，秋的声音，松鼠……（生卡住，师引导）

　　师：好像在告诉大家？如果我是松鼠，我会想，哎呀，这个松果味道真是……述说松果的美味呀，对不对？你来说。

　　生6：听听，秋的声音，喜鹊前来树枝造房子，唧唧，是……

　　师：别着急，是什么？

　　生6：是和夏天告别的声音。

　　师：要和炎热的夏天告别啦，迎来了凉爽的秋天。

　　师（总结学生发言）：同学们啊，你们说得可真好听，看来啊，想象之鸟一旦高飞了，我们的头脑里会浮现出很多形象生动的画面来。

五、仿写，写一写秋天的声音

　　师：是呀，秋的声音令人遐想，秋的声音令人陶醉，让我们像小诗人一样，把自己刚才听到的声音、看到的画面写下来好吗？

　　生（齐答）：好！

　　师：现在我们以小组为单位，写之前，我们小组要讨论一下。尽量每人写一段，不要重复，写好后，小组内再互相评一评、修改一下。章老师还给你们准备了这么多的象声词（生惊叹状，师出示：象声词）。如果需要，可以从里面挑选你需要的词语，希望能对你们有所帮助。好，小组开始讨论讨论，写一写吧。（学生七嘴八舌讨论，课堂气氛热烈）

六、品文，评一评"秋天的声音"

　　（八分钟后）

　　师：写好了吗？

生(齐答)：写好了。

师：哪位愿意让大家来欣赏欣赏你的诗呢？

(生举手，热情高涨，老师点学生朗读诗作)

师：好，带上你的作品，到讲台上念给大家听。其余同学听的时候可以一心二用，一边听这位同学朗读，一边思考怎么将你的诗修改得更美。

(在白板上投影出学生的作品)

生1(朗读自己的诗歌)：听听，秋的声音，莲花咧开了嘴，哈哈，我成熟了，农民伯伯快来采摘我呀！

师：哎，你们觉得她写的怎么样呀？(几个学生答好)哪个地方写得好呢？(生七嘴八舌回答，师指名生回答)

生2：莲花咧开了嘴。

师：莲花咧开了嘴，觉得这个地方写得好，为什么好？

生2：因为咧开了嘴，感觉它很开心的样子。

师：哇，你想象出了画面，对不对？说明她写得好。她写得好，你说得更好。好，还有什么地方觉得她写得好？

生3：我成熟了，农民伯伯快来采摘我。用了拟人句，把它比作成人了。

师：是呀。我都看到了莲花姑娘在喊了，对不对？这也好。还有吗？还有哪个地方你觉得用得特别好？

生4：哈哈。

师：哎，你说为什么好？

生4：因为她把莲花拟人了。

师：是呀，莲花真的会笑吗？(生齐答：不会)可是我们的同学用她的脑袋想象出了它的声音，真好。大家把掌声送给她好不好？(鼓掌)还有谁想展示下他的作品？

(生积极举手，师指名。生上台停顿，师引导学生开始朗读。)

生5：听听，秋的声音，柏树摇了摇身体，哗哗，是和树皮问好的声音。

师：怎么样？(生沉默)写得怎么样？(生齐鼓掌)啊，掌声代表了一切，老师也觉得你写得很棒。而且啊，她在这么短的时间里写了两段，再来欣赏她写的另外一段。也请你读一下吧！

生5:听听,秋的声音,蜜蜂扇动翅膀,嗡嗡,是和白云告别的声音。

师:蜜蜂和花。(老师纠正学生发音)这个字读……(同学齐答:shan第一声)扇(第一声)它可是个多音字。好,小诗人,请你上位。我再来挑一个同学。

(师拿起一个学生的手稿,上面涂改很多,学生惊呼"哇")

师:看来啊,他留下了很多思考的痕迹啊。最终,作品还是出来了,欣赏欣赏。(老师代为朗诵)听听,秋的声音,大雁飞向蓝天,嘎嘎,是和北方告别的话音。

师:为什么是和北方告别?(师停顿)

生6:它要到南方去,过冬了呀!

师:写得多好呀,为什么不愿意展示?

(生不好意思地笑了)

师:不过,有一个地方章老师要给你指正出来,它缺少个什么呀?

(生七嘴八舌回答"逗号")

师:哎,标点符号漏了,可不能这么粗心呀!

师(总结):小诗人们,刚才章老师看了,你们写得都很棒! 章老师从你们秋天里啊,听出了这么多丰富的声音。

七、仿写第五节

师:是呀,秋的声音是无处不在的。秋的声音在每一片叶子里,在每一朵小花上,在每一滴汗水里,在每一颗绽开的谷粒里。秋的声音还会在哪里呢? 现在请你们的小组再次合作,共同写一段。可以一个人做记录,其他人讨论,共同写一段。

(生再次激烈讨论,气氛再次热烈起来,老师巡视学生讨论情况,检验已经写好的小组的成果。)

八、诗歌朗诵会

(五分钟后)

师:同学们,现在"听听,秋的声音"诗歌朗诵会开始了,哪一个小组愿意上台来展示你们共同的智慧结晶?(一组学生举手)这组小组举手了,请小组成员上台来。现在请同学们认真地听。

(同学们很激动,还在七嘴八舌)

师:学会倾听,相信你的收获会更多的。

(老师提醒上台朗诵的同学声音要响亮,并播放朗诵诗歌的背景音乐,制造朗诵情境。小组四位同学上台展示作品。)

生1:听听,秋的声音,小松鼠在找松果,吱吱,正准备冬眠呢。

生2:听听,秋的声音,天上下起了小雨,滴滴答答,正在说笑呢。

生3:听听,秋的声音,火红的柿子已经结果了,哎呀,正等着人们来摘呢。

生4:听听,秋的声音,青蛙在加紧吟奏,呱呱,正在和荷叶告别呢。

生1、2、3、4(齐读):秋的声音,在每一条小河里,在每一棵大树上,在每一只大雁里,在每一个欢乐的笑脸里。

师:怎么样呀? 你们是惊呆了,还是?(有生回答"惊呆了")惊呆了,那掌声呢?(生齐鼓掌)请小诗人们下台。还有哪一组愿意上台朗诵你们的诗歌?(师寻找下一组主动举手的小诗人)好,请这一组。下面同学注意倾听,(这时候眼保健操音乐响起来了)这是考验我们同学安静的时候了。

生1:听听,秋的声音,玉米笑开了花,哈哈,我成熟啦!

生2:听听,秋的声音,小草摇摇身体,呼呼,在和夏天告别!

生3:听听,秋的声音,高粱七嘴八舌,在和玉米聊天,"哈哈",咱们都成熟了,怎么还不来收我们呀。

师(插话):嗯,这个七嘴八舌用得真好。

生4:听听,秋的声音,小青蛙抓紧挖洞,呱呱,是和荷叶告别。

(师提醒四人一起朗读最后一段)

生1、2、3、4(齐读):秋的声音,在每一只昆虫里,在每一朵菊花上,在每一只青蛙里,在每一个小朋友的笑脸里。

九、拓宽写作思路

师:感谢你们带给我们这么优美的诗。(生鼓掌)看来同学们作诗的热情高涨啊。你看,还这么充满着激情。那行,章老师就再给你们机会,把这个作诗的热情延续下去。在这一单元中,我们不仅听到了秋天美妙的声音,还看到了秋天的缤纷色彩,闻到了秋天非常好闻的味道。你还能以什么为题,写一写秋天呢? 章老师期待你们新的作品。

《Fun Reading and Writing》教学实录

王 辉

Step 1: Pre-reading

T: Good morning, boys and girls.

Ss: Good morning, Dyloon.

T: Sit down, please! Do you like singing?

Ss: Yes.

T: Ok. Let's sing a song " Old Macdonald had a Farm".Please stand up!

(Do and sing the song.)

T: Yes, you did a very good job. Sit down, please. Each star for your group. Group 1、2、3 and 4, Yes, you did a very good job.

T: Ok. What animals are in the song?

S1: There are cows, chickens, ducks and pigs

T: Good, sit down, please! A star for your group.

T: Chickens, pigs, ducks and cows. Where can we see these animals?

S1: On the farm!

T: On the farm. Right?

Ss: Yes.

T: Ok, give me five! Yes, excellent! A star for your group. Sit down, please!

T: What else can we see on the farm?

S1:Tomatoes.

S2:Potatoes.

S3:Carrots.

S4:Cabbages.

S5:Dog.

T: Look, carrots, potatoes, cabbages and tomatoes.

(Teacher shows the word cards, students read them out. They are all ···)

Ss: Vegetables.

T: Very good, they are all vegetables!

T: So there are some vegetables on the farm. Right?

Ss: Yes!

【设计意图】

通过唱英文歌曲导入新课，调动了学生学习的积极性，营造了轻松愉快的学习氛围。在此基础上，设计一些问题，层层递进，既培养了学生独立思考的能力，同时为接下来的阅读打下基础。

Step 2: While-reading

Part One

T: Look at the screen, what is it?

Ss: Happy Land.

T: Oh, it's Happy Land and what's in it? Can you guess what's in it?

S1:Ferris weel.

S2:Roller coster.

S3:Bumper cars.

S4:Boats.

T: Do you want to know what's in Happy Land?

Ss: Yes.

T: Ok. Let's go and listen.Please circle the things in Happy Land.（听录音）

T: Oh, what's in Happy Land?

S1: A cow, chickens, pigs, ducks.

T: Anything else?

S2:Carrots, potatoes, cabbages, tomatoes.

T: There are some animals and vegetables in Happy Land. Right?

220

Ss: Yes.

T: But how many are there and how are they?

【设计意图】

此部分让学生联系实际猜Happy Land里的东西,来进一步提高学生学习兴趣,并通过听录音圈出文中所提到的东西,让学生初步感知文本。

Part Two

T: Please open your books and read the passage silently, then take out this table and complete it. Ok? Let's do it.

T: Have you finished? Ok, let's check the answers.

T: How many cows are there?

S1: There is one cow.

T: What colour is it?

S2: Black and white.

T: How many pigs are there?

S3: There are four pigs.

T: How are they?

S4: They are big.

T: How many chickens and ducks are there?

S5: There are a lot of chickens and ducks.

T: What vegetables are in Happy Land and how are they?

S6: There are potatoes, tomatoes, carrots and cabbages.

S7: They are all very nice.

T: Now, what's in Happy Land? There are some animals and vegetables.

T: Boys and girls, do you know what's in Happy Land?

Ss: Yes.

【设计意图】

在学生谈论已知的信息后,通过呈现表格(见附件),让学生带着问题默读课文,边读边找出关键信息,以达到加深对文本理解的目的。教师适时对学生进行阅读方法的指导。

Part Three

T: OK. Let's listen and repeat the passage.

Ss:...

Part Four

T:Can you read the passage? OK, let's read together.

Ss:...

Part Five

T:Boys and girls, look at the screen. Please use your own words to talk about the table and retell the passage. OK?

Ss: OK.

T: One minute for preparing.

T: Have you finished? Who wants to try?

S1: In Happy Land, there is a cow, it's black and white. There are four pigs, they are big. There are lots of chickens and ducks, too. We also have vegetables, they are potatoes, tomatoes, carrots and cabbages, they are all very nice! Come and see!

S2: In Happy Land, there is a black and white cow.There are four big pigs, there are a lot of chickens and ducks ,too. In Happy Land, there are very nice vegetables, they are potatoes, tomatoes, carrots and cabbages.Come and see!

【设计意图】

此环节通过多种形式培养学生阅读方法。通过跟读、齐读课文、复述课文,让学生在理解课文的基础上能熟练朗读课文,并能用自己的语言去复述课文,全面反馈学生学习情况。

Step 3: Post-reading

Part One

T: Boys and girls, do you know what's in Happy Land?

Ss: Yes.

T: But our friends Ben and MeiLing, they want to know what's in Happy Land.Can you help them to complete the dialogs?

Ss: Yes.

T: OK, let's do it.

T: Finished? OK, please work in pairs to read out the dialogs.

T: Who wants to show your pair work?

Group1: …

Group2: …

T: Are you all right? Boys, you are Ben, and girls, you are MeiLing. Let's read the dialogs together.

【设计意图】

此环节设计将本课中的文本还原于真实的情景对话,符合小学生的语言交际的特点,学生通过小组、分角色来操练对话,使学生对课文有了更加深刻的理解,并在真实的情景中得以运用,为学生的创造性学习打下了基础。

Part Two

T: Let's go and look, I have a Happy Land. Welcome to my Happy Land!

(Teacher introduce the Happy Land.)

T: In my Happy Land, there are four chickens, seven ducks, four cows and three pigs. I also have lots of vegetables. They are carrots, cabbages, tomatoes and potatoes. Come and see!

T: Oh, I have a Happy Land and I can introduce my Happy Land. Can you?

Ss: Yes.

T: Please work in groups and make a poster for your Happy Land and try to introduce your Happy Land. OK? Let's do it.

T: Let's introduce your Happy Land. (Group1、2、3 and 4, group by group)

Group 1: In our Happy Land, there are two cows, there are three chickens, there are two ducks and two pigs. We also have vegetables. They are potatoes, tomatoes, carrots and cabbages. They are all very nice! Come and see!

Group 2: In our Happy Land, there are lots of animals and vegetables. Look, we have three ducks, they are very small. There are two pigs, they are very fat. There are four chickens, this is a cow, it's very big. We have some vegetables, too. They are potatoes, tomatoes, carrots and cabbages. They are all very nice! Come and see!

Group 3: In our Happy Land, there are lots of animals. There are two cows, they are black and white. There are three chickens and three ducks. There are two pigs, they are big. We also have vegetables.They are potatoes, tomatoes, carrots and cabbages. They are all very nice! Come and see!

Group 4: In our Happy Land, we have lots of animals and vegetables. There are two pigs, they are big. There are two ducks, they are cute.There are two chickens. There are three cows. We also have vegetables. They are potatoes, tomatoes, carrots and cabbages. They are all very nice! Come and see!

【设计意图】

新课程倡导英语的学习过程是学习者参与、体验、互动、合作、探究、创新的过程。在学生对文本有了深入理解,并学会初步运用的基础上,设计了小组合作动手制作 Happy Land 海报的活动。在此活动中,让每个学生真正地参与到活动中,并能熟练用英语做事情,展示学生的团体合作精神和学生的个性,对本课教学目标的实现进行一次检验。

Conclusion:

T: Today, all of you did an excellent job, look at the blackboard. How many stars have you got? Let's count.

T: Group 1 is the winner, let's say Yeah.

Group 1: Yeah!

T:The other groups you did also very well, but you should try the best next time.

【设计意图】

本课是阅读教学、任务型教学贯穿始终,通过不同的任务,让学生在完成任务后,自然地对课文有了理解,再通过任务,对学生已有的知识进行巩固强化,从而得以展现,真正地达到了学以致用的目的。在教学评价上,因任务型教学的需要,将班级分成四小组,并因地制宜,以小组为单位,对学生在课堂学习过程中的表现进行适时评价,从而激发学生学习英语的兴趣和团体合作精神。

Step 4: Homework

T: Today's your homework.frist read the passage after class.Second write a short passage or a dialog for your Happy Land, no less than thirty words. Goodbye, boys and girls.

Ss: Goodbye, Dyloon.

【设计意图】

设计作业部分,是为了课堂能够得到有效的延伸。在本课作业设计中,我紧扣阅读教学的目标:Reading and Writing,设计了本课的作业。在第二项作业中,给了学生一定的发挥空间,让学生有选择地并创造性地完成作业,尊重学生的个性。

《北大荒的秋天》第二课时教学实录

钱　娟

一、导入、听写

师:九月,当第一片树叶落地开始,北大荒的秋天也就来了。这节课,我们继续学习第五课,一起读课题。

生:读课题。(拖着调读,很不好听)

师:读文、读词、读句的时候,要短促、自然,像说话一样,不能拖腔拿调。生再读课题)

师:有进步。如果能这样读,就更好了。(教师示范读,生再读)

师:进步真大,我们就这样读书好吗?

师:本课的生字新词,都掌握了吗? 我们先来进行听写练习,请你们听清楚后再工整书写。(指两名学生上黑板分组书写)

(第一组:抖动、波纹、燃烧;第二组:一碧如洗、清澈见底、热闹非凡)

(学生书写时,教师不断提醒写字、握笔姿势及坐姿。师生共评书写情况,并自我检查订正)

师:这六个词语,每个再读一遍,记住,要读得干净、利落。(生齐读)

【教学评析】

2011年版课程标准在四个学段始终强调"正确的写字姿势"和"良好的写字习惯",强调书写的规范和质量。课堂上,钱老师舍得花时间,随堂报听写,要比平时反复抄写更有效、更扎实、更省力。

"好习惯,益终生",钱老师极其重视培养学生良好的学习习惯。读书该怎样读,要求干净利落,不拖音。在一次次有效的指导下,学生也是一次比一次有进步。写字姿势该如何,教者不断提醒,指导学生坐姿及握笔姿势,用表扬姿势好的同学以示激励。真正是"落实书写训练,提高书写质量"。语文课到底教什么?不谈其他,把书读好,将字写好,其是基础。

二、梳理、回顾

师:这篇课文是写景的,共有六小节,350个字。景色美,文章也很美。先来回顾一下上节课所学的内容,全文围绕着哪句话写的?

生:北大荒的秋天真美啊!(板书:美)

师:围绕着"美",作者用四个小节分别写了"景色优美"和"物产丰富"。这一节课我们去感受作者是怎样描写北大荒景色的优美。写了哪几个地方的景色?

生:天空、小河、原野。(板书:天空、小河、原野)

师:能用文中的一个词语概括出它们的特点吗?

生:一碧如洗、清澈见底、热闹非凡。

(师将学生听写的磁贴直接贴上)

师(引读):都是写美,可运用的词却不同,天空——

生:一碧如洗。

师:小河——

生:清澈见底

师:原野——

生:热闹非凡。

【教学评析】

第二课时复习上节课的内容,是重要的教学环节,也是被众多老师忽略的。这样做既帮助学生回顾,也理清课文脉络。我们不觉赞叹教师的匠心独运。起先听写的四字词语,仿佛是教师预先布下的几颗棋子。一是检查生词,二是用于板书。想必学生看着师生共同合作的板书,很是欣喜。(见板书内容)

227

三、交流、品味、朗读、运用

师:大家轻声地读二至四自然段,画出你觉得写得美的句子,想一想为什么? 也可以把自己的思考写在段落边上。(学生读文、思考、批注)

师:同学们一边读一边思考一边写下习得,这是好习惯。你觉得哪句写得美呢?

(一)品读天空

生:"这些流云在落日的映照下,转眼间变成一道银灰、一道橘黄、一道血红、一道绛紫,就像是美丽的仙女在空中抖动着五彩斑斓的锦缎。"我觉得这个句子很美,写出了流云颜色的美。

生:我也喜欢这句,因为这句用比喻的手法写出了流云的美。

师:这两位同学都善于感受美。的确,流云美在那多彩的颜色。请你们画出表示颜色的词。(生画词语)

生:银灰、橘黄、血红、绛紫。

师:一起读这四个词。

师:聪明的你一定会发现,前三个颜色的词有什么共同特点?

(出示:银灰、橘黄、血红)

生:后一个字表示颜色。

生:前一个字好像是指什么东西。

师:不是"好像",就是指事物。在两位同学的共同观察下,发现了词语的秘密。银灰,就像是——

生:银子一样灰。

师:橘黄,就像是——

生:橘子一样黄。

师:血红,就像是——

生:血一样红。

师:你看,表示色彩的词也可以用一种事物来描述。还能说出这样的几个色彩的词吗?

生:雪白、漆黑、桃红、天蓝、草绿、柠檬黄、茄子紫……

师:这么多颜色呀,书上用一个词来形容。

生(齐答):五彩斑斓。

师:还可以换个词吗?

生:五颜六色、五彩缤纷、绚丽多彩……

师:同学们积累的词语可真多呀! 你能读出流云的美吗?

(生读流云的句子,读得一字一顿)

师:不能一字一字地读,这样就读不懂文章,要连字成句,谁再来试试?

(生读。读得很流利,但语气无变化)

师:作者把流云比作是——

生:五彩斑斓的锦缎。

师:如果你看到这样的天空,一定会发出这样的赞叹——

生1:真是太美了!

生2:真是仙境一般,今天大开眼界了!(笑)

师:好的,带着你此时的感叹,再读读这句。

(生读,读得很好)

师:你真是个读书高手。请问,你为什么读得这么好呀?

生:这流云特别美,我的眼前好像看到了一样。

师:想象着画面一定能读好,谢谢你的好方法。谁再来读读这一句?

(生读)

师:你的语气为什么有高有低,不断地变化?

生:我觉得流云不是静止不动的,是不断变化的,所以我就一会重读一会轻读。

师:你真会读书,用声音的高低表示流云的变化,读书就要这样,读出自己的不同感受,向你学习!(握手)

师:只有真正欣赏到流云的美,才能读出它的美!(生齐读)

师:这么美的句子,记住了吗? 在背之前,再次提醒,要干净利落。

(出示:这些流云……转眼间变成……就像是……)

(指名背,齐背)

师:北大荒的天空还有不同的美吗?

生:"天空一碧如洗,只有在傍晚,西边的天上才会有几缕流云。"流云是美,可是只有傍晚才能看到,我更喜欢一碧如洗的天空。

师:这也是北大荒的天空最常见的颜色,我也特别喜欢。一齐读这一句,好吗?(师生共读)

师:不管是一碧如洗,还是流云似锦,北大荒的天空色彩都是那么美。所以作者这么说——北大荒的秋天真美啊!(指板书)

【教学评析】

本真的课堂应从朗读中来。读书的过程是学生在原有知识和经验的基础上自我构建、自我生成的过程。学生读不出相应的情感时,不急于直接给予答案,而是启发其设身处地,入境动情,融入文本意境,产生共鸣。读得好的同学,及时评价,并让其告知"为什么读得这么好",让每位学生都明白,读书也要讲究方法,去感受语言文字的音韵美、形象美、情感美,不断提升朗读能力。

(二)质疑小河

师:还有哪处景色的美深深吸引了你呢?

生1:小河清澈见底,如同一条透明的蓝绸子,静静地躺在大地的怀抱里。

生2:这句我特别喜欢。因为这一句写出了小河像蓝绸子,还像孩子一样躺在妈妈的怀抱。

师:体会得真好,相信你读得会更好!

(生读得轻轻、柔柔的,很有味道)

师:听着你的朗读,老师情不自禁要将掌声送给你,你为什么读得这么好?

生:我读这句话时,就把自己当作小河,好像是躺在妈妈怀抱里一样,很温馨的感觉。

师:读书读到一定境界,一定会把自己当作文中的一员,这样才能真正投入情感。把掌声送给你!(鼓掌)

生:我喜欢写小鱼的这句话,我来读!

师:好的,我们一定会认真倾听!

(生读,语气很平)

师:你们觉得他读得怎样?

生1:我觉得他吐字准确,却没有感情。

生2:我觉得他读得不是很好,没让我看到有小鱼在游。

师:是啊,读着这一句,我们好似看到一群怎样的小鱼?

生:活泼、可爱、快乐。

师:那你能通过朗读让我们看到这样一群小鱼吗?

(生读,读得很有情趣)

师:一条静静的小河,一群灵动的小鱼,又让我们感受到——北大荒的秋天真美呀!

【教学评析】

教师始终坚持以诵读为本,引导学生读出语言、读出形象、读出体验、读出情感、读出方法。能读得入情入境的语文课堂,一定是充满生机,充满灵性,充满生命活力的语文课堂。再加上学生的相互评价,教师的鼓励,师生间的共同合作,也必定是一个有效的语文课堂。

师:写小河的这一段只有两句话,你有没有不懂的字、词、句?

生:我不懂什么是"顶"。

师:谁来帮帮她?(学生一时语塞,无人回答)

师:大家有没有这种生活经历,风大雨大,我们打着伞逆风而行,这就叫做——顶着风雨。那这里的"顶着水游"就是——

生:逆着水游。

师:你看,不懂的字词可以联系生活实际来理解。

师:还有不懂的吗?(生没有举手)都懂了? 那老师提个问题:为什么把清澈的河水比作是蓝绸子?

生1:因为这里的天空是一碧如洗的,河水又是清澈见底的,所以天空在河水里就是蓝色的了。

生2:不是天空在河水里,而是蓝色的天空倒映在河水里。

师:这位同学补充得很好,这是通过联系上下文帮我们读懂的。老师希望你们今后读书时要主动质疑,这样才能越来越聪明。

【教学评析】

学生对内容"基本读懂,无疑可问"时,教师可适时"启疑导思",使学生在"无疑处有疑"。在让学生敢问、善问、真问的同时,也设法让学生通过语言文字的揣摩品味、教师的点拨、同伴的启发,达到真正读懂的目的。崔峦先生说:"在教学中,老师一定不要过于强势,一定要让学生经历真实的学习过程。"钱老师的课堂正是很好的诠释。

(三)仿写原野

师:北大荒美在天空、美在小河,还美在原野,让我们一起来到原野中感受吧。这一段围绕着哪句话写出原野的美? 请你用波浪号画出。又写了哪些事物呢? 请你用圆圈把它圈起来。

生:这一段围绕着原野热闹非凡写的,写了大豆、高粱、榛树叶子。

师:你说得非常完整,要表扬。不知你们注意听了吗? 他回答时有一个字音没读准。

生:"高粱"的"粱"应读轻声。

师:看来你是善说者(面向答题的同学),你是善听者(面向纠错的同学),请你当小老师带着大家读。

生:高粱。

师:我们从哪里感受到"大豆、高粱、榛树"热闹的美,谁愿意来说?

生:榛树叶子红得像一团火似的感受到美。

师:红得像火一样,颜色多美啊!(板书:色彩)

生:从摇着豆荚,还像人一样发出哗啦啦的笑声,感受到一种热闹的美。

师:我觉得你们个个都是会读书、会思考、会表达的孩子,掌声送给自己。(鼓掌)

师:这一句是通过动作与声音的描写,写出了大豆的热闹。(板书:动作 声音)还有谁也像这样说说?

生1:高粱就像人一样乐呵呵地演唱,真热闹。

师:这也是——

生1:通过想象声音写的。

生2:我觉得高粱很自豪,还扬起了脸庞。

师:这个动作是最传神的,最能看出高粱当时的心情。

【教学评析】

课堂上,教者关注学生言语感觉和言语智慧的传递,这种传递真切、自然,就是"学生说,教师引",一切都是那么质朴真实。学生始终处于主动参与、积极参与的学习状态。在交流过程中,留给学生思考空间,为学生创设自主说话空间,为学生提供展示自我的舞台。课堂闪烁着智慧火花,彼此分享学习语文的快乐。

师:瞧,这里又是歌声,又是笑声,又是像一团火,多热闹呀!

师:我读总起句,你们读分述句。(师生共读)

师:这位同学的微笑让我感受到丰收的喜悦,这位同学摇动着身体,这位扬起了脸庞,让我感受到田野的热闹。作者在写这一段时,先总写后分写,有总有分。还加上了动作、声音、色彩描写,并展开了丰富的想象,用了比喻、拟人的手法,把原野的热闹非凡的场面写的是那么美。你能用刚学的方法,写一写花园里的花吗?

(出示仿写内容:公园里的花争奇斗艳。_____,_____;_____。)

(生写,交流略)

师:通过第四自然段的学习,我们会运用了"总分结构"的写作方法,也感受到了原野的热闹非凡,所以作者会这样说——北大荒的秋天真美呀!

【教学评析】

课文不过就是例子,要充分发挥例子的作用,引导学生通过动作、声音、色彩等方面理解与揣摩,更注重语言的形式与运用,坚守本真语文,扎扎实实组织学生读读、说说、写写的语言习得训练,求得发展。读写结合,学以致用,提升语文的综合素养。

四、总 结

师:学着这篇课文,我们似乎跟着作者走进了北大荒的秋天。抬头仰望,天空——一碧如洗。低头发现,小河——清澈见底。放眼望去,原野

——热闹非凡。怪不得作者从心底发出赞叹——啊,北大荒的秋天真美呀!(板书:真)其实——北大荒的美是无处不在、无时不在。推荐两篇描写北大荒的文章,刘国林《可爱的草塘》、张抗抗的《最美的北大荒》。喜欢上北大荒的同学,可以将这篇课文背下来或抄写一些好的语句。

【教学评析】

总结看似简约,却不简单。通过"抬头仰望——低头发现——放眼望去"的引领,对全文内容进行了整体概括,也是对作者行文顺序的一个提炼。"美无处不在、无时不在",激发起学生对北大荒了解的兴趣,此时适当拓展课外阅读,真是最佳时机。

五、作业设计

(1)背一背:熟读课文,背诵你喜欢的段落。
(2)抄一抄:将课文中美的语句任选两句抄下来。
(3)读一读:刘国林《可爱的草塘》、张抗抗《最美的北大荒》。

板书设计

	天空	一碧如洗		动作
北大荒的秋天	小河	清澈见底	真美	声音
	原野	热闹非凡		色彩

《一面五星红旗》第二课时教学实录

胡　琴

一、复习词语,导入新课

师:今天这节课,我们将继续学习26课。(之前板书课题)

生(齐读):一面五星红旗。

师:让我们带着对国旗的尊重与热爱再读课题。

生(齐读):一面五星红旗。

师:同学们读得真好! 在上新课前,我们一起来开火车读词语,"小火车,开起来,开到这里来——"

生(被老师扶起):无影无踪

(生依次读:荒无人影　身无分文　趔趔趄趄　摔倒　双手一摊)

生1:一脸(niǎn)无奈。

师(按住了接下来的同学,暂停):等一等,听出来了吗?

生(全体纠正):一脸(liǎn)无奈

师(亲切地问这个学生):同学们都帮助你,听到了吗? 再读一遍,好不好?

生1(有些吃力):一脸(niǎn)无奈。

师(耐心地):liǎn,l-ian-liǎn,再来一次。

生1(准确地):一脸(liǎn)无奈。

师(兴奋地):哦,真棒! 掌声送给她。

(生全体鼓掌)

师:小火车继续开。

(生依次读:耸耸鼻子　打手势　竖大拇指　犹豫)

生2:愣(nèng)了一下

师(让暂停):等一等。听到了吗？再说一遍,好不好？

生2:愣(nèng)了一下　　。

师:愣(lèng)了一下,读——

生2(准确地):愣了一下。

师(亲切地说):别紧张。

生3:凝视。

师:小火车开得好不好呀？

生(齐答):好!

师:还是不错的,我们掌声送给他们。(鼓掌)

师:请同学们仔细观察第二组词语是描写什么的呢？

生1:动作。

师:还有吗？

生1:表情。

师:那是描写谁的动作表情的呢？

生1:面包店老板。

师:说得对不对呀？

生(齐答):对。

二、直奔重点,感受老板前后态度变化

师:非常好! 请坐。很明显,面包店老板,对于"我"的求助,发生了很大的变化。一开始,老板是什么态度呢？请同学们快速地朗读课文,用文中的话来说一说。

生1:我向老板说明了自己的处境,老板听懂了我的话,却把双手一摊,表示一脸的无奈,说:"我讲究平等交易,我给你面包,你能给我什么呢？"

师(板书:一摊):后来呢？又变成了什么态度？

生2:我醒来的时候,发现自己躺在医院的病床里,身边站着的就是面包店的老板。他见我醒来,冲我竖起大拇指,说:"安心养一养,费用由

我来付。"(板书:冲)

师:你很会读书。读到这里,我们来做个比较。一块面包多少钱? 同学们吃过面包吗?

生3:两三块钱。

师:还有不同意见吗?

生4:一两块钱。

生5:五六毛钱。

师:还有这么便宜的。

生6:最贵的也只有五块钱的。

师:那么,我们看看,住院医药费要多少钱? 猜猜看。

生7:几千。

师:还有不同意见吗?

生8:要做手术的话,要几十万。

师:这么多! 同学们,很明显,谁贵呀?

生(齐答):住院医药费。

师:原本这么便宜的面包,老板都不愿意无偿地给"我",还要和"我"平等交易,可是后来却愿意帮"我"支付这么一大笔医药费。读到这儿,你们有什么疑问吗?

生1:他为什么先前不愿意给中国人面包,而后来却给中国人付医药费?

师:在我们的脑海里,会产生这样的大问号?(板书:?)谁来帮助我解决这个问题?

生2:因为当时我们中国的留学生表现出了爱国旗的举动,面包店的老板被留学生的爱国精神感动了。(板书:爱国,并在"爱国"外画上心形图)

师:这是你的理解,是这样吗? 文中的大哥哥有没有直接说"我热爱国旗",有没有?

生(齐摇头):没有。

三、感悟"我"对五星红旗的拳拳赤子之心

师:那你们是从什么地方体会到的呢?请同学们自由朗读课文4至12自然段,抓住人物的动作神态,找出相关的句子,划下来。不动笔墨不读书,在旁边写上小小的体会。开始吧。

(全体学生自由读文,并做标注。师巡视、点拨)

师:找到了吗? 找到的请举手。

生1:我犹豫了一下,把国旗慢慢解下来,再展开。这面做工精致的五星红旗经过水的冲洗,依然是那么鲜艳。

师:你从什么地方体会到"我"对国旗的热爱呀? 哪个词语?

生1:犹豫。

师:你认为是"犹豫"这个词语(师板书:犹豫)。那你能不能告诉我"犹豫"是什么意思?

生1:一直在想,拿不定主意。

师:他可能在想什么呢?

生1:可能在想:"我"到底换不换呢?

师:这个时候,老板提出来换面包吗? 还有不同意见吗? 同学们,当你心爱的东西,别人要求你拿出来,你有什么样的感受?

生1:很舍不得。

师:请带着你的不舍来读一读这句话。

生2:我犹豫了一下,把国旗慢慢解下来,再展开。这面做工精致的五星红旗经过水的冲洗,依然是那么鲜艳。

师:那很明显,可见"我"对国旗什么样的感情?

生2:喜爱。

师:喜爱,热爱。那么就带着你的喜爱之情再读这段话。

生2:我犹豫了一下,把国旗慢慢解下来,再展开。这面做工精致的五星红旗经过水的冲洗,依然是那么鲜艳。

师:国旗是我们国家的主权和尊严的象征啊! "我"是如此的敬爱它。请让我们怀着敬意读,"我犹豫了一下,把国旗慢慢解下来,再展开,

这面做工精致的五星红旗,经过河水的冲洗,可能旧了、破了,可是在我的心中,它依然是——"

生(齐答):那么鲜艳。

师:让我们带着敬意再读这段话。

生(齐读):我犹豫了一下,把国旗慢慢解下来,再展开。这面做工精致的五星红旗经过水的冲洗,依然是那么鲜艳。

师:还找到了哪些句子?

生:我愣了一下,久久地凝视着手中的五星红旗。

师(板书:愣):你在什么情况下愣了一下。当老板提出什么要求时?

生:用旗子换面包。

师:你觉得文中的"我"可能在想什么? 尤其是哪个词语,告诉我们,"我"愣住了。

生:凝视。

师:"凝视"什么意思?

生:聚精会神地看一样东西。

师:既然也是看的意思,那么老师把它换成这样的词语,比较一下有什么不同。

(出示:我愣了一下,久久地看着手中的五星红旗。我愣了一下,久久地凝视着手中的五星红旗。)

师:读一读,有什么不同。

(生自由读句子)

师:体会到了吗?

生:"凝视"指看东西很仔细。"看着"很随意。

师:你能通过你的读,让我感觉到"久久地凝视"吗?(生读)

师:感受到了"久久凝视"吗?(生摇头)

师:应该怎么读?

生:应该把"久久地"和"凝视"读重一些。

师:我们一起来试试看好吗?

生(齐读):我愣了一下,久久地凝视着手中的五星红旗。

师:再读一遍。(师做手势引导读)

师：这久久地凝视，"我"可能在想些什么呢？老板已经提出了他的要求，"我"可能在想什么？

生：如果"我"不用国旗换面包，"我"就会饿死。如果"我"用国旗换面包，就不爱惜国旗了。

师：如果就是不确定了，同学们，如果是你们，你会怎么做呢？（师指一名学生）换不换？

生：不换。

师：为什么？

生：因为我要表现出我的爱国精神。

师：你真是一位爱国的小学生。（指另一名学生）你换吗？

生：不换。因为国旗代表着中国人的尊严。如果换了就出卖了中国人的尊严。

师：我给你两块面包，换吗？

生：不换。

师：三块呢？五块呢？十块？

生：都不换。

师：你真是一位有骨气的小学生。还有哪位同学说说心里话？

（几名学生小声地说着"不换"）

师：有没有换的？如果换行不行？

生：行。

师：那又是为什么呢？

生：换了，可以救命，再工作挣钱，再把国旗赎回来。

师：这种方法也是可行的嘛。其实，换与不换，都无所谓对与错，因为每个人的人生价值不同，立场不同。但是为了国旗的尊严，不换的行为是更令我们敬佩的。正因为国旗在这位大哥哥的心目中太重要了，所以当老板要求用国旗换面包时，"我"——

生（齐读）：我愣了一下，久久地凝视着手中的五星红旗。

师：这久久地凝视，包含了"我"对国旗的尊敬，一起读（生齐读）。这久久地凝视，包含了"我"对国旗的热爱，读（生齐读）。这久久地凝视，更包含了一位远在异国他乡的留学生对祖国的眷恋和热爱，读（生齐读）。

师:现在我们来看看大哥哥是怎么做的,找到相关的句子。

生(读):我摇摇头,吃力地穿上大衣,拿着鲜艳的国旗,趔趔趄趄地向外走去。突然,我摔倒在地上,就什么也不知道了。(师出示)

师:你体会到了什么? 很明显他做了什么决定?

生:不换。

师:你从什么地方看出来的呢? 哪些词语? 没想好,你能请其他小朋友帮帮你好不好?(生指了另一名同学)

生:摇摇头、吃力。(板书:摇摇头、吃力)

师:"我"有没有呆在那里,而是——

生:趔趔趄趄地向外走去。

师:读到这里,老师突然有个想法,老师想把这句话改一改,你们听听行不行? 我用响亮而坚定的声音说:"我不换!"可以吗? 为什么?

生:这样说,对面包店的老板没有礼貌。

师:看来你是一位有礼貌的小朋友。还有不同意见吗? 此时,"我"是什么状态? 联系前文,看看大哥哥处于什么样的处境,"我"这样说行不行?

生:因为大哥哥受了伤,不可能说出这么大力气的话。

师:从哪些词语你体会到的?

生:摔倒。

生:趔趔趄趄。

师:你能告诉我"趔趔趄趄"什么意思吗?

生:站不稳,会摔倒。

师:为什么站不稳?

生:非常饿、疲劳,受了伤。

师:同学们,我们该怎样读好这段话呢? 同桌互相交流交流,读出自己的体会。(生自由读,指名读)

生(读):我摇摇头,吃力地穿上大衣,拿着鲜艳的国旗,趔趔趄趄地向外走去。突然,我摔倒在地上,就什么也不知道了。

师:你是怎么体会的?

生:我和同桌交流,他告诉我"趔趔趄趄、吃力、摇摇头"这些词要读重一些,读出坚定的语气。

师:你是在同桌的帮助下体会到的,你真棒!你的同桌也很棒!还有谁有不同的感受?

生(读):我摇摇头,吃力地穿上大衣,拿着鲜艳的国旗,趔趔趄趄地向外走去。突然,我摔倒在地上,就什么也不知道了。

师:同学们听出他的感受了吗?声音很轻,很明显,可见"我"当时的处境有多么困难。同学们都读出了自己的感受,老师也想试试看。给老师这个机会吗?(师范读)

师:读到这儿,我的眼前仿佛又出现了这样的情景。请同学们齐读课文第三自然段。(生齐读)

师:老师发现一个小小的问题,同学们的读书姿势不正确,要做到:头正、肩平、足安。

师:谁能用自己的话说一说,"我"当时的处境到了什么地步?

生:不久我的筏子漂到水流最湍急的地方,周围一片漆黑。我想呐喊给自己鼓劲。(生略显紧张,师一旁鼓励:"你能说好的,相信自己。")

师:东西弄丢了,"我"处在什么样的困境?

生:他迷路了,头和身子撞伤了,还在山里转了三天。

师:是因为迷路了,别紧张,孩子。

生:他的筏子和背包都无影无踪,中国留学生身无分文了。

生:而且,他没有吃的、喝的。

师:"我"醒来时也分不清东南西北,不知道自己身处何处,拖着伤痕累累的身体在荒无人烟的大山里转来转去。害怕、着急、伤痛,饥饿侵袭着"我"的身体,三天了,"我"不曾吃过一点东西,快要饿死了,同学们,这时"我"最想得到的是什么?

生(齐):面包!

师:此时对我来说,得到面包"我"会怎样?

生(齐):活下来!

师:得不到面包,"我"会怎样?

生(齐):饿死。

师:"我"能不能得到?

生(齐):能!

师:但是大哥哥却怎样?为了维护国旗的尊严,毅然放弃了这块救命的面包!让我们带着敬意再读这段话。"我摇摇头,吃力地穿上大衣,拿着鲜艳的国旗,趔趔趄趄地向外走去。突然,我摔倒在地上,就什么也不知道了。"

师:此时无声胜有声,"我"没有争辩,没有抗议,而是用行动表达了对老板无声的抗议,对五星红旗深沉的爱。让我们带着感动的心情再一次回顾这感人的一幕幕。

师:当老板指着我脖子上的五星红旗惊奇地问:"这是什么?"

生(接读):我犹豫了一下,把国旗慢慢解下来,再展开。这面做工精致的五星红旗经过水的冲洗,依然是那么鲜艳。

师(引):当老板告诉"我"可用五星红旗换面包的时候,"我"——

生(接读):我愣了一下,久久地凝视着手中的五星红旗。

师(引):当老板又拿起两块面包递给"我","我"还是——

生(接读):摇摇头,吃力地穿上大衣,拿着鲜艳的国旗,趔趔趄趄地向外走去。突然,我摔倒在地上,就什么也不知道了。

师:从始至终,"我"没有说过一句话,但"我"用自己的行动告诉老板,"我"决不用——

生(接):国旗换面包。

四、拓展延伸,升华情感

师:国旗在我的心目中是至高无上的。俗话说,行动胜过千言万语。我们课文的作者就是通过(师指板书)这些动作和神态的词语写出了内心的情感,这是一种非常好的写作手法,值得我们去学习。我们写作文的时候,(出示)"通过人物的动作神态一样能表现人物内心的情感"。说得好不如做得好,现在我们来进行小小的练笔,"写几句话,用动作神态表达一种内心的情感,可喜悦、难过、愤怒、紧张、害怕……"

(生习作,配乐,师巡视辅导)

师:哪位同学想说一说?

生1:我瞪着眼睛,咬着牙,手握着拳头,恨不得一下子把他抓过来。

师:听出来她是什么情感吗? 现在你们就是小评委。

生2:愤怒!

师:你是怎么听出来的?

生2:她说"瞪着眼、咬着牙、握着拳、抓过来"这些动作。

师:你说得很好! 她(生1)写得也很好。还有谁想展示一下?

生3:我抱着枕头,全身发软,双腿发抖,恨不得立刻钻进被窝里。

师:评委们,听出来了吗?

生4:害怕。

师:你是怎么听出来的?

生:"抱着枕头,全身发软,双腿发抖,钻进被窝"这些词语。

师:你说得很好! 她(生3)写得也很好。还有谁想展示一下?

生5:今天,我考了一百分,恨不得赶快跑回家告诉爸爸妈妈。

师:评委们,听出来了吗? 什么心情?

生(齐):喜悦。

生6:从"恨不得,赶快回家,告诉"这些词语看出来的。

师(小结):老师发现,大部分同学已经知道自己该怎么去做这个练笔了。真棒!

师:(指板书:?)老师现在的这个问号有答案了吗? 老板究竟是为什么改变了态度? 被"我"的什么感动了?

生(齐):爱国心!(板画:心形)

师:"我"爱国旗的行为让面包店的老板改变了态度,让两个不同国家的人紧紧地联系在一起,同学们,只有热爱自己祖国的人,才能赢得外国朋友的尊重。五星红旗无处不在,感人的故事也很多很多,今天,老师也给大家带来了一个小故事。

(播放视频《国旗班战士陶维阁》)

师:同学们,在陶维阁叔叔的心目中,国旗就像自己的妈妈一样,是他生命中无法分割的一部分,就像文中的大哥哥一样,他把国旗看得比自己的生命更重要。谁能说说看,我们在哪些场合看到国旗冉冉升起的时候,感到无比的自豪与激动呢?

生1:在奥运会上,我们中国运动员取得了胜利,升国旗时很激动。

生2:在以前革命解放的时候,我们革命战士都高举五星红旗,很自豪。

生3:1949年10月1日下午3时,毛泽东宣布新中国成立的时候,很激动。

生4:当我们国家的国旗在联合国升起来的时候,得到全世界人民的认可时,很自豪。

生5:宇航员杨利伟叔叔在太空举着中国的国旗时,很自豪。

师:我们学校每周一也都会升国旗,我们应该怎么去做?

生:敬礼、唱国歌,庄严、肃穆,表达我们对祖国的一片热爱之情。

师:在听完这个故事,你们有什么想说的?

师(小结):孩子们,青年留学生用他那平凡而伟大的举动维护了国旗的尊严,维护了祖国的尊严,也赢得了这位外国友人的敬重,同时还奏响了一曲赤子爱国的铿锵之歌。在青年留学生心中,红旗比他的生命更重要,让我们永远记住他那颗——

生(看板书齐说):爱国之心!

师:让我们心里永远飘扬着那——

生(齐读):一面五星红旗!

师:最后,让我们深情地唱响《五星红旗,我为你骄傲》。

(师生齐拍手歌唱结束)

《棉花姑娘》第一课时课堂实录

黄德梅

一、谈话导入,出示课题

师:上课之前我们先来欣赏一组图片。(音乐响起,播放图片)

师:这是一眼望不到边的棉花地。瞧,碧绿碧绿的叶子,各种颜色的棉花。呀,棉花成熟了,吐出了雪白雪白的棉花,好像咧嘴在笑呢! 看了这么多棉花的图片,有没有想说的?

生:看了这么多图片我想说,棉花真漂亮。

师:你说出了老师想说的话。

生:棉花一点点地长大了,吐出的棉花是雪白雪白的。

师:你注意到了棉花的成长。书棉花的"花"读轻声可要读好了,谁当小老师把这个词语带读一遍?(小老师带读)

师:今天这节课我们来学习一篇有关棉花的童话故事,故事里,她有一个好听的名字叫"棉花姑娘",伸出手来和我一起写课题。

师(边板书边讲解):棉花是一种植物,所以棉是木字旁。木最后一笔由撇变成点,白白的能做毛巾,最后是毛巾的巾。"姑娘"的女字旁,一笔撇点二笔撇三笔是提(女字旁写法)。

师:"姑娘"是本课的生字,连起来读法和棉花一样,谁想当小老师带我们拼读一遍?(小老师带读)

师:小老师的音读得真准确!

师:注意看,这两个字有什么共同点? 你是用什么方法记住的?

生:他们都是女字旁,左右结构。

师:你是通过什么方法来认识这两个字的呢?

生:加一加的方法,而且它们也是形声字。

师:你的识字方法真多! 姑娘就是女孩子的意思,我们班有不少的姑娘呢! 老师想先和她打招呼可以吗?

生:可以。

师:棉花姑娘。谁想试一试?(指名读题)

师:我们一起像她这样读。(生齐读课题)

二、初读课文,学习字词

师:这篇课文预习了吗?

生(齐答):预习了!

师:棉花姑娘带来了几个生字宝宝,我们开火车和他们打声招呼吧!

(出示生字: yá　pàn　bān　zhì　zhuó
　　　　　　蚜　　盼　　斑　　治　　啄)

(生开火车朗读)

师:小火车开得快又稳,一起夸夸自己。去掉拼音帽还是难不倒吗?

(出示:点击生字)

(指名读,其他学生跟读)

师:把掌声送给自己。你们认字的本领真厉害! 有什么小秘诀吗?

生1:"斑",我每天上学放学都要走斑马线,所以我认识了这个字。我还知道班级的"班"。

生2:我请大家猜个字谜,分分秒秒都在看。

生(齐答):盼。

师:"啄"比较难认。大家说说,啄木鸟的最大特点是哪里? 对,是嘴,所以是什么偏旁? 口字旁。啄木鸟的嘴可不一般,又尖又直,更特别的是它的舌头还有钩子呢,能把树洞里的虫子勾出来,右边的点就是钩子。这个字造得可真形象,难怪啄木鸟被称为"树木医生"。它的天职就是专捉树干里的害虫。那"干"是多音字,你知道这个字还读什么?

生:我还知道干净的"干"读第一声。

师:棉花姑娘很喜欢会学习的同学们,她要和你们玩摘棉花的游戏呢! 生词藏在里面,你们准备好了吗?

生:准备好了。

(出示:棉花里藏着词语,教师点击后,词语出现。指名读)

师:棉花采得干脆而有节奏,把掌声送给自己。你们知道蚜虫是什么吗? 蚜虫,是一种害虫,很小比芝麻还小,但是危害很大,专门吸取植物汁液水分,植物长了蚜虫就会像我们生病一样很难受,时间长了还会死掉。

师:"姑""娘"这两个字是对好朋友,你们能分别给它们找个朋友么?

(生自由组词)

师:棉花姑娘生病了,她准备给医生写信,可是有两个字难倒她了,你们愿意帮忙吗?

生:愿意。

师:真是热心的孩子,这两个字读什么?(出示:请、星)

生(齐拼读):q ǐ ng x ī ng(板书:q ǐ ng x ī ng)

师:要想写好就要注意什么?

生:要想写好"请",先找准位置,再注意间架结构,左窄右宽。要想写好看,要注意关键笔画横折钩;要想不写错,要注意关键笔画"月"的撇变成竖。

师:你说得真完整,谁当小老师带大家书空?(指名书空)

师:用同样的方法写一写这个"星",要想写好"星"字要注意什么?

生:星是上下结构,上窄下宽,日字要写得扁一些。

师:你注意到生的三横安排了吗?

生:中间那一横最短。这就叫做会观察。

师:谁当小老师带着大家来书空?(指名书空)

师:现在伸出小手和老师一起来写这两个字。(师范写)

师:现在把这两个生字描一个,写一个。注意写字姿势。

生(背诵写字姿势口诀):头正肩平脚放稳,一拳一尺和一寸。

(师巡视,并进行鼓励和评价)

师:通过你端正的坐姿,我知道你们写好了。看看这两位同学的字(实物投影仪上展示),谁来当小老师评价一下?

生:第一位同学的字,写得很工整,位置也对,但是我给你提个小小的

建议,你的字,笔画不是很到位。(教师根据学生的评价用红笔修改)

生:第二位同学的字写得很漂亮,笔画安排也很对,如果再紧凑一些就更好了。

师:你的评价我很赞成。根据刚才的提示,取长补短把刚才的生字再写一遍。(生再写一遍)

师(巡视):你的字有进步……你的姿势坐得很端正。

三、再读课文,读准读通

师:字词学得这么好,我们带着他们去探望棉花姑娘吧。读课文时要读准确读通顺,注意读书姿势。(师巡视,提醒学生读书姿势)

师:接下来,老师想检查你们的读书情况,谁想读第一自然段?

生:请大家捧起书,认真听我读。

师:你做到了正确流利。(指名分自然段读文)

师:你们一个比一个读得好,最后一个自然段一齐读。(生齐读)

师:刚才同学们读了课文,知道棉花姑娘怎么啦?

生:生病了。

师:她请来了哪些朋友帮忙呢?

生:她请来了青蛙、燕子、啄木鸟和七星瓢虫。(师贴:板画)

师:看来课文你是读懂了,现在看着板书,我们一起讲一讲这个故事。

师生(共说):棉花姑娘生病了,她请来了青蛙,燕子和啄木鸟和七星瓢虫,最后还是七星瓢虫把她的病治好了。

四、精读课文,读出情感

师:生病的棉花姑娘是什么样子的呢? 用自己的语言说一说。

(出示:课文插图)

生1:没精打采的,皱着眉头。

生2:从她的表情看出来她很难受。

师:看来她真的是生病了。回忆一下,你生病的时候是什么样的?

生:很难受,很不舒服,很伤心。吃不能吃,睡不能睡。

师:棉花姑娘生了蚜虫,和我们生病的感受是一样啊!带着这样的感受,来读读第一句话?(生读,读得较平,没有把蚜虫的可恶读出来)

师:生病了还不难过吗?

生:难过。

师:这是谁惹的祸?

生:蚜虫。

师:难怪书上说是"可恶的蚜虫",还有谁读?

(生读,有些难过,但没有表情)

师:如果带上表情读就更好了,谁再来读?(生读)

师:听出来了,棉花姑娘病得很严重,一起读。(生齐读)

师:棉花姑娘此时最大的愿望是——

生:盼望医生来给她治病啊!

师:谁能用"盼望"说一句话呢?

生:我多么盼望有一件漂亮的裙子。

师:真是位爱美的小姑娘。

生:我多么盼望能考一百分。

师:老师相信你只要努力,一定可以达到的。

师:人生病的时候最大的愿望就是医生能来治病,你们说到棉花姑娘的心里了,带着这样的心情谁再来读?(生读,语气较平)

师:她不但是盼望而且是多么盼望!心情可急切啦!谁再读?(生读)

师:她读得怎么样?

生:她把"多么盼望"读重些,就很着急了。

师:那你也能像她这样读吗?(生读)

师:孩子们把第一自然段连起来,一起读!(生齐读第一自然段。)

师:生病的棉花姑娘和我们心情一样啊!让我们一起走近棉花姑娘们,一起读。(出示将主语"棉花"换成"我"的句子:我生病了,叶子上有许多可恶的蚜虫。我多么盼望有医生来给他治病啊!)

(生齐读)

师:她的病治好了吗?

生:治好了。

师:你怎么知道的?

生:最后一个自然段。

师:说得具体一点。

生:她长出了碧绿碧绿的叶子,雪白雪白的棉花。

师:这样重叠的词语叫做什么结构的词语?

生:ABAB型词语。

师:那你还能说出一些吗?

生1:蔚蓝蔚蓝、火红火红。

生2:鼓励鼓励。

师:哪些事物可以用碧绿碧绿来形容呢?

生1:碧绿碧绿的青菜、碧绿碧绿的荷叶。

生2:碧绿碧绿的柳树。

师:那雪白雪白呢?

生1:雪白雪白的棉花、雪白雪白的衣服。

生2:雪白雪白的牙齿、雪白雪白的墙壁。

师:改变叠词我们比较读一读,男生读第一句,姑娘读第二句。

【出示:(1)不久,棉花姑娘的病好了,长出了碧绿的叶子,吐出了雪白的棉花。(2)不久,棉花姑娘的病好了,长出了碧绿碧绿的叶子,吐出了雪白雪白的棉花。】

师:有什么不一样呢?

生1:第二句写出棉花姑娘更绿了,更白了。

生2:第二句读起来更美。

师:我们再来读一读原句,让我们读出更绿、更白、更美的棉花姑娘。

(生齐读)

师:你们的朗读仿佛让我看到了美丽的棉花姑娘。看来棉花姑娘恢复得很好,难怪她——

生:咧开嘴笑啦!(出示:露出笑脸的棉花姑娘的图片)

师:你们就是棉花姑娘,都咧开嘴笑啦。对,就是这个笑容,真美啊!保持这样的笑容,一起读。

生(齐读):不久,棉花姑娘的病好了,长出了碧绿碧绿的叶子,吐出了雪白雪白的棉花。

师:我们都成了长在田地里漂亮的棉花姑娘,边做动作边带上表情一起读!

(出示将主语"棉花"换成"我"的句子:不久,我的病好了,长出了碧绿碧绿的叶子,吐出了雪白雪白的棉花。我咧开嘴笑啦!)

师:棉花姑娘变化可真大啊!小伙子们读第一自然段,姑娘们读第六自然段,相信你们一定可以读出相应的感情。(生齐读)

师:你们琅琅的读书声真是动听!

五、小结

师:这节课我们不仅认识了这些生词宝宝,一起读。(生拍手齐读)

师:还知道了——

(出示:小小蚜虫真可恶,咬得姑娘满身疮(chuāng)。盼着医生来看望,七星瓢虫帮了忙。)

(师生拍手读生字儿歌)

师:棉花姑娘请来了那么多朋友,为何只有七星瓢虫才能帮忙呢?我们下节课继续学习。就要和棉花姑娘说再见了,她给我们带来了一些作业,我们来看看吧!

第七篇
实验有得　课题凝思

生命有多美,现场化课堂就有多美

钱 娟

走进教学现场化的课堂,你会发现孩子们语言畅达、自信大方、观点新颖、智慧四溢,这就是现场化课堂让生命展现出的神奇景象。

一路走来,现场化课堂让我懂得了站在讲台上的我,应是生命的牧者,而不是拉动学生的纤夫。在课堂上尽可能的"不见自我",把知识点转化为学习的兴趣点、触动点,用有限的素材创造出尽可能大的教育空间,来促进学生激扬的学习。现场化课堂,更让我懂得了"心中知学生,眼中有学生"是最高的教学境界。

苏霍姆林斯基曾说过:"教育技术的顶峰——即师生之间心灵交往的和谐境界。"琴瑟和谐,靠的就是演奏师高超的技艺,从某种意义上讲,师生关系这根弦,需要教师高超的技艺才能奏出华丽的乐章,只有尊重、理解、聆听、鼓励、宽容、赏识,才能谱写出师生和谐之歌的重要序曲。

【第一序曲】孩子,你好! ——尊重

尊重学生的本质就是尊重学生的人性,尊重学生的人格,尊重学生的不足,并正确面对有差异的学生。正如著名教育家陶行知所说:"人像树木一样,要使他们尽量长上去,不能勉强都长得一样高,应当是立脚点上求平等,于出头处谋自由。"从教学实践看,学生的接受能力是有一定差距的,只要学生在原有的基础上有所进步,我们的目的就达到了。况且,教育的根本目的在于育人,而不是那一个个鲜红的分数。

我班有个叫小刚的孩子,平时学习非常刻苦,但每次考试成绩都很差。慢慢地,他变得越来越自卑,考试很少及格,成绩也更差了。家长和同学们都叫他傻子,孩子的心里十分难过,这样下去也许会永远自卑下

255

去，再抬不起来头来。于是，我赶紧和孩子的家长沟通，告诉他们哪怕天下所有的人都看不起你的孩子，做父母的也应该眼含热泪地欣赏他、拥抱他、赞美他，为他而自豪。听了此话，他的爸爸也很激动，当场表态要改变错误的想法，重新了解孩子。在班上，我严厉地批评了学生们，告诉他们这种称呼是对别人极其不尊重的表现，如果换成你，你会高兴吗？我们不能排挤他，而要伸出双手帮助他。并开导小刚，其实他们说得都不对，你并不笨，只是学习上没找到很好的方法。我还向孩子们举了一个我小时候学习的例子，每次老师喊我回答问题时，我的眼睛总是往墙顶上看，大家都说我有点傻，可是我内心知道自己并不傻，只是习惯不好罢了。别人怎么看并不重要，关键是自己要正确地认识自己。我真心地对他说："每个人的智商并没有多大区别，你一定能行的！"看到我说得这么肯定，他也被感染了，向我保证一定尽最大的努力去学习。果然，后一单元的质量检测，他真的有了进步。在课堂上，孩子们以热烈的掌声向他表示祝贺，我又在"雏鹰争章"上给他贴上了一张笑脸。此时，久违的笑容又在他的脸上出现了。可见，学生需要支持和尊重，只有这样才能使他们扬起自信的风帆，从自卑的阴影里走出来。

【第二序曲】孩子，你在想什么？——倾听

每个人背后都有一个故事，每个孩子背后也都有一个故事，我们需要去认真倾听，去了解，走近他们的心灵，这样才能从根本上解决出现的问题。不仅要关心学生的学习和生活状况，更要关心他们的内心世界，关心他们的精神生活，努力成为学生的"精神关怀者"。

班上有一个叫小强的小男孩，长得漂漂亮亮的，一笑两个小酒窝，挺可爱的。可是最近上课老走神，状态非常差，下课后不愿和小朋友一起玩，也难得看到他那甜甜的笑容。我知道肯定发生了什么事情。放学后，便把他喊到办公室与他聊天，从他喜欢的玩具、游戏、爱吃的零食谈起，渐渐地孩子的心扉敞开了，和我聊得特别开心。当说到爸爸妈妈时，孩子不说话了，眼泪刷刷地往下流，我帮他边擦眼泪边劝导他，"不要难过，有老师这位好朋友在，什么困难都不怕，我会尽力帮你的。"听到这时，孩子大

哭起来,说:"老师,你帮我把妈妈找回来吧! 妈妈不要我了! 她和爸爸离婚了!"我安慰他,"爸妈离婚是他们大人的事,但不论他们之间发生了什么,你都要坚信他们对你的爱永远都不会变,所以,现在你一定要把精力放在学习上,不要考虑太多。"他也懂事地点了点头。

后来得知,他非常依恋自己的妈妈。妈妈不在的日子,孩子一切都变了,虽然心里想着妈妈,嘴上却从来不提,爸爸工作又十分繁忙,更没时间管他了。时间一长,孩子就越来越封闭自己了。我很想帮他解开心里的结,在他生日的那天,我们在语文课上为他齐唱生日歌,同学们也纷纷送上生日的祝福,他笑了;在课堂上,只要他能回答出的问题,我都会"狠狠"地表扬他一番,他笑了;在元旦联欢会上,他为大伙表演魔术后,赢得了一阵阵热烈掌声时,他笑了;在联欢会结束后,我送了一份新年礼物(一本软面抄)给他,他笑了。

从这一次次笑中,我明白了走近孩子的心灵,倾听孩子的"心灵之痛",平等对话,没有比这更能唤起学生沉睡心底的激情,让孩子健康成长的了。

【第三序曲】孩子,你真棒! ——赏识

爱孩子,就要赏识孩子。学会赏识,也许正是打开孩子潜能之门的金钥匙! 孩子的潜力真的是不可估量的,只是需要我们"打着灯笼找学生的优点、用显微镜发现学生的闪光点",用肯定的语气、赞赏的语言、用我们的爱去把它激发和开发出来,让学生朝着良好的方向发展。

"金无足赤,人无完人。"在深入进行现场化课堂的教学时,如何把学生的内在潜能挖掘出来,培养学生特长,是每一位有责任心的教师所共同关注的问题。在教学中,以情感交流为突破口,深入发掘学生潜能,效果甚佳。在一次作业批改中,我偶然发现班上的小艳同学的作业本里夹着一张剪纸画,无论从手工还是花样来看,都很精致。这一发现令我十分惊叹,因为这个孩子有点与众不同,耳朵的听力几乎是零,有一只耳朵上戴着市残联捐助的助听器才能依稀听到一点,家长对她的要求也不高,只希望能在学校这个正常人的环境中不让她的说话能力退化就行了。说实

话,我对她也没什么太多的关注,只要她平平安安,玩得开心就好。看到这张剪纸画后,我的想法变了。找她谈心,鼓励她继续坚持下去,并送给她一把精致的剪纸刀。真没想到,正是在这种亲切的鼓励下,她不但剪纸手艺有了新的提高,而且学习成绩也有了大的飞跃。不信,请你翻开她的作业本,清秀工整的字迹会展现在你的眼前;课堂上,你会听到她那虽不清楚但很自信的话语;舞蹈兴趣班上,她优美的舞姿绝不亚于其他任何一个同学。

在教学现场化的课堂里,我深深地懂得孩子如花,要么是国色天香的牡丹,要么是香气怡人的茉莉,是常开不败的三角梅,再或者是转瞬即逝的昙花。每一朵花,总有盛开的时候,总会在合适的时机绽放一生最明艳的美丽。我坚信每个似花的孩子,只要提供足够的"养分",然后静静等待,都有成功的力量,都能在阳光下绽放出自己的美丽。

课堂教学如何做到真正的"现场化"

钱　娟

时代的要求为师生关系注入新的内涵:民主平等,互相学习,共同提高。教师应该是"领路人",为学生指引前进的方向;教师应该是"清道夫",为学生扫除前进中的障碍;教师应该是"首席",与学生共同奏出优美的旋律;教师应该是"配角",把学生衬托得光彩照人;教师应该是"热线",让学生永远感觉到鲜活与新颖;教师应该是"110",在学生最需要关爱和帮助的时候,及时守候在学生身边;教师应该是"导游",引导学生探幽发微,欣赏险峰的无限风光;教师应该是"场上队长",身先士卒,与队友共同拼搏,在比赛结束后,把队友——我们的学生,高高地抛向空中……只有建立民主平等的师生关系,强化学生主体意识,才会在自己的教学中尊重学生、鼓励学生、激发和信任学生;才会想方设法地发挥学生学习的积极性、主动性、自觉性、创造性;才会注重他们的道德品质以及人格养成的教育,良好学习习惯的养成教育;才会引导他们去发现和形成自己科学的学习方法,抓住语文学科"文道统一"、语言和人文密不可分互为目的的特点,因为悟道,学文成人,从而使他们学会学习。因此,我们的语文教育必须关注学生的情感、心灵,让学生学得主动、生动、灵动,有真情、真趣、真意,让学生的生命充满生机与活力。

陶行知有句名言:真教育是心心相印的活动,唯从心里发出来,才能打动心灵的深处。在激发兴趣、活跃思维、调动情绪、营造气氛上,如果能深谙学生的心理,只消慢条斯理两句话,就能收到意想不到的效果,使得课堂高潮迭起,笑语盈盈。课堂的驾驭,放得开收得拢,大处不戮着,小处不粗疏,就能有四两拨千斤之妙。

同时要加强课外阅读的组织与指导,引导学生用心去欣赏去体味语言文字运用之妙,以学生的心灵激活文本的言语,以文本的言语点燃学生的心灵,丰富学生的语言知识,提高哲理思辨能力,开放心灵空间,让学生的精神世界多一份活气、增一份灵气。

离"教学现场化"的理想课堂还有多远

钱 娟

"'课堂教学现场化'模式研究"引入我们的课堂已有半年时间,在这短暂的半年里,我经常扪心自问,在这样的课堂里我是否得到有效的成长?即使成长了,又成长多少呢?说实话我很迷惘,很困惑,处于有时豁然开朗,有时百思不解的状态,也许这正是课堂教学现场化的"高原期"吧。我很期待着能早日跨入二次成长期,我更清楚这期间必须经历"破茧而出"的痛苦,才能得到令人羡慕的美丽。于是我将这半年上课、观课、研课的观察思考记录下来,作为自己的思想与实践成长的见证。

现象一:教师在现场化研课的课堂上,都与孩子走得很近,关系似乎很亲密。摸摸孩子的头,笑容满面地看着孩子,有的老师还做出一些特别关心体贴孩子的行为。看到这样的画面,我的内心很高兴,说明我们现场化的教学理念是深入人心的,课堂是有成效的。撇开教学流程不说,教师已成功了一半,孩子与教师在课堂上已形成了亲密的关系,营造出了和谐的课堂气氛。

可是,没有人听课的课堂也许会出现不尽相同的画面:自己拿着书本只顾着不停地讲解,脸上毫无温情,语言呆板。也许这才是真实的状态,回头想想现场化的课也许就是做作的课,虚假的课。这不禁让我想到贾志敏老师所说的一个案例:在一堂公开课上,班上学生没有一个敢发言,后来一问竟然得到了令人哭笑不得的答案,"看着老师笑,我觉得好可怕,她平时都凶巴巴的,不是这样的。"哦,原来是表演啊,但这位主角却没能得到群众演员的配合,惨痛地失败了。也许这样的情况在我们的课堂未必会出现,但这个警钟也在启示我们该如何去做?试想刚刚用"营造"这个词还是非常准确的,因为这是刻意去做的,要让外界的环境刺激对方的大脑而不得以如此行为之。但我们的课堂所需要的是油然而生的、与心俱来的亲密关系,那才是自然的、温馨的、真实的课堂。

这种现象既已存在,如何改变呢？如何能真正诠释现场化课堂理念中的第一步"走近学生"呢？

我想这需要每一位老师从思想上进行转变,从行为上进行改变,不要把自己看得高高的,要有平等意识,要把学生当作自己学习的伙伴,不仅要相信他们,也要不时地鼓励他们、批评他们。在教育孩子方面,我们也不要被"没有教不会的学生,只有不会教的老师"这样让人不寒而栗的标语所吓倒,我们也不是万能的,只要竭尽所能、想尽办法,力求教好每一个问题学生即可。我也是一线教师,每班都有令人头疼的孩子,如果真的只和颜悦色地对待他们,想必大部分班级孩子都会上天的,无规矩可谈。所以对待学生、与学生相处需要方法,需要每一位老师的真心努力。

现象二:老师普遍都有这样一种"弊病",要上现场化的课时,提前几天开始精心准备,研读文本、完善教案、制作课件,将教学流程熟记在心。可上课时,却非常拘谨,按部就班地按照流程教学,生怕学生出什么乱子,有的学生思维一扩散,赶紧又把他们及时给牵引回来;有的甚至越俎代庖,教学效果不太理想,教学目标也未很好达成。

难道老师的每节课都是如此吗？据我了解,未必如此。有两种不同的情况。一种是有的老师真的一直未跟上新课改脚步,一直以传统的教法自封,教师占主导地位,学生是被动的学习。这种情况想要改变需从本质上解决,其实只要你按照学生学习的这三点规律去做,应该会有所改变的:学生已经读懂的,不必教;学生自己能读得懂的,不需要教;你教了,学生也未必能懂的,暂时不教。真正需要教师教的,就是学生自己读不懂,或者自以为懂了而实际上没有读懂的地方。课堂上最不可取的是,从头教到尾,似乎什么都教了,又似乎什么都没有教好,蜻蜓点水,学生仍旧似懂非懂。

另一种情况是老师因为上研讨课,怕把课弄砸了,所以过于放不开。如果是平时上课老师还是很自如的,也会更多关注学生学习状况。老师更会根据学生的学习情况机动地改变自己的教学流程,而不是只顾及预定的这堂课需完成的任务指数有多少,会全身心地投入到课堂上,把学习的主动权交给孩子,在一堂课中专心地实实在在地解决一两个问题。所以,我感觉还是放开膀子大胆地上,根据自己班孩子的学习状况科学地调整教学,也许会更凸显"现场化"的特点。

其实,我刚刚所谈到的这些教学情况及要求跟平常的教学课是一样的,所以我一直在想,在现场化模式的指导下,我们语文课该如何继续深入下去。

回顾一下,课堂教学现场化的理念是以新课改理念为基础的,更加关注学生学习的态度及课堂上的生成教学,这是优秀课堂的基本要求。我们也听过很多优质课、展示课、名师的课,他们在这一点做得特别出彩,因为他们能敏锐地抓住课堂生成点,凸显学生的学习地位。既然如此,那我觉得我们所呈现的现场化的课堂与别的课堂没有什么不一样的地方。我又在思考如何采取一种既有效又实际的方法,既体现现场化课堂的特色,又能关注到学科的特色呢?

这让我想到了"新教育理想课堂",这种课堂诠释为"通过创设一种平等、民主、和谐、愉悦的课堂氛围,将人类文化知识与学生的生活体验有机结合起来,追求高效课堂与个性课堂"。它的实施就有一个基础教学框架(表格形式呈现),非常有特色。我比较感兴趣的是它有"明确的定向预习""思维五步和过程三段",还有它将教学目标设定为"A类B类C类",比具有整体性、统一性的新课程理论的三维目标更强调目标的细分及独特性,A类为基础性目标,B类为教学核心目标,C类为附属性目标或延伸性目标。

说真的,在课堂教学改革的热潮中,课堂教学呈现出百花齐放的景象,但它们也有共同的地方,追求的都是扎实、有效、有生命的课堂。结果虽同,但过程却各放光彩,既有效又利于一线教师操作,我想这样的理念才能便于推广与实施。"课堂教学现场化"是一种高屋建瓴的理念,如何在各学科具体实施,这需要我们整个课题组的人不断探索与追求。

在期末前与导师的对话中,我的想法与吴老师不谋而合,因为我们现在的课堂缺的是学生的问题意识、批判精神,缺的是学生个性化的见解、自己的思想,缺的是学生内心的情感体验。抓住这个点深入解读,层层剥笋,不断探究,一定会有意想不到的精彩。课堂上给学生字词句篇、听说读写、知情意行的能力加油储备的同时,我们的课堂可以增加此项训练。

也许小学生对课文的理解是表面的、大而化之的,带有个人经验色彩和想象性,但他们所提出的问题是充满灵性的、闪耀着智慧光芒的。问题不是唯一的,语文教学才是精彩的。也许学生只看到的是课文表面的问题,不能深入,或者说不能提出点明中心的问题,教师此时要及时点拨,并主动提出自己的看法,以便学生更能主动深入研讨下去。

在课题研究的过程中,我还是有不少困惑,也想了所谓的对策进行解决,不知是否妥当,有待下学期在课堂中实践:一、是否可以在语文学科中采取不同课型,运用不同的教学模式;二、现场化如何做到与生活有效的对接,是否可以采取由传统的课内朝课外延伸的形式。

捕捉课堂现场机遇

——为每个学生推开"那扇门"

季玉霞

一个生命个体或群体,如果连权威人士的说法或做法都不敢质疑,哪里还谈得上创新与进步。

上午第二节课继续学习第30课《一次成功的实验》。课文学习进行得很顺利,大家一致敬佩文中小女孩的冷静指挥、先人后己的精神。"你们喜欢这位'教育家'吗?"我问。大多数人随声附和"喜欢。"(教育家嘛!)可偏偏有人说"不喜欢",并做出伸舌头缩脖子状,很显然她的声音是不和谐的,故显露害怕状。偏偏我已捕捉到这种声音,便故作惊讶地问:"能说说为什么吗? 反正'教育家'也不在这儿呢。""不公平!'教育家'为什么没把那两个也抱一抱、夸一夸呢?"她说。课堂里的声音戛然而止,学生面面相觑,十分惊讶,继而恍然大悟、一片哗然。

虽然孩子们一下子说不上别的深刻的话题,但他们凭着感觉已喊出了"不公平",显然,孩子们已读懂了课文、读出了感受。"我们重新分析这次试验取得的成功的原因吧",我说。大家开始了新一轮的阅读、思考、讨论:如果那两男孩不听从指挥,都争第一个出去,"教育家"的这次试验依然会是失败的。结论是:同伴的合作精神起重要作用,"教育家"不能忽视这种精神。是的,同伴合作意识,挑战权威精神(即创新精神)。这是未来社会发展不可或缺的要素,这也是一种人生态度。

有人说,对每一个学生来说,都有一扇成长的门在虚掩着,教师的任务就是要设法找到这扇门,然后温柔地将它推开。课进行到这儿,我很高兴。

让学生成为展翅翱翔的雏鹰
——浅谈课堂中的"三不让"

吴燕青

数学课程标准中要求:"教材要为学生留有足够的探索和交流的空间,以有利于改变学生的学习方式。要体现知识的形成过程,使学生在经历知识形成的过程中,探索和理解有关的内容。"传统的学习方式过于突出和强调接受与掌握,冷落和忽视发现与探究,从而在实践中导致了对学生认知过程的极端处理,使学生学习书本知识变成仅仅是直接接受书本知识(死记硬背书本知识即为典型),学生学习成了纯粹被动地接受、记忆的过程。这种学习窒息人的思维和智力,摧残人的学习兴趣和热情。它不仅不能促进学生发展,反而成为学生发展的阻力。教学改革就是要把学习过程之中的发现、探究、研究等认知活动突显出来,注重培养学生的批判意识和怀疑精神,鼓励学生对书本的质疑和对老师的超越,赞赏学生独特性和富有个性化的理解和表达。我认为在数学教学中应力求做到以下几个方面。

一、不让思维成为无源之水

爱因斯坦指出:"提出一个问题往往比解决一个问题更为重要,因为解决问题,也许仅是数学上的或实验上的技能而已,而提出新的问题,新的可能性,从新的角度去看旧的问题,却需要创造性的想象力,而且标志着科学的真正进步。"质疑是思维的导火索,是学习的内驱力。思维要是不会发现问题,就会成为无源之水。老师要善于根据小学生的年龄和心理特点,创设新奇别致的问题情境,使学生置身于"心欲求而不得,口欲言而不能"的情境中,从而激发他们的求知欲,提高他们的质疑兴趣,使他们的思维处于主动、积极、愉快地获取知识的状态。我在教学中有意识地创设问题情境,以趣生疑,由疑点燃他们的思维火花,使之产生好奇,由好奇引发需要,因需要而进行积极思考,促使学生不断地发现问题,自觉地在学中玩,在问中学。

例如:教学"分数的意义"时,为了加深学生对单位"1"的理解,让学生拿出课前自备的线绳。折出它的1/3来,折好后,让同桌的同学比较长短。当学生比出长短后,出现了嘀咕声。我趁热打铁地问道:"你们还有什么疑问吗?"这时,有的学生问:"大家折出来的都是线绳的1/3,为什么长短不一样呢?"我表扬这位同学问得好,并让学生把各自的线绳拉直再进行比较,得出:由于各人自备的线绳长短不一,单位"1"不相等,其1/3也不相等。这样,由学生自己发现问题,提出问题,再解决问题,他们从中得到了成功的体验,相信这一部分的知识一定会牢记在他们的心里。正应了著名教育家顾明远的那句话"不会提问的学生不是学习好的学生",也使得思维不成为无源之水。

二、不让讨论成为形式之举

交流与合作是学习的重要途径,也是数学课程改革的一个重要特点。通过交流与合作,让不同的学生发挥各自的优势,共同完成单个人无法完成的复杂任务,可以使学生在合作中得到共同提高。但是,从课堂的实际情况看,目前的合作学习中普遍存在着热闹有余、合作不足的现象。具体来说,主要表现在以下几个方面:一是合作学习方式简单,流于形式。目前我们看到的所谓"小组合作学习",仍停留在传统的"小组议论"的层面上。大多是让学生以小组为单位坐在一起,教师布置一个问题让学生分组讨论,然后汇报一下学习结果,这种合作实际上是浮于表面的,学生被分成了许多组,分散了老师的监督力,学生往往较为自由散漫,没有一种良好的课堂氛围,秩序比较混乱,讨论变成了各自聊天的时间,并不能使学生真正形成一种合作学习的精神和意识,导致合作学习流于形式。二是个人表现多于互相合作。由于性格、家庭等原因,在小组的合作探究中,真正非常积极的往往只有少数人,其他学生则少言寡语,一边旁观,彼此的"互助"很少,学生发言你争我抢,谁也不听谁,只顾表达自己的意见,而且说的多是"我认为"、"我想",而不是"我们小组认为"、"我们小组觉得",合作的课堂最终演变成了个别人的课堂、竞争的课堂。学生的群体智慧并没有真正得到发挥,也没有起到合作学习的效果。我觉得让学生讨论时应该做到:

(1)讨论的问题要有思考价值。在提出有思考价值的问题时,学生的求知欲望被调动,他们的学习过程会变得主动而富有生机。

(2)给学生留有充裕的时间讨论。由于学习是学生内心的感受过程,学生每解决一个有思考价值的问题都要经过一个较为复杂的思维过程才能完成。只有时间充裕,学生对问题的思考才会深入,才能抓住要领,才能从容地去组织语言,去选择表达方式。再在组内交流想法,各抒己见,取长补短。只有经历分析、归纳、综合的思维过程,课堂讨论才能真正落到实处。

(3)在讨论过程中,教师还要拉近与学生之间的距离。这样可以使学生在心理上获得安全感,精神上受到鼓舞,思维会更加活跃,让学生无所顾忌、畅所欲言。特别是对那些不够积极的学生来说,宽松的氛围更加重要。这样,每一位学生才能感受到自己是被尊重的,从而产生愉悦感,并以积极的心态投入讨论之中。

如我在教学《乘法估算》中有道题:"一套车票和门票49元,四年级的学生要去旅游,一共需要104套,大约要准备多少钱?"由于估算的方法很多种,我留给学生充裕的时间,鼓励他们在小组内讨论、辩论,大胆地说出自己的见解。讨论反馈如下:

生1:我把49看成50,把104看成100,50×100等于5000,计算方便。

生2:我把49看成50,把104看成105,这样与准确值最接近。

生3:我把49看成50,把104看成110,我想多带一点钱,防止意外发生。

生4:老师,我赞成第3种。我们这么多人去旅游,一定要多带一点钱,还要准备一些消毒水、邦迪、风油精之类的药品。

……

由于是根据特定情况作选择,这本身就是一个值得思考的问题。我留给他们充裕的时间,走到他们中间去,鼓励他们在小组内讨论、辩论,大胆地说出自己的见解,并认真倾听。在听到学生精彩纷呈的发言,看到学生满面笑容的脸,我们还能说讨论只是形式之举吗? 我想只有做到这样,才能不让讨论成为形式之举。

三、不让操作成为表面之作

心理学家皮亚杰指出:"活动是认识的基础,智慧从动作开始。"动手操作过程是学生学习的一种循序渐进的探究过程。学生只有具备了较强的动手能力,学习时才能积极主动地通过操作,充分感知和建立表象,为分析和解决问题创造良好的条件。在开拓中,我热情鼓励、精心诱导学生最大限度地参与操作过程,促使他们手、眼、脑、口多种感官并用,积累丰富的感性材料,建立正确、清晰的表象,真正参与到知识形成和发展的全过程中来,起到事半功倍的效果。

例如:在讲长方形和正方形的面积时,为了让学生区分面积和周长,可以让学生先剪一个长方形和正方形,然后让学生说一说它们的面积和周长各指的是什么。为得出长方形、正方形的面积计算公式,先让学生用纸剪一个边长是1厘米的正方形,用它量一量长方形、正方形图形的面积有多大,量一量数学书的书面有多大。学生经过实际操作,便容易找到解题的"窍门",而且操作也不会成为表面之作。

21世纪是一个不断革新的时代,要想适应日新月异、飞速发展的社会,我们就要改变教师主宰课堂,学生正襟危坐、洗耳恭听的状况。我们要有意识地从基础教育抓起,鼓励学生敢于猜测、敢于求异、敢于创新。让他们敢想、敢问、敢动,只有这样才能具备独特鲜明的个性、挑战世俗的勇气和大胆创新的精神,才能跟上时代的步伐,让学生成为新世纪的主人,成为一群展翅翱翔的雏鹰。

"放权"的课堂　生命的课堂

闻　生

从事小学语文教学多年的我,每当站在三尺讲台上,就犹如一个高高在上的"王者",操控着课堂上的一切,将学生牢牢地"抓"在手心。上课成为苏霍姆林斯基所说的"紧张回想事先准备的讲解过程"。课堂上,学生按照我的思路附和着,我和学生的心却越离越远,无法进行语言的交流,无法进行思想火花的碰撞,用尽了全身的气力,也不能激起一点涟漪,心中充溢着挫败感,甚至对上课充满了恐惧。

正在我迷茫、彷徨之时,"课堂现场化"让我看到了曙光。"课堂现场化"的发起人吴礼明老师走进了我们学校的语文教研。他以"生命是教育最淳朴的语言"的理论让我充分认识到,在课堂中要交给学生的不是一段文字、一篇课文,而是一种思考,一种尽力作用于学生的思想,让他们用思想——他们的思想——来形成自己对课文理解的能力。教师应放下身段,放下"权利",立足学生,关注学生,这样的课堂才会有活力、有生命力。

在一次练习课中,出现了这样的一道题:"音乐会上,既有_____的流行音乐,也有_____的世界名曲,一曲终了,美不胜收,令人回味无穷。"学生在选择"脍炙人口"和"雅俗共赏"这两个词填空时,产生了争议,有些同学认为应该是:"脍炙人口的流行音乐,雅俗共赏的世界名曲",有些同学认为应该是"雅俗共赏的流行音乐,脍炙人口的世界名曲",学生们各执一词、争论不休。望着争得面红耳赤的学生,我没有像以前那样"强权"似地宣布答案,而是把权利放给他们,让他们说出自己如此选择的理由。有的同学说:"世界名曲之所以有名,是因为它是好东西,是被人称赞和传诵的"。有的同学说:"流行音乐也能登上高雅之堂,许多流行歌手都开音乐会呢!"听着学生们的回答,我立马意识到他们对这两个词的意思理解不充分、不透彻,于是我决定从词语的解释入手。我请两个学生解释词语:

脍炙人口就是比喻好的东西受到人们的称赞和传诵;雅俗共赏就是形容某些文艺作品既优美,又通俗,各种文化程度的人都能够欣赏。解释完后,我便问:"现在怎么填?"许多学生马上说道:"脍炙人口的流行歌曲,雅俗共赏的世界名曲。"大家终于达成共识。

我正为自己让学生自主地寻找答案的教学措施运用得当,而暗自得意、窃喜时,一双小手又举了起来。举手的这个学生观察很入微,思维也很缜密,爱好音乐,在班上小有名气,可以说是一个音乐"小行家"。面对他的质疑,我该如何处理? 叶澜教授曾说过:"教师对教育过程的高超把握就是对动态生成的把握,其教育能力可以说已上升到教育智慧的高度。突出了教育活动的动态生成性,同时也就突出了教育过程的生命性。"为了绽放课堂的生命,更为了促进学生的发展,我决定继续"放权",让他阐述自己的见解。他慢条斯理地说道:"老师,我认为世界名曲是一种高雅的艺术,不是什么人都能欣赏的,所以不能填'雅俗共赏'。"他一说完,全班一下子炸开了锅,孩子们又各持己见地争论起来,有些同学甚至大声附和着。

世界名曲就是高雅艺术,不是任何程度的人都能欣赏的,其实这是一种偏颇,是现在商业社会炒作的结果。如何让学生体味世界名曲是雅俗共赏的呢? 正在这时,我突然想到了《月光曲》这篇刚学过的课文。文中的兄妹是穷人,他们没有什么文化程度,但他们同样会欣赏《月光曲》这首世界名曲。于是,我便问这名学生:"《月光曲》是世界名曲吗?"学生立马说:"是。""那么请你评价一下文中的'盲姑娘'?"我紧接着问。学生说:"她很喜欢音乐,很喜欢贝多芬。""那么她能欣赏《月光曲》吗?""能。"看着他一步步进入我的"套",我很开心自己的这一方法即将成功,但我转念一想,在这一问题上,我不能只面对他,我要将面推到全班,让所有的学生都知道这其中的所以然。

于是,我便让这名同学坐了下去,展开了全班性的讨论。我接下去问:"同学们,这对兄妹,他们的生活怎样? 他们的文化程度又怎样?""穷人,没有什么文化。"学生很快说出这些,我接着问:"你能找出文中证明他们能欣赏《月光曲》的句子吗?"孩子们很快就背出文中皮鞋匠听到《月光曲》后产生联想——第9自然段的内容。此时此刻,所有的学生心中都有了明确的答案。但作为一名教师,我认为,此时得到这一答案还不行,我还要引领学生在课堂上去审读哲人和大师著作里的深宏思想,拒斥现实生活中的平庸和低俗,全身心体验生命的深邃和心灵的纯净。于是我告诉学生:"世界名曲正是因为它的雅俗共赏,才得以出名,其实许多著名的音乐家们,如《月光曲》中的贝多芬曾说过:'我的音乐只应当为穷苦人造福,而且说如果做到这一点的时候,我也是非常幸福的。'这才是这些名曲得以传唱、成名的真谛。"让学生在获得知识的同时,心灵上也有所收获,这是作为一名教师义不容辞的职责。

说完这些,学生们都若有所思地点了点头,望着那一双双明澈的眼眸,我相信今天这一课将深深地影响着他们。

一个小小的片断,至今忆起,我仍记忆犹新。因为这个片断,让我深深体味到教师在课堂上"放权"后,给孩子一点阳光,他们就会给我们一片灿烂的景象。为了这片灿烂,我将继续"放权",关注学生,立足学生,打造生命的课堂。

我眼中的"课堂教学现场化"

胡 琴

对于"课堂教学现场化"这个新名词,我之前一无所知。直到去年吴礼明老师来到我校,与我们零距离接触,从理论指导,到实践研讨后,我们才真正地领略到了"课堂教学现场化"绽放的魅力。转眼一年的时间就过去了,现在我来谈一谈我眼中的"课堂教学现场化"。

一、教师要真正地关注学生

新课程改革以来,我们一直倡导备课:备教材,备学生。教学以学生为主,教师为辅。我们也积极响应号召,在朝这个方向努力,但始终停留在表面,没有真正深入其中,没有真正领会真谛。平时做到的还是按照自己预设好的教学流程去完成教学目标。担心过于追随孩子思维的灵动,而难以完成教学任务,无法收场。尤其是公开教学时,过于考虑已备好的教学程序,而会忽略学生的思维,因此思维的火花难以撞击,使课堂没有了生命的跃动。如:我在设计研讨课《一面五星红旗》的教案时,之前,并没有预设"如果学生面对要不要用国旗换面包"的问题,如果有学生回答"可以换"。我该如何现场处理? 是直接否定硬是将孩子的天真扼杀在摇篮中,还是肯定他对生命宝贵的认识? 感谢阮校长的点拨,一语惊醒梦中人。于是,当我在试教时真的出现了这样的问题,我也就胸有成竹了。所以,要真正地关注学生,尝试着从学生的角度去思考问题,一堂课下来,关注的不是老师教得怎样,而是学生学得怎样,学生有没有进步,有没有得到发展。

当然,对学生的关注面这个问题,我一直做得不够好,而且在课堂上喜欢习惯性地站在某一处,视野范围总是局限于部分学生。往往还是学习优异、表现突出的学生。对于胆小、不敢发言、学习落后、不会发言的学生较易忽视。听吴老师说过：一个班的学生全部顾及很难做到，但最起码要关注大部分，当吴老师来我校听课研讨时提到了后座的学困生，我开始很震惊，因为这是我们常常忽略掉的，尤其是公开教学，更是避之不及，生怕影响了教学进程。我校进行"'课堂教学现场化'模式研究"以来，我逐渐地放开了胆子，去面对后进生。正如，区教研员汪修祥老师在我校研讨课中提到，"如果学生都很好，就不需要老师了。只有学生在课堂上由不会到会，由初步理解到深入理解，有了进步有了发展，才是老师的功劳。"

二、教师要有高超的课堂驾驭能力

一堂好课的精细设计，都是在假定学生爱学习的前提下设计的，是在假定师生关系融洽的前提下设计的。其实，学生经过一段时间的学习，不是都爱学习的，也不是都爱每一科的，也不是总爱学习的。学生的学习要受到自己的身体、情绪、思想以及教师、教学环境、学校环境、班级学习氛围、朋友关系等诸多方面的影响。作为老师，要根据学生的各方面情况，随机调整课堂内容、形式，只有把教学看成是师生的生命过程，才能真正实现课堂教学现场化。这就需要老师具有高超的课堂驾驭能力。

看到贾志敏、王崧舟等名师的课堂，为什么是如此的行云流水，让人赏心悦目呢？如此高超的课堂驾驭能力，其实并不是一蹴而就，说有就有的。这和老师的自身学识修养、课堂教学经验、随机应变的能力以及沉稳的心理素质等方面是密切相关的。这就需要我们教师要不断学习充电，不断实践磨炼。记得在贾志敏老师来我校指导的作文课上，贾老师非常擅长倾听学生的发言，注意学生的语音、语言、语法的准确性。不仅体现了贾老师十分关注学生的细节，更彰显了贾老师深厚的语文功底。当有学生指出贾老师"尴尬"两字书写有误时，贾老师并没有顾及自己德高望重的形象，而是虚心地接受。不得不让我们佩服贾老高尚的人格魅力。

记得我在狮子山区701小学教学《一面五星红旗》时，出现了这样一个情景。当我问"犹豫"是什么意思时，孩子吞吞吐吐，我把握契机："你现在的这种情况就是'犹豫'"，然而由于在这个问题上耽误了一点时间，我有些急躁,没有很好地延伸到位。当我把"让谁回答这个问题"的权利给孩子,让其自主选择同学帮助解答时,孩子望着很多同学热情地举起小手,不知该如何选择时,其实这也是"犹豫",我却没有很好地把握现实生成的契机,明确地告诉大家。

我在学校上教学研讨课时,让一名女生回答问题,孩子声音很小,我几次鼓励她,不用害怕,把声音放大一些,都无济于事。关键时,我索性将自己的耳麦转到了她的嘴边。尽管是一个小细节,但我没有硬生生地叫她坐下,让她失去发言的机会。因为通过她的眼神,我看到了她的努力。于是在我的帮助下,她顺利地解决了问题,开心地笑着坐了下来。

我眼中的"课堂教学现场化",其实就是关注学生,学生敢说、愿说,老师有灵活的教育机智。现场化教学的课堂就是师生共同营建的欢乐和谐的学习发展空间。

其实,我说的这些都不代表什么,但回顾这一年的"'课堂教学现场化'模式研究"的摸索与实践,至少我看到了自己的努力与收获,或多或少,都无可厚非。本人毕竟才疏学浅,以上所谈仅是我个人的浅见,不对的地方请各位领导和专家批评指正。

作业评讲也应当"现场化"

施莹莹

"这一题考查的是对重点句型的掌握。"我正在给六年级的学生评讲基础训练,不经意地瞥向角落里的一个座位,那个学生正在埋头看课外书。我快速走过去,没收了书本,大声训斥:"上英语课时不应该分心做其他事,什么课做什么事情。"他一脸紧张地看着我,保持着沉默。下课后,他紧跟着我进了办公室,低着头小声说:"老师,我以后上课好好听课,再也不在课堂上做其他事了,能不能把那本书还给我?""你为什么不听评讲,你都会做了吗?"我带着责备性的语气问他。"那些题我看了书都会做了,就不想听了。"听他这么一说,我如电击般一惊,本想批评他的话都没说出口。我停顿了一会,最后想出来一个方法,"如果下一次考试你能达到某一个分数(根据他的学习成绩设定),就还给你,如果没有达到就再考一次,那本书由我来保管直到你达到我们预定的标准。"他欣然地答应了。

这件事后我开始反思,评讲作业时学生兴趣一直都不是很高,为什么? 我的作业评讲方式是不是有欠妥的地方? 有没有考虑学生的接受方式? 通常我们都是以传统的教师评讲为主,学生被动接受,互动性不强。经过一段时间的摸索调查和学习,我整理出一些作业评讲方式的心得。

(1)诊断失误,情感教育。作业评讲应该是师生共同劳作,在分析评价之后达到作业领悟吸收的最佳效果。作业评价是面向全体学生,教师应分层评估,尊重个体差异性,适度运用评价用语,兼顾各个层面学生的不同需求。作业评讲中教师要运用合适的评价方式,正确看待和科学分析学生作业失误的原因,从学生的心理发展程度和认知角度体验课业考察的方式与作用,诊断问题启发学生,化解他们的心理负担和抵触情绪,使他们保持积极健康的作业态度。

(2)互动协作,有效学习。有效的学习必须是积极主动的学习,教师要积极转变以教师为主导、学生被动接受的传统观念,树立以学生为主体、教师适时引导的师生共同参与、协作学习的教育理念。作业评讲中教师要营造轻松自然的课堂氛围,创设贴切真实的学习情境,运用多种行之有效的学习方式,尝试让学生自主探究学习、互助合作学习等。学生的学习经历从接受性学习为主到适时接受教师引导,不断探究磨合,最终达到摆脱教师引导,掌握自主独立学习能力的蜕变过程。

(3)不断反思,促进教学。作业评讲也是需要不断反思评价,师生共同磨合,最终有效调节教学成果的一种教学检验方式。作业评讲不仅仅关注学生一时的对与错,更注重学生作业过程中的情感体验、能力发展和习惯的养成。自我反思评讲可以检验并改进教师日常教学的不足,更好地激励学生拥有积极向上的作业态度,是教师认识和改善自己的一种反思促教方式。对学生而言,评讲能促进他们自我审视和自我反省;对教师而言,评讲能促进自己发现问题、解决问题能力的发展。教师应不断反思评讲,归纳普通问题,整理个性案例,记录解决方法,研究创新模式,并形成一种习惯,有效提高自己。

作业评讲是教师教学工作的重要组成部分,教师不仅要认真批改作业,更重要的是评价与讲解作业,让学生知道错在哪里,为何错,如何纠错。批改是让学生知道不足在哪,评讲是为了更好地反思成长。所以教师应当适时改进评讲方式,切合学生的接受能力,有效促学,共同成长。

教师"懒",学生则勤

李惠敏

古人也说过:"学贵有疑,小疑则小进,大疑则大进。"不学不问,难有学问,思维从疑问开始。在艺术课堂教学中要让学生学会自己提出问题,并自己解决问题。

如在教学《时间像小马车》这首歌曲时,我就尝试着让学生自己来发现问题,提出问题,最后解决问题,完成教学目标。我先让学生观察课本中的歌词歌谱,找出最不能理解的地方发问。果然,一双双小手陆陆续续地举了起来:"快板是什么意思?""为什么歌曲那么快?""在音符下面为什么有的有横线?"……小小的几个问题,就像一块块神奇的魔石,激起孩子"心动"的涟漪。由学生自己发现问题并提出问题,首先便有了一种很强的求知欲,迫切想解开这些疑问,在接下来进行集体研究讨论的过程中,学生听得也特别认真。

让学生通过观察和思考能够有一点看法,有一点问题,有一点收获,哪怕只是那么一点点,也是学生所得。在上课时,如果我们能多问问学生的意见,多采纳他们提出的建议,就会有意想不到的收获。教师"懒"一点,在旁稍作点拨、引导;学生忙一点,忙着提出学习目标,设计学习方法,这样老师教得轻松,学生学得愉快,而教学却能达到事半功倍的效果,何乐而不为呢?

数学课堂上,我们还要教给学生什么

江小文

　　课堂应是充满灵性的、开放的课堂,学生就是一个个充满勃勃生机的生命体。鲜活的生命本来就是精彩的、绚丽的、充满智慧而又极具个性的,我们没有任何理由遏制学生生命的绽放,我们不应因为某种不经意而忽视每一个生命的精彩和动人之处。心中有学生,不光是要关心学生、热爱学生,更重要的是要了解学生、理解学生,要始终站在学生的层面思考、分析问题,和学生一起携手参与学习实践活动,使他们的个性得到张扬,使他们在我们的引导、陪伴、呵护中快乐地生活着。每一个学生都是一朵鲜花,他们渴望着绽放出精彩和光华,渴望着我们给他们机会,为他们寻求契机,搭建一个个展示自我的平台。

　　在数学课堂上,我们除了教给学生知识与技能外,还要教给学生什么呢?

　　引导学生学会观察。观察是细心地看,带着思考去看,边看边想,细微处也要有发现,内在的联系不能放过。观察是思维的种子,由观察引发思考,从而产生解决问题的办法和思路,这是何等的重要。良好的观察力能够引导人们的猜测与创新。改变传统的教学方式,给学生留下一个较大的观察和思考的空间。具有审美直觉的问题情境是开发学生观察力的良好契机。在数学课堂上,不要教给学生现成的结论,循循善诱,引导学生发现规律,复杂的问题需要设计观察程序。

　　引发学生学会思考。数学课程标准明确指出:数学教学是数学活动(思维活动)的教学。数学教学的核心是思维的教学。作为数学教师就应该抓住数学教学的核心进行教学。以培养学生的思维为首要任务。数学课中如何引导学生思考?教师要以遵守逻辑规律,正确地运用分析比较、直观形象、抽象概括、判断推理等各种思维形式来培养学生的逻辑思维能力。

思考是学好数学的最重要的因素。可以说,不会思考就不会学好数学。引导学生多思多想,静心思考,调动学生内在的思维动力和情感动力,去攻克一个个思维的关口。

教会学生联系实际。一切知识来源于实际生活。学以致用,这是数学学科学习的价值所在。用自己所学的知识解决身边的实际问题,可以使学生所学的知识得到巩固和升华,内化成自己的本领。鼓励学生深入生活实际,积极参与实践活动,是一条最有效的途径。学生也可以在实践中增强学习的自信心。

引领学生学会做人。学会做人是教育的根本所在。每一个学科都担负着这一重任,数学学科也不例外。要教会学生懂得相互尊重。尊重他人,是一种高尚的品格。在课堂上,你要发表言论,你要先举手再发言;在课堂上,别的同学在发言,你要学会倾听,不打断他人的发言,这也是对人的尊重。

培养学生坚韧的意志力、耐挫力,也是对人格的锤炼和完善。一次考试考得不好,没有多大关系,不要垂头丧气,心灰意冷。人生的道路崎岖而漫长,不可能都是鲜花满地一路平坦,总有不顺心的时候,总有不如意的时候。关键的是要坚守信念,充满信心,敢于面对,在逆境中崛起;重要的是要总结经验、汲取教训,寻找差距,积蓄力量。亡羊补牢,为时不晚;卧薪尝胆,从头再来。

诚实守信、实事求是,认真细致、严谨勤奋,主动探究、合作交流,这些都是学习和做人方面的可贵品格,是我们教学和教育的重要目标。正如陶行知先生所言:"千教万教,教人求真;千学万学,学做真人。"

甜蜜的苦差事
——读李镇西《做最好的班主任》有感

管云云

在班主任这条道路上,我自己才刚刚起步,好像一个懵懂的孩子在黑暗里潜行。所以一直以来,都很想有一位老师来指引我该如何当好一名小学班主任。很有幸让我找到了李镇西老师,翻开李老师的《做最好的班主任》一书,我顿生亲切感,这不就是我一直找寻的引路人吗? 翻阅了整本书后,我久久不能平静,真正地体会到班主任工作的确是一件"甜蜜的苦差事"。

一、何为甜蜜的苦差事

正如李老师在书中写道:"当教师苦,当班主任更苦,这是不言而喻的。但'苦'中之无穷之乐,乐中之无尽之趣,却不是每一位班主任都能体会得到的。明代学者章溢早就说过,'苦与乐'相为倚伏者也,人知乐为乐,而不知苦为乐。"说实话,刚当班主任时,常常会冒出这样的想法:我宁愿多上几节课——假如能让我不当班主任的话。因为担心学生早到校会闯祸,我每天都要比一般老师早到校;课间怕孩子们追逐打闹,常常顾不上休息呆在班上;班级孩子闹矛盾要及时进行处理;夏天中午,怕学生来得太早、跑得大汗淋漓,只好早点来学校敦促他们好好练字……总之,满肚的苦水倒不完。可是,苦中也有乐,乐中有无尽之趣。早上,我刚踏进校门,学生远远地就挥着双手,高兴地与我打招呼;还未走到班级门口,"老师,早上好"的问候已响彻楼道;孩子们不管遇到开心的或是不开心的事,第一时间都会跑过来跟自己分享;和孩子们在一起我会觉得自己也变得年轻;当自己不舒服时,孩子们一句句温暖的话语……面对这些,我又会感到由衷的欣慰。也许我们的月收入远不及那些腰缠万贯的生意人,但我们从事的不仅是太阳底下最高尚的职业，而且也是地球上最幸福的事业。因为我们拥有几十颗童心，这是何等优厚的精神财富呀！老师的职业不就是一件"甜蜜的苦差事"吗？

二、如何变苦为甜

（1）调整心态，与学生交朋友。还记得刚刚参加工作时我信誓旦旦：我要用我的行动、我的爱心来教育好我的第一批学生。那时我工作热情高涨，精力充沛。可真正工作起来事情好像就完全出乎了预料，光有热情却无教育之法，好像无法完成这份为人师的工作，一上来便有"几块难啃的骨头"摆在了面前……面对一个个后进生，心里莫名地难受，为什么自己花了相同的心血，在这些孩子身上却看不到成果呢？有时经常面对他们会发脾气，可是孩子们的表现仍不见好转。思来想去，看来是自己的方式方法有问题。如果学生畏惧老师，则必然会妨碍教育教学的顺利进行。如果，老师能放下师道尊严，多一些微笑，对学生多几句鼓励的话语，多主动与学生进行沟通，让孩子把自己当做朋友。那么，课堂上必然会出现积极举手、各抒己见的场面，而课外也会主动与教师打交道，出现其乐融融的场面。于是我给自己提出了要求：要面带微笑地上每一节课，尽量不在课堂上批评学生，不用过多的时间处理不良问题，表扬激励的语言不离口。另外，在校内校外，见了学生，我也会热情主动地与学生打招呼，让师生关系更为融洽。

（2）关注每个学生的发展。关注每个学生的发展也是李镇西班级管理的一大特色，他的"和后进生组成互动组"、"上进于反复之间"，是针对后进生而采取的特殊育人方法，也是面向全体学生、实现教育公平的体现。后进生上进的过程充满了反复，而教师用自己的爱心、耐心宽容学生的反复，最终取得进步。作为教育工作者，必须有一颗真爱每一个学生的心，面对"后进生"千万不能放弃。用各种育人方法，宽容学生的过失、反复，让每一个学生得到发展，取得进步。

看完李老师的这本书，我明白既然选择了这条路，我就要付出我的爱与责任，我相信我会一如既往地将甜蜜的"苦差事"进行到底！

不要轻易给孩子下定论

章　峰

做班主任已经有很多年了,每一届学生中都会遇到一些天资聪慧、一点就通、讲文明懂礼貌、能唱会跳的孩子,这些被我们统称为"优等生"。也会遇见一些反应迟钝、压根就不是学习这块"料"的孩子,而且这样孩子还很调皮,有很多不好的习惯,这些孩子被我们统称为"问题学生"。

在我们301班就有这样一个"问题学生"。开学初,我们班转来一位男孩,叫小明,他是从市内一所较好的学校转来的,父亲是一位大学老师。一得知这些情况,我心里就在犯嘀咕:估计这孩子不咋样,要不怎么会转到我们学校来呢? 初次见小明,用两个词来形容:懵懵懂懂、迷迷糊糊。我问他上学期期末考试成绩,他支支吾吾说了半天,我才清楚,语、数都不及格,再看学生报告册:坏了,这孩子的学习成绩还不是一般的差! 开学第一天上课,我就发现小明的"与众不同":上课时随心所欲,想站就站,想动就动;别的同学读书、写字……他不是呆望,就是低着头不知玩些什么,连课本都不拿出来,更谈不上读书、写字了;偶尔老师提出问题,他兴趣所致,也会举手,一旦举手,颇有些"不达目的不罢休"的意味,当你点名让他回答时,他又常常答非所问,让人摸不着头脑,倒是闹出了不少笑话。总结他上课时的状态就是:除了偶尔举手回答问题,其余一切教学活动都与他无关! 他就像是一个幼儿园的孩子,但学习能力还不如幼儿园的孩子。总之,他不是学习这块"料"。

通过与其父母的沟通,我还了解到:由于小明自我约束力差,学习能力低,在以前的学校上学时,经常受到老师的批评,同学们的嘲笑。孩子怕上学,所以家长才会想让他换个学习环境。对这样的孩子,我主要采取了以下几种方式:

(1)我对他教育的第一条原则就是:区别对待,降低要求! 要使一个班集体的整体素质有所提高,使全体学生全面发展,班主任就必须全方位管理,对学生进行理想和前途的教育,对学生提出统一的要求。然而矛盾的普遍性和特殊性告诉我们:面对一个复杂的群体,"一刀切"是达不到理想效果的,学生性格差异,男女生间、优差生间的较大差别,要求班主任必须具体问题具体分析,做到区别对待和统一要求相结合,对绝大多数学生统一要求,个别学生区别对待、降低要求!这样双管齐下,才能使全班整体素质提高。

我把在班上个头最高的他从最后一排调至第一排坐,便于我随时提醒、指导。当他上课呆望、做小动作时,我会走到他面前轻轻地摸一下他的头,小声提醒他;当别的同学都在读书、写作业时,我会在他的身旁指导他该怎么读、怎么写;对于每天的家庭作业,他只需完成他能力范围以内的……一学期下来,现在的他在课堂上虽然时常还会走神、做小动作,但不会随意下位,有时还能跟同学们一起读书、写作业。

(2)多鼓励,少批评。我对他教育的第二条原则就是:在学习上,我绝不批评他!只要有一丁点的进步,我都要大力地表扬!

为了提高他学习的积极性,每节课上,我总会尽量选择一些难度低的问题给他发言的机会。只要他答对了,我总会毫不吝啬地予以表扬,让全班同学给他掌声!就这样在一次又一次的表扬中,在一次又一次的掌声中,他越来越自信,举手也越来越频繁了。

在开学后不到一个月的时间里,小明的父亲就打电话感谢我,说孩子现在每天上学都觉得很开心,很喜欢老师和同学!听到这些,我想:孩子真要是学习不好,也无需强求,最起码他很快乐。并不是每一个孩子都是学习这块"料"。显然我小瞧了孩子!在本学期的一次公开课上,303班的章扬老师在我们班进行电影作文课指导教学。有趣的电影资源兴奋了孩子的神经,刺激了他们的眼球,课堂气氛异常活跃。其中最为激动的要数小明啦!整节课上,他不仅认真地观看了影片,我还看见他动笔写了,当然举手次数也是最多的。每一次他举手,我都在心里暗暗祈祷:章老师,你可千万别请他回答。同时我也在心里懊悔:怎么自己课前忘记跟章老师打招呼了?我的心情随着每一次小明的举手而起伏。终于到了最后一个问题,也是最重要的一环节了,"哪位同学愿意把你的作文拿到台上来给同学们展示一下?"随着老师的话音刚落,我又再次看见小明举起小手,而且他是第一个举手也是唯一举手的,其他同学还在犹豫,要知道这展示的可是他们的现场作文啊!对于刚上三年级的孩子来说,作文可是难点。此时的章老师正站在小明的身边,高高举起的小手挡在了她的眼前……我一看到这情形,心想:坏了!被点到的机会很大。这可怎么办?这孩子平时课堂上叫他回答一些简单的问题还可以,错了也无伤大雅。可是,作文?平时连一句话都说不完整,他哪会写什么作文啊?再说今天这场合,要是喊到他,章老师这么成功的一节作文课岂不要断送在他手上?真是越怕发生的事,越逃不掉。章老师果然请他上了讲台,并把他的作文放在了投影仪下。当我看到电影白板上显示的作文时,我惊呆了,这满满大半页的字是小明写的作文吗?平时考试时,作文可是空白一片的。再一细看,虽然有一些错别字,有一些句子不通顺,但大致的过程还是很完整,条理也较清晰……小明能写出这样的作文,对我来说绝对是个奇迹!看来鼓励能培养自信,自信又能创造奇迹。

通过这件事,我也叩问自己,对于小明,我自以为是地妄下定论,说他不是学习这块"料",我是不是太武断了?孩子的潜能是无限的,就看老师如何去激发。如果我们把工作做得更细致、更认真些,不抛弃不放弃,可能那些早早就被我们贴上"问题学生"标签的孩子会创造更多的奇迹!面对性格各异、家庭环境各异的学生,我们是不是应该努力地给每个孩子同等发展的机会,对他们宽容些,再宽容些!耐心些,再耐心些!

在本学期的期末考试中,小明语文考了56分,数学考了77分,虽然在班上成绩仍然是最差的,但他进步了很多,我和数学老师都狠狠地表扬了他,同学们也自发地为他送上了掌声……刚才他的爸爸打电话来告诉我,小明很高兴,因为老师说他进步了……

我相信,在今后的学习中,通过我们大家的共同努力,小明会有更大的进步。对此,我充满信心!同时我也告诫自己:在今后的工作中,无论面对什么样的孩子,都不能轻易给他下定论。

问题学生的教育工作是一项复杂而又系统的工程,它时时在考验着我们的耐心、意志以及智慧。我将永远铭记这句话:"每个孩子都是一本书,教师就是品读这些书的人,读不难,然而读懂这些书却要我们好好花些心思。"

感　动

闻　生

今天的语文课是完成十五课《凡卡》的课后练习,特别是课后的第四题,把本课与《卖火柴的小女孩》对比读一读,写几句,分别赠给两位小主人公。我已布置学生在空白处写出自己想说的话。

讲到第四题了,原本我认为有了准备的他们肯定能非常精彩地作答。所以,我决定进行自由发言,并鼓励他们说:"机会只有一次,抓住机会就是成功"。在我的鼓动下,终于有一个学生站起来,阐述了他的看法,接着是一片寂静,孩子们都低着头,谁都不愿意站起来说,我认为他们是怕说错。于是,我说:"语文和数学不同,数学中1加1必须等于2,但语文中1加1可以不等于2,只要阐述你的观点、你的看法就行,没有绝对的对和错"。说完后,班上依然是鸦雀无声。我有点生气了,我的声音也变得生硬起来:"没人站起来,那么就是说作业不是认真写的,是胡乱写出来的?"回答我的依然是一片寂静,我终于忍无可忍了,生气地说:"好,今天我们静坐,直到你们肯站起来说为止。"一时之间,气氛非常的紧张,我和孩子们就这样僵持着。正在这时,班上平时经常不写作业的一个孩子站起来了,大声地读出了他的观点,我当时被震住了,没有做出任何评价。只让他坐下,令人更震惊的是,在我们班平时最不认真的小明也站起来了,不举手的小涛站起来了,小宝站起来了……小男生们像一个个勇士,纷纷表达自己的观点,我完全被震住了,他们身上那些闪光的东西是我平时从来没注意到的。我热泪盈眶,激动地说:"你们让老师感动,你们抓住了机会,你们就是胜者,你们现在学习虽然不好,但老师深信,你们未来一定不同凡响,而我们那些成绩好的同学,我相信你们肯定会为自己错失这次机会而后悔,让我们把掌声送给这些勇士们。"

一堂课上的感动,让我深深地感到每个孩子都是一颗耀眼的宝石,只要有机会,他们会闪光的,只要肯关注他们,给他们机会,你也会发掘出他们的闪光处。

深入现场　惊喜不断

闻　生

今天,我在这里与大家分享我的教育故事时,蓦然发现,我的从教生涯已十多年了。在这些年里,是学生带给我无限的欢乐,我热爱他们、感谢他们,是他们的快乐与真挚、问题与好奇、成长与进步,让我体验到了我的职业的魅力和工作的快乐!茫茫宇宙,短暂人生,沧海一粟,弹指一挥。慨叹:对酒当歌,人生几何,却总是笑颜与鲜花为伴,从容与阳光同行。

今年,我又带了一批新生,孩子们那么可爱、天真,又是那么聪明。小明,一个可爱的小机灵鬼。班上的孩子大部分都上过学前班,因而拼音教学根本就无需我多讲,大部分孩子都能准确地拼和写。可是,小明没上过,学起来非常吃力,不会写、不会拼,往往是全班都会了,他还是一窍不通。于是,他成了我办公室的"常客",我经常要把他"抓"到办公室,进行各项作业的订正。他很认真,我说什么,他就跟说一遍,随后再进行订正。但是,由于前期掉队,我总觉得他有点跟不上大家的学习进度。我也与家长进行了沟通,家长与我积极配合,孩子有了不小的进步,但还是不够明显。

有一天上语文课,我让他拼读一个三拼音,对于他来说应该很难,但是没想到,他竟然准确地拼读出来,甚至还说出了声母、韵母和介母,全班同学不禁为他报以热烈的掌声,当时他笑得是那样灿烂。从此以后,他学习语文的兴趣浓了,上课发言的次数多了,进步也很大。

果实的事业是尊贵的,花的事业是甜美的。但是,让我做绿叶的事业吧!因为她总是谦逊地垂着绿荫,让我一路倾听花开的声音,真情凝聚芬芳的足迹,纵然岁月消逝了我的青春,我依然无悔!

威　信

闻　生

　　几乎人人都说教学苦,在中国古代就有"家有五斗米,不做孩子王"的说法。当然,这纯粹是闲人编的顺口溜。不过,做一名老师的确挺苦挺累的,做一名好教师就更苦更累了。但是,这是我选择的职业,所以我要做的只有默默工作。一直以来,我认为教书首要有一条就是要管住学生,要想管住学生,就得先给学生一个下马威,不然的话,学生不怕你,以后你的工作就开展不下去了。那时,我只要带一批新生,一定要在同学面前树立一下自己的威信。

　　一次,我正和同学们兴致勃勃地讲评作业,大家说得头头是道,我也暗自高兴。正当我请一位同学回答我的问题时,我发现他的同桌头低着,瞧她的神态,思想已游离于课堂之外。顿时,我的内心深处涌出一丝不满,决定借此机会修理一下这个学生,并树立自己的威信。于是我叫她回答,她听到我叫她,连忙抬起头环顾四周,然后扭扭身子,慢吞吞地站了起来,低头看了看书,又抬头看了看我,课堂上出现了短暂的沉默。很明显,她思想开小差了,不知我们讲到哪一题了。"那你刚才在干什么?"我拼命地压住心底的怒火,"你能把题目读一遍吗?"我知道,我的声音变得严厉了。"快读呀……"旁边的同学也觉察到了不对劲,开始悄悄地提醒她。可她抬了一下头,看了看我,又低下了头,我分明看到了有一串泪珠滴在了她的本子上。全班同学噤若寒蝉,教室里寂静无声。下课后,我独自生着闷气。和班主任老师聊天时了解到,这名同学性格内向,课堂上难得听到她回答问题。我又反思了今天的一幕,应该说是在情理之中,可我为什么非要逼着她说话呢? 是为人师者的脸面吗? 这时,那双泪眼婆娑的眼睛浮现在我的脑海里,一种自责和不安悄悄袭上心头,我真的错了! 于是我带着一份激动和期盼找到她,和她进行了一番交流。原来她在幼儿园时,一次回答问题后受到老师非常严厉的批评,从此以后再也没回答问题。她妈妈告诉我,如果老师态度太严厉,她还会晕倒。知道这些后,我与她约定,明天上课继续提问她,但希望她能够自己举手发言。

第二天课堂上,我故意分了分神,偷偷观察她的"动静",等待着……她的眼神不时地和我交会,我则向她颔首示意。终于,那只手悄悄地举起了一小半。回答时尽管声音还是很小,但足以引起同学们的诧异,我俩会心一笑。我也如释重负,一位从不开口回答问题的学生,今天终于有了勇气,重新认识到了自己的价值。老师的呵护是打开学生心灵的钥匙,一位优秀的教师要有一颗关爱童心的心。在日常和学生相处时,老师要更多地呵护童心,关注学生生命的进程。只有老师与学生敞开心扉,老师与学生真情涌动,才能为教育注入生机。

给学生一个机会,可以让学生创造辉煌,给自己一个机会,让我们看到奇迹的发生。多一份耐心,多一份收获。

变一变也不错

闻　生

今天,我们要上《小蝌蚪找妈妈》这篇文章。因为,班上刚刚才演出过课本剧,所以孩子们对课文的内容非常熟悉,如果按照往常那样按部就班地讲解内容,对于低年级的孩子来说肯定是索然无味的,上课的效果也注定很差。怎么办呢?

带着这份疑惑,我走进了课堂。果不出所料,一出示课题,班上就炸开了锅,孩子们纷纷说起课本剧中的台词,我压下了学生的议论,开始了生字词的教学——读生字,自由交流识字方法,紧接着让几个学生读课文。在孩子们读的过程中,我突然想到,如果让孩子找找课文与课本剧不同的地方,并说出其中的原因,是不是对于文本的讲读更能事半功倍呢?

于是在读文后,我让学生思考:这篇文章与我们的课本剧有什么不同之处? 孩子们纷纷到课文中去找,很快,一个孩子就说道:"课文中讲了小蝌蚪变成青蛙的过程。"我接着说:"你能用文中的话说说蝌蚪是如何变成青蛙的吗?"他很快就找到了答案。我又问孩子们:"为什么课本剧中,小蝌蚪没有这些变化呢?"我们班的小宇说:"买不到那么多道具。"小蝌蚪的扮演者小刚说:"我们没时间换衣服。"听了孩子们的发言,我接着说:"你们说得都有理,课本剧这种舞台上表演的节目就是有这样的束缚,有时为了效果,必须要有所取舍。除了这些,还有吗?""还有",我们班的"智多星"小文说:"课本剧中说了池塘美丽的景色。"我说:"你很会发现。那么你觉得好吗?""好,有了景色描写,觉得小蝌蚪生活的环境很优美。""老师也有同感。"班上的"小眼镜"将手举得老高,抢着说:"老师,还有——""那你说说还有什么?""课本剧中多一个角色——鸭妈妈。""是的。那谁说说为什么要加一个鸭妈妈呢?"课堂一下静了下来。正在这时,鸭妈妈的扮演者举起小手说道:"我觉得有了这个角色,课本剧更有意思。""你说得很好。是的,有了这个角色,剧情就更加生动了。"

讲到这里,孩子们不仅对课文又有了新的认识,对课本剧也有了进一步的了解,我想这也是语文课教学应该做的。孩子们都很兴奋,通过自己的观察而达到结果的学习过程更让孩子们喜欢。课文讲到这里,我并没结束,最后我又回到文本,让学生分角色朗读,分组朗读,最后齐读,以各种形式的读进一步促进学生的理解,效果很棒。

现在的孩子,见识广,知识面宽。要是教师放一放,变一变,也许和我一样收获一份惊喜,感觉也不错。

当"价值取向"偏离时

钱 娟

教学《九色鹿》这课时,学完全文后,笔者设计了一项"你想对九色鹿说些什么"的说话训练。学生大多都在赞美九色鹿高尚的品质,课堂气氛很愉悦。突然,一个孩子发表出他不同的看法:"我要对九色鹿说:'你冒着生命危险跳进湖里救调达,可后来这个小人竟见利忘义,背叛了你。你救他时也太草率了,真不该救他,你真是自找霉倒。'"

这个异样的声音令我感到吃惊,居然还有不少学生表示赞同。学生虽然表达了心中独特的想法,但在文本价值取向上已是偏离了轨道。面对学生的执著,我意识到了这个问题并不是个案,很有必要在课堂上做出引导,给学生指引正确的方向。

怎么办?简单的说教是无法真正说服学生的。情急之下,我给学生们讲了一个故事,大致内容为:一个在河边钓鱼的人,听到苏格拉底落水呼救的声音,却对他置之不理,一走了之。过了不久,苏格拉底与学生在河边散步时,救了一个落水之人。等大家看清那人正是上次不伸援助之手的钓鱼人时,都纷纷说:"要知是他,无论如何也不救!"苏格拉底却平静地说:"不,救他,正是我们与他的区别。"

说完故事后,有的学生似有所悟地点点头。刚才那位发言的学生又站了起来:"哦,我明白了,九色鹿正如苏格拉底一样,这就是小人与君子的区别。看来我还是努力去做个君子吧!"一席话,引得学生哄堂大笑。在笑声中,我已明白学生们都已学有所获。

语文课程标准特别强调:阅读是学生的个性化行为,不应以教师的分析来代替学生的阅读实践。这就意味着教师要真正地将学习主动权交给学生,引领激励学生潜心会文、品味感悟,把握文章蕴涵,受到情感熏陶,充分展示学生的才情与智慧,丰富语文素养,培养人文精神。但在尊重学生个性化阅读的同时,也不能放任自流、随心所欲。要巧妙引导,给予学生正确的价值取向。如果怕影响学生的个性化阅读而不敢强调正确的价值观,对于学生来说,学到了语文,却没学会做人,那真是教育的悲哀。

所以,在鼓励多角度、有创意地阅读理解的同时,如果到学生一些有失偏颇的解读和体验时,教师不应放弃指导、引领的责任。要根据教学内容的价值取向对学生循循善诱、因势利导,这才是"个性化阅读"的真正意义所在。

重温古文　浮想联翩

钱　娟

今天下午,吴礼明老师来到我们学校,作了与"'课堂教学现场化'模式研究"相关的报告。吴老师给我们出示了几个古文中的故事,这些故事很有意义,以前就有所了解,但从来也没想过这些故事与我的教育教学还有千丝万缕的关联。通过吴老师的点拨指导,我顿时觉得醍醐灌顶。联系实际,也有了自己的一些想法。

从《曾子杀彘》这个故事中,我们知道了不仅父母要对孩子讲诚信,老师也要以身作则,千万不能随口承诺一句,而后又将这个承诺忘到九霄云外。如"明天我要检查你们的作业",可到第二天忙着其他的事忘了。我也听有的老师说过"在公开课上表现得好,就贴笑脸"。孩子们在课堂上尽情展示,为的就是那一张张笑脸图片能贴在自己名字后,可老师课后忙于反思、听取意见,早就不记得这点"小事"了,可想而知,孩子有多伤心啊。那些单纯的孩子们从自己最敬重的人身上能学到了什么呢? 说话不算数,做事不守信。

《种树郭橐驼传》讲述的是一个驼背种树人,种的树木不仅都能成活,而且长得还非常繁茂。问其有何秘诀时,他说其实自己只是"顺木之天,以致其性",这句话大致的意思是顺应树木的天性,让它尽性生长罢了。

看着这句话我想到了自己,作为妈妈,从来不敢让孩子独自一人上学、乘车,没放手让他干过几件真正属于自己的事,总是不放心! 其实有时就是为了解除自己内心的不安,索性全权代理。回头想想,心是一时安了,可孩子呢? 能永远在你的羽翼下生活吗? 该放手时要放手,因为他总有一天会离开你的羽翼。到那时,你一定希望他越飞越高,眼界广阔,收获满满。可是现在,你一再包办,到那时,收获的不是孩子的独立,而是无尽的依赖。

作为教师的我,又有多少次能做到顺其天性任其发展呢? 怕学生接受不了,低估了学生,一而再再而三降低难度,牵着他们走,走远了,走长了,想放也难了,他们已习惯溺爱的牵引,不会自主学习,更不会自我发展。此时,有的老师责怪起孩子,怎么一个问题提出就石沉大海了,半天没声音?在责怪的同时,你有没有想到这都是自己惹的祸呢? 你的这份"糊涂的爱"给学生带来的是负担,而不是能力。因为你没给学生一个自主的空间,让他们自己去思考,自己去选择,自己往前走。相信只要你给予了,总能看到百花齐放、姹紫嫣红的那一天。我想到这样一句话:"我们缺的不是题目,缺的是思维;缺的不是有潜力的学生,缺的是让学生的潜能得以发展的老师。"我知道,这种教育行为不仅仅是给予,也是对自己的解放。

吴老师如是说,"以生为本"的衡量标准是以师生间的人际关系,课堂上的融洽关系为基准。由此,我想到对一节好课的评价,是否可以改为"以学生是否学得积极、学得高效、学得快乐"为标准呢? 两者并不矛盾,中心都是一致的——"心中知学生,眼里有学生"。学生所表现出积极的学习态度,与和谐、宽松、平等、民主的课堂气氛有着密切的关系,这也是学生树立学习信心、主动学习的前提。课堂上的教者与学生的心灵沟通,更在于对学生的理解,坦诚的交流,真心的谅解……课堂不仅如此,班级管理更需要这样,因为班集体是孩子生活成长的第二个环境。

说到这,我真的很惭愧,在我教育生涯中有一件让我感到最遗憾的事。我班有一个单亲的留守女孩,平时沉默寡言,不善交流,因为学习不好,弄得脏兮兮的,孩子们都不喜欢她。有一次,她将我们班班长的《基础训练》拿回家,并将名字改掉为己所用。班长着急得要命,全班同学都在自己书包里找了一遍,看有没有错拿了,可是结果却是什么也没找到。没办法,不能让孩子没练习做呀? 于是我也只能将就一下,将教本给了她。令人感到意外的是,在第二天改作业的过程中,我发现这个女孩本子前面的字迹特别工整,而这一课的字却是东倒西歪,错题无数。于是我便提高警惕多看了几眼,真是不看不知道,一看就明了,这不是班长的作业吗? 当时我就火冒三丈,心里想,要狠狠训一下这个孩子。于是,趁上课前的一段时间,我手里举着这本《基础训练》来到班上,并叫她走上讲台。此时的她，似乎已知即将会发生什么，脸色难看，头都不敢抬。看到她这样，我一点也没想到要轻饶她，便厉声问道："这是谁的？"她却说是自己的，我又连问了几遍，没想到她真有着打死也不承认的精神，仍说是自己的。这时，我的忍耐力已到了极限，本想给她"自首"的机会，没想到她的嘴倒挺硬的。于是，喊上班长让她来确认一下。她看后，大声说道："这就是我的！老师你看，她把我的名字擦掉，改写了自己的名字。"我也顺着这话，说道："别人的东西就是再好，也不能据为己有，那样你永远也得不到别人的喜欢和信任。"现在我还依稀记得当时的她已泪流满面，并用她一直低着的头点了两下。

现在想想，自己的做法多幼稚，多无知，多愚蠢啊！为什么没站在这孩子的角度想一想呢，也许是特别喜欢班长写的字想回家模仿一下呢？也许是想将班长的本子"变成"自己的本子向别人炫耀一下呢？还是……太多的假设了，可是我当时只想到她的错误，不曾从她的处境去考虑。

这样一个孩子，没人管，没人爱，没人给她正确引导。她自卑、懦弱、恐惧，不愿与人交流。也许是孩子的一次羡慕，无意犯的错误，不敢在全班同学面前承认，也许只是想维护自己已剩不多的尊严罢了。可是我却将此次错误放大又放大。懊悔难当啊，我的这一次批评给她小小的心灵带来多大的伤害啊。想着每次她看我的眼神都是如此胆怯时，我觉得自己在教育孩子方面真是蠢到极点，太不了解学生了，总是以领导者、首席者的身份高高居上，没真正走进学生的心灵，没真心将孩子当自己的朋友。

吴老师的讲座真让我受益匪浅，让我有了静静思考自己教育行为的机会。它像一盏指明灯一样，让我们看清自己的不足，将我们的教育之路照亮。

现场巧应对，文本生新意，人性闪光辉

季玉霞

上午第一节是语文课，这节课打算结束第26课《科利亚的木匣》的课文学习。当课进行到"想一想、说一说——印象中的科利亚是个怎样的孩子时"，班上一名叫小超的男孩满脸疑惑地发问："科利亚为什么不让妈妈帮自己把小木匣和妈妈的大木匣埋藏在一起呢？这样科利亚不就不用自己找了吗？"小超的这一问在教室里激起了一阵涟漪：有的是愣愣地睁大眼睛看我是什么反应，有的相互间急切地议论起来，有的坏坏地笑着看小超那认真又疑惑的表情……

可就在这时，一名叫小明的男孩背着书包推开门喊"报告"。显然已迟到十几分钟。我还没来得及问其原因，他已泪流满面，委屈地说："昨晚爸爸没给我检查作业，早上妈妈才给我检查，所以就迟到了。"我什么也没说，为其抹去脸颊上的泪水，准备请其入座。但有少数几位同学对小明的迟到表示愤慨，甚至拍击着桌子说："你，因为你，我们班要扣分的！"（多么强烈的集体荣誉感啊）事已至此，我只好示意他们先安静下来。

真是一波未平，一波又起！我深知这"两波"都不是偶然的，其背后有着深层的心理原因——依赖心理严重（生活、学习缺乏自理能力，缺乏独立性）。我曾和小超的母亲交流过，其母亲毫不隐瞒地说该生在家学习时，必须有人在一旁守着、吆喝着，甚至得放根棍子在桌边。生活自理能力差，直到今天他自己都不会戴红领巾，平时皆由其母亲帮着……

我想，教室里可能不止一个这样的小超和小明，这样缺乏独立性以后怎么办，我不敢想下去……接着我请小超把他刚才提出的疑问，大声地再说一遍。"问得好！科利亚为什么没这样做？为什么我们班小明今天会迟到？"我说。接着引导学生重新走进课文，重新认识科利亚。大家边读边议:"科利亚5岁时仅能数到10,他就能主动学习妈妈的样子,独自一人完成埋小木匣的事。四年后,科里亚9岁,他仍是学着妈妈的方法,却找不到自己的小木匣。可他不急不躁,也不怕伙伴们的嘲笑,独立思考,寻找解决问题的方法,终于找到了小木匣。生活中的科利亚是好样的,相信他在学习上也一定是好样的!"

之后,我再请小超回答:"能解答自己提出的疑问吗?"只见他喃喃地说:"因为科利亚,他真的做到了——不怕困难,自己的事自己干,所以……""回答得好!""小明,现在说说,你今天的迟到是怨爸爸,还是怪妈妈呢?"姚子恒害羞地说:"只怪我自己。我以后自己的事,一定要自己做。我要向科利亚学习……"教师里自发地响起了一阵掌声。

这节课,我们重新定位对科利亚的认识与理解,突出了科利亚独立生活、独立思考、独立解决问题的能力和特点,并且要向他学习。显然,这堂课转向了生命个体"独立性"的教育。这似乎是当前小学生普遍缺少的一课。

自觉关注课堂生成,让学习与生活对接,让学者真正地学有所获,让教者真正实现"教和育"。

"风云人物"之我见

何 燕

　　根据工作安排本周五的班队课以谈"风云人物"为题,让大家畅所欲言谈谈心目中的风云人物,孩子们你一言,我一语,"风云就是古孝文、杨婧轩跑步的速度","风云就是高倩倩、张妍的乐于助人","风云就是谢扬、许颖的认真和坚持"……每当一名学生说完,孩子们便自发地为他们鼓掌,都表示要向这些同学学习。这时,就看到小宇高高地举起小手,我忙请他说说自己的想法,他说:"某某经常说谁喜欢谁,他是我们班制造绯闻的风云人物。"此言一出,全班哄堂大笑。这时我却带头鼓起了掌说:"首先感谢小宇敢于说出真话,同时也祝贺你已经长大了,这是男女生之间正常的心理变化,表明你们发育成长都很正常。给自己一些掌声吧!"看着孩子们鼓掌时露出的惊讶表情,我笑了笑接着说:"在成长过程中出现的小插曲很正常,不要回避,只要正确对待它,就会拥有一个快乐健康的成长空间。"接着我又问同学们:"在你们的生活中感受到哪些爱?"同学们各抒己见,有父母的疼爱、同学之间的友爱、老师的关爱,还有爷爷奶奶的宠爱。"是的,在我们的生活中有亲情、友情、爱情,这是人类生存不可或缺的几种感情,不同的年龄享受着不同的被爱,不管哪种感情,我们都应该用一种真诚的心去对待,更应该好好地去珍惜。刚才你们说了那么多风云人物,你们有没有羡慕他们、喜欢他们呢?"只见孩子们面面相觑,不愿回答,生怕自己的回答惹来同学们的取笑,这时,刘远鹏举起了手,站起来大声地说:"我觉得张妍、高倩倩的乐于助人值得我们学习,她们也主动帮助我,我很喜欢她们"。孩子们在座位上小声地谈论着。"是啊!班级里有的同学学习成绩好,纪律也好,各方面都比较优秀一点,可能让有些同学羡慕,比较喜欢这样的同学,其实这就是女(男)生对男(女)生一种单纯喜欢的情感,我们只有正确对待它,才会有一个快乐、健康的童年。老师给

298

你们一些和异性交往的建议,希望你们能从中得到帮助。"

第一,要端正态度,培养健康的交往意识,淡化对方的性别意识。与同学交往要真诚、大方、友爱、关心。现在家家户户都有电脑,同学们利用电脑来辅助自己的学习,但是在利用电脑收集资料查找信息时,一定不要接触一些对自己身心不健康的东西,多看一些有意义的节目,不要效仿不良行为。第二,要努力和大家都成为好朋友,避免个别接触,交往程度宜浅不宜深。我们要利用在学校学习的生理知识去了解更多的异性,对异性有一个基本的总体把握,并学会辨别异性。有的人外表像个迷人的小帅哥,但交往中会发现他没有真才实学,有的人学习成绩特别优异,却高分低能缺少独立生活的能力。如果我们只被眼前的事物蒙蔽双眼,那么难免会"只见树木,不见森林",有时还可能走上让自己后悔的道路。所以,珍惜每一次集体活动,积极地开展更有效的人际交往活动,是我们十分需要的。第三,正确把握两人交往的心理距离,排斥让彼此感到过于亲密和引起心绪波动的接触。如果我们在交往中发现对方的表现有些异样,那么要调整自己的态度,使交往恢复到原先心静如水的状态,这样就会更有利于我们的成长。听完我的建议,有的孩子默默地点了点头,好像明白了些什么,有的孩子相视一笑,眼神中透露出释然,有的孩子涨红了脸,认真地思考着。

一节课虽然结束了,但是它带给我的感触却很多:如果在平时就注意开展有针对性的集体活动,在活动中体现团结友爱、互帮互助的精神,积极倡导孩子们同异性伙伴之间健康交往,进行正确的人生观的引导,就有可能不会出现今天这样的状况。如果在日常的生活、学习中多和孩子进行沟通、交流,成为孩子的朋友,及时地掌握孩子的心灵动向,给予孩子心灵的疏导,孩子就会少一些彷徨和困惑,多一些纯真和快乐。反思的同时也很庆幸在这一次的课堂教学中我注意倾听孩子们的话语,准确捕捉到课堂生成的内容,即时运作,尊重了每一位学生的个性。我想孩子们在今后的同学相处中会把握好方向,更开心地学习、生活。

简简单单教语文

苏　莉

简单就是教育真谛。教学中,目标是简单的,过程是简单的,方法也也是简单的。完整的语文课堂教学,简单而不失品位,简约而不失精彩,简练而不失实在。在《伯牙绝弦》这篇文言文的教学中,我用了最简单的两种方法来引导学生学习课文内容,紧紧抓住"知音"两个字,理解伯牙的摔琴之举及其此举背后隐喻的涵义——子期一死,伯牙为何摔琴?因为知音难觅,子期的死使伯牙痛感世上再无知音,因此也不必再来鼓琴。在这里,引导学生思考"伯牙'绝'的仅仅是'弦'吗? 这'终身不复鼓'仅仅是琴吗?"接着引导学生通过诵读、体验、对话、联想,走进这场悲剧,理解这个寓言,聆听这声叹息,见证这种寻求,向往这份美好⋯⋯引导学生真正明白课题"绝弦"的深刻含义。

一、读

正确、流利地读,特别要注意停顿恰当。抓住四个"善"字不同的用法,在反复朗读中理解"善鼓琴""善听"中的"善"字可以理解为"擅长、善于"的意思;两个"善哉"是表赞叹之义。而理解课文的过程,我把理解与朗读相结合,在感悟文章的每一句话的同时,也注重指导朗读。文章的前半部分,要读出称赞的语气,读出知音欢聚的那份融洽与欢乐;文章的后半部分,指导学生带着对伯牙寂寞、孤独、绝望和心灰意冷的心情的理解有感情地朗读。在教学尾声之时通过播放《高山流水》音乐,让典雅流畅的琴音款款地浸润学生的心灵,再让学生在音乐声中朗读课文,会更好地增强课文的表现力,让文言文那优美的韵味深深地植根在学生心中。

二、背

　　背诵是我国传统语文学习的精髓。李白十岁通《五经》。韩愈自幼读书,日记数千言。一代宗师们正因为"日诵千言""娴熟于心"才有了相当深厚的文化底蕴,也才有了惊人的记忆力、领悟力和创造力。所以,简单的语文教学是有底气的语文教学,绝不是看似什么都训练了而其实什么都没有落实的语文。简单的语文教学强调底气,语文的底气来源于诵读与大量阅读。在《伯牙绝弦》这节课中,我没有刻意求变的痛苦,没有疲惫不堪的设计,但我尽量与学生一起诵读,与学生一起学习、体会!

　　艺术大师徐悲鸿有诗云:"删繁就简三秋树,标新立异二月花。"艺术到了一种很高的境界就是简洁。我想语文教学到了一种很高的境界也就是简洁。有诵读与阅读的底气,有参与的快乐与发展,有博大的胸怀与见识,是回归中的一种超越,我们的语文教学,简简单单而走向辉煌!

呵护学生课堂中的"小灵感"

鲁继红

小学数学中的许多知识,只要我们去认真地分析教材,精心地设计问题,充分相信学生,让学生自己去探索,绝大部分知识都是可以通过学生自己的努力掌握的,学生在积极探索的过程中,不仅使学到的基础知识得到了应用,自主学习、积极探究、不断创新的精神也得到充分的培养。

但课堂上各种各样的情况随时都会发生,老师应审时度势,把握当下,因势利导,灵活巧妙地驾驭课堂。记得有一次我讲轴对称图形时,事先布置学生课下剪一些平面图形,有正方形、长方形、平行四边形、圆、各种三角形、梯形等,课堂上让学生通过剪、折、拼弄清楚哪些图形是轴对称图形。

当大部分学生通过折、剪已验证平行四边形不是轴对称图形时,我也予以肯定。突然有个学生猛地站起来说:"老师,平行四边形是轴对称图形,它有两条腿(也就是对称轴)!"话音刚落,哗——全班学生都笑得前俯后仰,有的甚至喊:"呆子,你又做梦呢?"那一刻我也愣了一下。但同时经验告诉我——让孩子畅所欲言。于是,我纠正了该学生说话的错误,让该生亲自上讲台演示。唉,不错!他做的这个平行四边形确实有两条腿(对称轴)。这时,学生都疑惑了,急于想知道原因。

我趁热打铁,让学生通过量一量,看一看。该生做的这个平行四边形与大家的有什么不同。大家情趣盎然,通过仔细观察,测量,讨论得出:他剪的平行的四边形是四条边相等的平行的四边形。两条对角线就是它的对称轴。我借机告诉大家:他剪的图形是菱形,也是轴对称图形,以后你们会学到的!一般地说,平行四边形是指两组对边分别相等且平行的四边形,它不是轴对称图形。我即刻表扬了这个学生的求异精神,并要求同学们以后不要再嘲笑他,而要向他学习。顷刻间,孩子们掌声雷鸣,受益匪浅!

　　这个故事告诉我们,课堂上要培养学生的求异精神,如果学生的求异出了错,也不要批评指责,而要点拨启发,保护学生的自尊和自信。这样学生不仅得到了知识上的启迪,更重要的是得到了精神上的支持和情感上的满足,以后更能各抒己见,更能体会到成功和创造的欢乐,继续发挥学习的主观能动性。

感谢"现场化"研究

鲁继红

从语文教学转为数学教学,对我来说,这是教学上的一个巨大转折。深感教育经验不足、缺乏教育实践的同时,我也在思索着怎样才能尽快地进入角色。这几个月来,在"现场化教学"课题的引领下,通过频繁地互相听课研讨活动,使我对数学教学有很深的体会。

一、要给孩子信心,激发学习兴趣

三年级小学生年龄还比较小,稳定性较差,注意力容易分散。要改变这种现象,必须使小学生对数学课产生浓厚的兴趣,有了对学习的兴趣,他们就能全身心地投入学习中。那么,怎样才能使他们产生学习数学的兴趣呢? 原因较多,也较复杂。我个人认为除了学生自身的原因,数学学科本身的特点以外,教师的教学方法、教学手段及教学基本功是否扎实也是很关键的。于是,我在教学过程中,不断地提升自己的教学水平,同时我还通过其他途径积极地完善自己的每一节课堂教学。课前我钻研教材,与学生进行交流,了解学生的具体情况。根据这些,选定具体的教学情景,为学生创设了一些现实的情境,学生们顿时兴趣盎然。这样不仅缩短了导入新课的时间,而且使学生比较容易获得知识,从而简化了学习内容,提高了学生的学习兴趣。对于学生自身的厌学情绪,我通过与学生聊天来获得具体的信息,对症下药,效果比较明显。

另外,老师要管好两个手指,少伸食指,指责学生;多伸拇指,夸赞学生。好学生、好孩子是夸出来的,不是指责出来的。

二、每堂数学课的课前三分钟口算训练

口算要克服粗心 。课余,尤其是考试后,我常听到有些学生、家长、老师说:"知识是掌握了,就是太粗心了,以后改了就好了。"好像老师们也只注重方法的训练,学生和家长也不把这粗心当成一回事。这个粗心是什么原因造成的,应该怎样改正? 可能大家都没有很好地探究过。其实口算能力薄弱是学生计算能力差的一个最关键也是最重要的原因,而书写方面的习惯和速度、口算基础、简便方法的运用 、心理因素都是影响学生口算能力的重要原因。所以我认为"粗心比无知更可怕",因为无知的东西容易学,可粗心的毛病很难克服。

针对这种情况,我在每堂计算课前三分钟都会进行口算训练。口算的内容尽量与本堂课的教学内容有关,训练的方法也多样化。例如:视算训练、听算训练、抢答口算、口算游戏等。用孩子喜爱的计算游戏来提高他们的运算技能和速算技能。

三 、要有针对性地进行练习

这主要是针对中等生和差生。每节新内容过后,总有些知识,部分学生没有弄懂,这就需要通过一些针对性的练习,对这些知识进行巩固。比如在教学"面积和面积单位"时,学生对面积的概念、面积单位的正确使用有些模糊。我就经常问一问,门的大小是它的什么? 应该使用哪个面积单位? 电脑键盘上的数字键大约是1(　),电脑屏幕的大小大约是8(　),教室的面积大约是40(　)。变着花样几次练习后,学生就都能掌握了。对于错题让学生多做多练,再加做相似的类型题,出错就较少了。

总之,我觉得数学教学是一个最具创造性和灵活性的活动,只有从实际出发,才会收到实效,避免陷入误区。时间可以使我们的经验不断增加,努力学习,不断反思,我相信我们的能力肯定会有所提高。一分耕耘,一分收获,教学工作苦乐相伴。我将本着"勤学、善思、实干"的准则,一如既往,再接再厉,把工作做得更好。

快乐学数学

张书萍

偶尔在杂志上看到被称为"have fun"的快乐教育，就是一种用愉快的学习环境去唤醒学生的学习经验，激活学生情感的教育。这种快乐不是表演，而是从学生的心里流淌出来的。它让学生在"享受学习"中，逐渐学会求知、学会做人、学会做事。这给了我很大的启发——将快乐教育引入抽象的数学学习中，让学生快乐学数学。以下是我的一些尝试。

一、创设生活化的情境，让学生"好学"

丰富多彩的生活中蕴藏着大量的数学知识，我们要善于让学生发现这些知识，并用来解决实际问题。如在"估算"的教学中，为了说明学习估算的作用，我创设了一个情境：星期天，文文和爸爸、妈妈去公园玩，成人票每人28元，儿童票每人18元，带100元够吗？学生们都有去公园的经验，都喜爱去公园，所以对这个问题很感兴趣，马上开始计算了。我立刻提出要求——口算出结果。学生们感到有困难，我不失时机地引出估算：将它们估成整十数，口算就能得出结果了。紧接着，我又出示几道题，同学们都跃跃欲试，对估算颇有兴趣。

二、引用趣题趣话，让学生"乐学"

数学在前人的努力下，已有悠久辉煌的历史，其中不乏趣题、趣话，适时的引用，可提高学生的学习兴趣。如在"表内乘法"的复习课上，我出示了一道题：1只青蛙，1张嘴，2只眼睛，4条腿；2只青蛙，（ ）张嘴，（ ）只眼睛，（ ）条腿；3只青蛙……学生们的学习热情空前高涨，既复习了乘法口诀,又让他们感受到数学的乐趣。

三、玩游戏,学数学

根据学生好动、好玩的特点,教学时适当采用游戏、操作活动、合作互动、竞赛等组织形式,把枯燥的数学知识学习与学生乐此不疲的活动有机结合,让学生在"玩中学"。如在"排列和组合"的教学中,整节课都是以"数学广角游戏"贯穿始终的,包含了猜密码和闯关游戏,学生们在欢乐的氛围里获得知识;又如在"找规律"的教学中,我设置了摆一摆、涂一涂、"顽皮的星星"、"小小设计师"等学生们喜爱的活动。特别是小小设计师的活动,意图是让学生运用所学的找规律知识设计美丽的图案,操作工具是贴纸。正所谓"知之者不如好之者,好之者不如乐之者。"游戏活动的开展既迎合了学生的爱好,又引发出学生们极大的创造力。

"课堂导入"随想

张书萍

本学期,我承担了一节送教下乡的数学课——《排列和组合》,在第一次试教时,我是这样导入的:

师:今天,张老师带大家去一个有趣的地方——数学广角。(出示课件)咦,今天数学广角的大门怎么被锁住了呢? 哦,小精灵告诉我,原来打开大门必须要有密码,大家有信心找到密码吗?

生(齐说):有!

师:这里有个小提示:密码是1、2组成的两位数中最小的那一个。什么样的是两位数?

生:有个位和十位。

师:请你猜一猜,密码是多少?(生答12)

师:你是怎么想的呢? 1、2组成的两位数有哪些?

生:1、2可以组成12和21这两个两位数。所以密码是最小的那个12。

师:同意他的想法吗?

生(齐说):同意。(揭示密码)

师:同学们真聪明! 密码找到了,数学广角的大门打开了。告诉你们,数学广角里正在进行有趣的闯关比赛,大家想参加吗?

生(兴奋地):想!

"猜密码"的导入既为新知学习铺垫,又充分调动了学生的学习积极性。正如古文《曹刿论战》中有"一鼓作气,再而衰,三而竭"的作战方法。说的是在一场战斗开始之际,敲响第一锤,一鼓作气,激发士兵的作战勇气,有着重要的作用。作为课堂教学也是一样,一个引人入胜的导语,也犹如打响第一锤那样,会产生良好的效果。自此,学生以饱满的精神状态进入新知学习。

如何培养学生的数感

金俊美

我在执教《1000以内数的认识》一课时,对于学生数出1000根小棒的活动,我是这样设计的:

师:看到桌子上的信封了吗? 想知道里面装的是什么吗? 请你猜一猜大约有多少根?

师:想知道究竟有多少根吗? 怎么办? 听好老师的要求,怎么数我们要做到三点要求(出示课件):一、数的速度要快;二、数的数量要准确;三、数的结果让别人很快就能看明白。现在请组长跟同组商量一下,你们准备怎么数?

(指名说出数法,学生分小组动手数小棒,教师巡视)

师:同学们都数好了,你愿意把你们组的数法告诉大家吗?

(学生上台展示,先一根一根数,板书:1 数到10根捆成一捆就是10根。板书:10 10里面有几个一? 板书:1 → 10,10根10根捆完后就是100根。板书:100 100里面有几个十? 板书:10 → 100)

师:请小组长拿出抽屉里的篮子,把刚才的100根也放进篮子里,猜一猜篮子里大约有多少根小棒?

(学生自由猜测)

师:想知道究竟有多少根吗? 篮子里每一小捆都是10根(老师已数好),现在小组先商量一下,准备怎么数?

(学生分小组动手数小棒,教师巡视)

师:下面老师想请我们同学拿着自己小组的成果上台展示。

(请两到三组学生上台展示,最后数出是1000根小棒,板书:1000 1000里面有几个一百? 板书:100 → 1000)

师:我们班的同学真爱动脑筋,想出了这么多数法,你觉得他们几组

的方法怎么样?(学生评价)

师:100根一捆的数起来很方便! 一起数100,200,……1000。这就是我们今天学习的新课。(板书课题:1000以内数的认识)

师:通过刚才的数数,你们有什么新发现?

师(小结):数数时,我们可以一个一个地数,或者一十一十地数,也可以一百一百地数。

数学课程标准指出:"数学教学是数学活动的教学,是师生之间,学生之间交往互动与共同发展的过程。"本节课主要采用了小组合作交流的学习方式数1000根小棒,共同决策,集体解决问题。活动前,我先让学生猜一猜"一捆大约有多少根"、"一篮子大约有多少根",初步培养了学生的估数能力。在学生自发地要求数一数时,我提出了明确的数数的要求,先让小组成员独立思考"该怎样去数",然后小组内讨论交流,达成共识,最后组内成员一起动手数小棒,派代表上台展示成果。老师引导学生比较每个小组的数法,在多样化的基础上适时进行优化,有助于学生的思维向更高层次发展。学生在操作体验的基础上,从而发现数数的方法和规律,体会计数单位之间的十进关系。学生合作过程中,教师不作过多的启发、引导,给予学生充分探索发现的空间,培养学生自主探究,合作学习和归纳概括的能力。

让数学活在生活现场

吴五七

义务教育小学数学新课程标准指出"人人学有用的数学,有用的数学应当为人人所学,不同的人学不同的数学","数学教育应努力激发学生的学习情感,将数学与学生的生活、学习联系起来,学习有活力的、活生生的数学"。在课堂教学中结合学科活动,强调数学与现实生活的联系,开设生活数学实践课,是培养运用数学知识解决实际问题能力的重要保证和有效途径。

一、联系生活实际,引入新知

数学是一门抽象的学科,而小学生的思维是以形象思维为主,因此为了使他们能比较轻松地掌握数学规律,在教学过程中,教师要创设与教学内容有关的生活情景,充分利用学生身边的生活现象引入新知,使学生对数学有一种亲切感,感到数学与生活同在,并不神秘。在实际操作中,让学生通过观察和实践来理解数学概念,掌握数学方法,逐步培养他们抽象、概括、比较、分析和综合的能力。

(一)摄取学生熟悉的自然现象素材,激发兴趣

"兴趣是学习的源泉。"小学生正处在好奇心特别强的时期,在教学中要充分利用"好奇心"来激发学生探求新知的愿望。如在教学"可能性"一课时,先让学生观看一段动画,在一个阳光灿烂的日子,许多鸟儿在天空中飞来飞去,突然天阴了下来,鸟儿飞走了。这一变化使学生产生强烈的好奇心,这时教师立刻问:"天阴了,接下来可能会发生什么事情呢?"学生就会很自觉地联系他们已有的经验,回答这个问题。郑安文说:"可能会

下雨,可能会打雷、闪电。"张敏说:"可能会刮风,可能会一直阴着天,不再有变化。"唐雯说:"可能一会儿天又晴了,还可能会下雪。"

老师接着边说边演示:"同学们刚才所说的事情都有可能发生,其中有些现象发生的可能性很大,如下雨,有些事情发生的可能性会很小,如下雪等。在我们身边还有哪些事情可能会发生?哪些事情根本不可能发生?哪些事情发生的可能性很大呢?"通过这一创设情境的导入,使学生对"可能性"这一含义有了初步的感觉。学习"可能性",关键是要了解事物发生是不确定的,事物发生的可能性有大有小,让学生联系自然界中的天气变化现象,为"可能性"的概念教学奠定了基础。

(二)结合学生生活经验,创设情境,拓展思维

义务教育小学数学新课程标准指出:"数学教学活动必须建立在学生的认知发展水平和已有的知识经验基础之上。教师应激发学生的学习积极性,向学生提供充分从事数学活动的机会,帮助他们在自主探索和合作交流的过程中真正理解和掌握基本的数学知识与技能、数学思想和方法,获得广泛的数学活动经验。"在教学中,要让学生感到生活处处有数学,通过创设情景,我们可以把生活中的经验提炼为数学,充实和改善自己的认知结构。比如,我在教学"面积的认识"时这样导入:同学们,你们知道在我们人体上存在着许多有趣的面积吗?我们的食指甲大约是1平方厘米,我们的手掌大约是1平方分米。又比如在教学"元、角、分"时,我创设了这样一个情境:母亲节快到了,小明想给妈妈买一件礼物,就把自己攒的1角1角的硬币都拿出来,一数有30个,拿着这么多硬币不方便,于是小明就找隔壁的老爷爷来帮忙想办法,老爷爷说这好办,收了小明的30个硬币,又给了小明3张1元,小明有点不高兴,觉得有点吃亏。你们说小明拿30个1角换3张1元的纸币亏不亏?为什么?首先组织学生讨论,有的学生将这30个硬币一角一角地数,每10个1角放在一起,然后再告诉大家这10个1角就是1元,3个10角就是3元,所以30个1角和3元是相等的;其次,根据学生的分析,再组织学生观察已分好的硬币,从中找规律:看看元和角之间有什么关系?学生很快得出结论:1元和10角相等,10个1角就是1元,1元就是10个1角,1元等于10角。

二、结合学生生活实际,学习新知

数学来源于实践,在获得对现实的数学认识,并总结出数学原理或规律后,还使他们能比较轻松地掌握数学规律,在课堂教学中,教师力求创设与教学内容有关的生活情景。把学生引入生活实际,让他们在实际操作中通过观察和实践掌握的数学知识解决生活中的实际问题。

(一)运用数学解决生活中的问题,培养学生的逻辑性

例如:在学过"比多比少应用题"后,老师出了一道题"爸爸今年33岁,比儿子大30岁,儿子今年几岁?"有位学生说:"33加30等于63岁。"老师问:"你为什么这样解答?"学生回答:"因为33岁加上30岁,就是63岁。"

教师引导学生认识到,这是不符合实际,也不符合逻辑的。教师肯定大部分学生用生活验证的做法,指出要自觉形成从生活经验角度去检测数学学习的结论,使学生感悟到数学的合理性。

(二)设计开放问题,培养学生应用的独创性

在课堂教学中,注重开放题的设计,给学生留下广阔的空间,让学生补充问题、收集条件、探索不同的答案,逐步培养学生应用数学解决实际问题的独创性。例如:一个长方形木板,锯掉一个角,还剩几个角?学生跃跃欲试,想出无数种答案(1个、2个、3个、4个、5个、6个等)。

贴近学生生活的开放题给学生打开了一扇窗,让学生感受到数学的奇妙无穷,同时还培养了学生从不同角度思考问题的能力,虽然不是要求所有的学生都能找出所有答案,意义在于乐在寻求多个答案的过程之中,引导学生在生动具体的现实情景中开始数学学习,体验和理解数学,培养了学生的应用创造性。

叶澜教授说:"课堂蕴涵着巨大的生命力,只有师生的生命力在课堂教学中得到有效的发挥,才能真正有助于新人的培养和教师的成长,课堂上才有真正的生活。"当学习的材料来自于现实生活时,学生的学习兴趣

才会倍加高涨;当数学和学生的现实生活密切结合时,数学才是活的、富有生命力的。总之,教师在数学教学中要一切从实际出发,灵活而又创造性地使用教材,加强应用性和实践性,"一切为了学生,为了学生的一切",让我们的数学课堂充满活力,成为学生的家园。

特别的奖项

王　辉

昨天下午第二节课是302班的英语课,课前有两个女生拿着书来到我办公室,问我前一天上课的句子怎么读。对于孩子主动向老师寻求帮助,我是很高兴的。在我的细心带读后,两个孩子高兴地离开了。下午上课时,我跟往常一样课前抽查复习情况,当我说检查读书情况时,那两个来我办公室的女同学始终自信地举着手,我知道原因,故意没喊她们。当我抽查了其他同学时,发现许多学生回家还是没有读书的习惯,朗读得不是很好。不得已,我喊了来我办公室的两个女生,两个女生果然很流利地读完了。这时,我就问孩子们:"你们知道她们为什么一直自信地举着手,而且流利地读完吗?"孩子们很好奇地看着我。我说:"因为她们回家复习了,可是我又是怎么知道的呢?"孩子们还是不解地看着我,我说:"因为他们在复习中发现了不会读的地方,下午上课前来我办公室问我了,我是多么希望你们也能像她们一样经常来我办公室问我啊,只要你们有疑问,随时可以来问我,老师很乐意当你们的助理。"看着孩子们恍然大悟的样子,我就没多说了,继续上我的课。

今天下午第一节课还是302班的,中午因为学校有事,我很早就来办公室了。让我高兴的是,不停地有孩子带着课本来我办公室,询问这个怎么读,那个怎么读。有些孩子是一边读一边离开的,听着他渐渐远去的读书声,我是开心得一塌糊涂;有些孩子临走时会说一句"谢谢老师",那稚嫩的童音也让我心情愉悦。呵呵,这些孩子们是多么可爱啊!作为老师,我们要时时刻刻相信孩子。下午在班上上课时,我当着所有同学的面表扬了他们。听到我的赞美,孩子们开心地笑了。最后,我跟孩子们提了一个建议:以后一个学期谁去我办公室问问题的次数最多,学期结束后我就给他(她)颁发一个"勤学好问"奖。孩子们一听都开心地鼓起掌,我想他们都明白了老师的心。

教学随笔之备课与上课

施莹莹

今天这堂课,我要完成的教学目标之一是听懂、会说句型:"Can I have …, please?"(我可不可以要……?)并会用"Here you are.""You are welcome."回答交流。备课时,我设计了用简笔画在黑板上画出几个食物这一教学环节,因为这单元学的就是食物类单词,并用"我喜欢……"的句式表达喜好,然后交流引出"Can I have …, please?"这个句式。可是课堂实际操作时,即使加上了动作,学生也并不一定能理解或猜出我说的句子是什么意思。于是,我利用学生身边现有的文具(正好,文具类单词是第一单元学过的),拿起一名学生的铅笔盒,用英语说出我喜欢这个,再说新句型"Can I have the pencilbox, please?"加以动作让学生理解,马上就有学生反应过来,回答并将文具给我。一连用句子问了几个学生,重复新句型的同时教授新知识。碰到不愿意把自己的东西给我的学生也要用英语拒绝我,这是课本上没有的内容,既拓展了教学内容,也活跃了课堂气氛。接着,我将收到的文具放在讲台上展示,举行一个小型拍卖会,学生可以问我要手头上的东西,但是要用新教的句子问,演示两遍后,再找小拍卖员上台主持。课堂气氛一下沸腾起来达到了高潮,学生都积极踊跃地发言寻求或拍卖物品。随后的课文情景对话,学生句子掌握熟练,对话流利,互动也很积极,学生都用身边的事物做道具。

这一临时的教学方法所带来的效果是我预先没有想象到的,不仅有效地教授了新知识,巩固练习了已学内容,还使学生的团体合作意识增强,配合默契、相处融洽,并学会用身边现有的事物做道具,增强了学生日常对话功底,锻炼了学生表演模仿能力,也增强了课堂演示的趣味性。

通过这堂课,我体会到备课,不光是纯理论的预设,还要运用到实践中,用实践检验切实其可操作性,再重新备课,不断地磨合改进,才有进步。

音乐教学要把握好课堂现场

李惠敏

我发现大多数的音乐课堂教学都是千篇一律的：老师先运用各种导入法引出课题，然后就是一遍一遍地听歌曲，一遍一遍地演唱歌曲，之后再分小组运用各种乐器进行创编或者蹦蹦跳跳就结束了。

一节课下来，孩子们不理解歌词内容，歌曲唱得完全没有感情，课下也会把它忘到九霄云外。这样的一节课下来总感觉好像少了些什么，缺乏新意，没有什么大的收获。我觉得音乐课堂应该把握好课堂现场，融入一些新的元素，让它不再枯燥无趣。

教师可以根据各年龄段学生的心理特点，用各种教学手段创设情境、竞赛学习，去激发学生的学习兴趣；教师应该多才多艺，运用自身的特长去吸引孩子，让孩子通过崇拜教师而达到励志学习的目的；演唱也可以增加一些形式，如师生对唱、男女生对唱、角色扮演。既学唱了歌曲，又激发了学生的歌唱热情。

低年级的孩子生性好动，我觉得课堂前20分钟老师要靠自身的能歌善舞吸引孩子的目光，把教学知识传授给学生。课堂后20分钟应该放给孩子小组活动，目的是在娱乐中巩固学习。这样一节课下来，孩子既能学到知识，也不会感觉枯燥无味，从而获得最佳的教学效果。